6.16

3   Digitale Spiele. Editorial
Sonja Ganguin

11 Spielraum, Lernraum, Lebensraum. Digitale Spiele zwischen Gesellschaftlichem Diskurs und individueller Spielerfahrung
Elke Hemminger

22 Nicht nur Spiel – Medienhandeln in digitalen Spielwelten als Vorstufe zu Partizipation
Angelika Beranek und Sebastian Ring

33 Medienerziehung und Videogames. Welche Rolle spielen die Spielhäufigkeit der Eltern und der von den Eltern vermutete Einfluss von Videogames auf ihr Kind?
Lilian Suter

46 Familiale Interaktion im Kontext einer exzessiven oder suchtartigen Onlinespiele-Nutzung. Fallbeispiele zu Familienbeziehungen und adoleszenztypischen Veränderungsprozessen
Lena Rosenkranz

61 Störungen haben Vorrang? Das Störungspostulat im Kontext von Interaktionsräumen digitaler Spielwelten und dem Umgang mit Konflikten in leistungsorientierten MMORPG-Gruppen
Kerstin Raudonat

73 Gamifizierte Anwendungen zur Beeinflussung nicht freiwilliger Handlungen. Freiwilligkeit und Autonomie im Spannungsfeld institutionell sanktionierter Normen
René Barth

85 Digitale Applikationen in der (Zweit-)Sprachförderung von Grundschulkindern: Möglichkeiten und Grenzen
Ute Ritterfeld, Anja Starke und Juliane Mühlhaus

merz wissenschaft

97 Computerspiele im Kindes- und Jugendalter. Geschlechtsspezifische Unterschiede in der Präferenz von Spielgenres, Spielanforderungen und Spielfiguren und ihre Bedeutung für die Konzeption von Serious Games
Christiane Eichenberg, Cornelia Küsel und Brigitte Sindelar

110 What are you folding for? Nutzungsmotivationen von Citizen Science Online Games und ihre Lerneffekte.
Tobias Füchslin

123 Ethik und Games. Möglichkeiten digitaler Spiele zur Reflexion moralischen Handelns
André Weßel

135 Video Game Education in an Informal Context. A Case Study: the Young People of Centro TAU – a Youth Club of Palermo (Sicily, Italy)
Annalisa Castronovo and Marcello Marinisi

147 Autorinnen und Autoren

150 call for papers 2017

153 Impressum

154 Jahresregister – merz 2016

Digitale Spiele
Editorial

Sonja Ganguin

Wir haben in den letzten Jahren eine Trendwende miterlebt. Digitale Spiele, noch vor einigen Jahren in der Öffentlichkeit fast ausschließlich skeptisch betrachtet und in den Medien in Partnerschaft mit Jugendgefährdung, Amokläufen und Gewalt gestellt, werden heute auch auf ihre positiven Potenziale hin untersucht und sogar pädagogisch-didaktisch eingesetzt. *Game Based Learning* zur Beschreibung für den spielerischen Lernprozess, *Serious Games* als Kategorisierung für unterhaltsame, interaktive Bildungsprogramme oder *Gamification* als Integration spielerischer Elemente in nicht-spielerische formale Lernsettings sind hier beispielhafte Schlagworte. Diese Diskussion um Lernpotenziale digitaler Spiele führen wir vor allem deshalb, weil der hohe Motivationsfaktor virtueller Spielszenarien auch für so ‚nüchterne' Phänomene wie das ‚Lernen' fruchtbar gemacht werden kann.

Die Zunahme wissenschaftlicher Publikationen in den letzten Jahren, die von positiven Effekten von digitalen Spielen berichten, verdeutlicht diesen Stimmungsumschwung in der Diskussion um digitale Spiele hin zu einer ganzheitlichen Perspektive, in der nicht allein schädliche Auswirkungen thematisiert werden. Neben einer ‚pädagogisierenden' Indienstnahme greift diese Entwicklung zudem die Bewertung von digitalen Spielen im Alltag auf.

Fragt man darauf aufbauend nach medienpädagogischen Konsequenzen, so ist die wichtigste Empfehlung, sich nicht von Meinungen und Mythen über Digitale Spiele leiten zu lassen, sondern das konkrete Medienhandeln Heranwachsender zu erforschen und kennenzulernen. Es gilt, eine holistische, interdisziplinäre wissenschaftliche Perspektive auf digitale Spiele und das Spielen zu eröffnen und aktuelle For-

merz wissenschaft

schungsbefunde aufzeigen. Dies ist das Ziel der folgenden Ausführungen und der einzelnen Beiträge dieser Ausgabe der *merzWissenschaft*, wobei vor allem zwei Aspekte im Vordergrund stehen: *Interaktionsräume digitaler Spielwelten* zu beleuchten und das *Bildungs- und Lernpotenzial digitaler Spiele* zu diskutieren.

Interaktionsräume digitaler Spielwelten

Die Medialität von digitalen Spielen ermöglicht nicht nur, sie als Erzählmedien zu charakterisieren: Diese eröffnen vielmehr auch Kommunikations-, Interaktions- und Sozialräume. Auch hier erleben wir in den letzten Jahren einen Trend, wonach das einsame Offline-Spielen zugunsten des Spielens mit anderen im Netz abnimmt. Sicherlich stellen die in den vergangenen zehn Jahren deutlich schneller gewordenen Netzverbindungen einen sehr wichtigen Grund für die sehr stark gestiegene Anzahl von Online-Spielenden dar. Zudem haben sich auch die wirtschaftlichen Konditionen für den Netzzugang verbessert, wie zum Beispiel an den Flatrate-Preisen abzulesen ist. Zum anderen macht das soziale Miteinander die Online-Games so attraktiv. Unter dem Aspekt der ‚Geselligkeit' lässt es sich als starkes Computerspielnutzungsmotiv anführen und rekurriert auf ‚virtuelle Gemeinschaften' oder Online-Communitys, die durch computervermittelte Kommunikationsprozesse über Netzwerke entstehen. In den letzten Jahren haben sich viele Kommunikations- und Medienwissenschaftlerinnen und -wissenschaftler genau mit diesem Phänomen beschäftigt: dem hohen Unterhaltungswert, mit und gegen andere online zu spielen. Durch das gemeinsame Spielen werden sozial-interaktive Bedürfnisse befriedigt, die auf dem Wunsch nach sozialem Kontakt, Wettbewerb, Geselligkeit oder auch Anerkennung beruhen. Demzufolge werden hier soziale Gratifikationen vermittelt, sodass heute das Vorurteil des sozial isolierten Computerspielers nicht mehr greift. Darüber hinaus ist zu erwähnen, dass Computerspiele bzw. digitale Spiele auch Anlässe darstellen, außerhalb des Spielgeschehens Kommunikationsprozesse zu initiieren, denn die Einbettung der Rezeption der Spiele in die Bedingungen und Strukturen des Alltagshandelns impliziert den Stellenwert des Mediums und seiner Inhalte als thematische und kommunikative Ressourcen im Alltagsleben. Daraus ergeben sich verschiedene Fragen: Welche Bedeutung hat Spielen für die Interaktion in der Peergroup, in der Familie oder in erzieherischen Kontexten? Wie sind diese Räume strukturiert?

Einen ersten Einstieg in das Thema bildet der Beitrag von Elke Hemminger mit dem Titel *Lernraum, Fluchtraum, Lebensraum: Digitale Spiele zwischen gesellschaftlichem Diskurs und individueller Spielerfahrung*. Wie beschrieben, wurden digitale Spiele – und werden sie teilweise auch heute noch – eher aus einer kulturpessimistischen Perspektive betrachtet, vor allem von Nicht-Spielenden. Die Autorin macht in diesem Zusammenhang eine Kluft aus zwischen der Laienperspektive (der gesellschaftliche Diskurs) und der Innensicht auf digitale Spielwelten (die Bedeutung des digitalen Spiels und die sich daraus erschließenden Räume für die Spielenden selbst). Ein besonderer Fokus der Analyse liegt hierbei auf phänomenologischen Konzepten zur Konstruktion von Wirklichkeit in digitalen Räumen. Die hier dargestellten Erkenntnisse, die auf eigenen Vorarbeiten aufbauen und Ergebnisse einer Kombination aus Diskursanalyse, teilnehmenden Beobachtungen sowie Tiefeninterviews darstellen, sind nicht nur methodisch höchst interessant, sondern es findet entsprechend auch eine reflexive Betrachtung digitaler Spiele im gesellschaftlichen Kontext statt. Ziel des Artikels ist es, zentrale Fragestellungen zu entwickeln, mit denen ein gesellschaftlich sinnvoller Umgang mit der wachsenden Divergenz kleiner sozialer Lebenswelten angeregt werden kann.

Aus diesen Überlegungen ergibt sich konsequenterweise, dass es unter medienpädagogischen Gesichtspunkten zentral erscheint, digitale Spielwelten im Sinne von Kommunikationsräumen, auch als Möglichkeiten der aktiven, partizipativen Teilhabe zu fördern und zu verstehen. Es geht um die Mitwirkung an gesellschaftlichen Prozessen und Diskursen, hier die Chance auf Mitgestaltung digitaler Spielwelten als soziale Lebenswelten. An dieser Stelle setzen Angelika Beranek und Sebastian Ring an. Sie nehmen in ihrem Beitrag „Nicht nur Spiel – Medienhandeln in digitalen Spielwelten als Vorstufe zu Partizipation" digitale Spielwelten und ihre Strukturen hinsichtlich ihrer Partizipationspotenziale für heranwachsende Computerspielende in den Blick. Unter Partizipation verstehen Beranek und Ring die Teilhabe an der Gestaltung der eigenen Lebenswelt mit engem Bezug zu aktuellen Interessen, zu denen selbstverständlich auch – hier bei Heranwachsenden – digitale Spiele gehören. Relevant in diesem Zusammenhang sind Kommunikationsangebote der konvergenten Medienwelt, zum Beispiel Foren, Communitys, Clans, Vertriebs- und Chatplattformen et cetera. So erfolgt in dem Beitrag eine Analyse, die den Diskurs und die Chancen auf Partizipation rahmenden Strukturen digitaler Spielwelten als Spiel- und Interaktionsräume in den Blick nehmen. Um ein besseres Verständnis von pädagogischen Handlungsbedarfen zur Förderung der Beteiligung in digitalen Spielwelten und partizipationsrelevanter Kompetenzen sowie von Ansprüchen an die Gestaltung digitaler Spiele und spielbezogener Kommunikationsplattformen zu erlangen, wird darauffolgend ein Stufenmodell der Partizipation in digitalen Spielwelten entwickelt. Das in dem Beitrag entwickelte Stufenmodell zur Partizipation in digitalen Lebenswelten wird anhand von Beispielen für Aktivitäten von Spielenden auf der einen Seite und Rahmenbedingungen, die Anbieter durch ihre Aktivitäten schaffen können, auf der anderen Seite transparent veranschaulicht.

In einer konvergenten Medienwelt zu partizipieren und an ihr mitzuwirken, ist auch ein Ziel gelungener Medienkompetenzvermittlung. Dies betrifft natürlich auch medienerzieherische Aspekte, wobei hier die Familie eine besondere Rolle im Mediensozialisationsprozess einnimmt. Mit dem Titel „Medienerziehung und Videogames. Welche Rolle spielen die Spielhäufigkeit der Eltern und der von den Eltern vermutete Einfluss von Videogames auf ihr Kind?" wirft Lilian Suter die medienerzieherisch wichtige Frage auf, wie die Spielerfahrung und die Haltung von Eltern bezüglich Videogames mit ihrer Medienerziehung zusammenhängen. Im vorliegenden Artikel wird diese Frage explorativ anhand einer Stichprobe von Schweizer Eltern (n=596) untersucht. Auf Grundlage der quantitativen Schweizer Studie *MIKE – Medien, Interaktion, Kinder, Eltern* werden Typologien spielender Eltern und ihres medienerzieherischen Einflusses erstellt und diskutiert. Hier kommt die Autorin zu dem Ergebnis: Je häufiger Eltern selbst Videogames spielen und je positiver sie den Einfluss von Videogames einschätzen, desto häufiger befassen sie sich mit dem Umgang ihrer Kinder mit Videogames. Das eigene Spielverhalten der Eltern hat demzufolge einen starken Einfluss auf das erzieherische Handeln.

An dieser Stelle lässt sich konstatieren, dass die Interaktion zwischen Eltern und ihren Kindern mit und über Spiele in der Sozialisation von Heranwachsenden in der Familie als ihrem sozialökologischen Zentrum von besonderer Relevanz ist. Das gilt insbesondere, wenn es auch um Risiken und Gefahren der Mediennutzung geht. Dies kann zum Beispiel eine exzessive Spielenutzung sein, ein Thema, mit dem sich Lena Rosenkranz in ihrem „Beitrag familiale Interaktionen im Kontext einer exzessiven oder suchtartigen Onlinespiele-Nutzung" auseinandersetzt. Nach der Veranschaulichung zentraler Merkmale exzessiver und suchtartiger Onlinespiele-Nutzung werden in dem Artikel drei von zehn angefertigten Familien-Falldarstellungen beschrieben und analysiert, in denen die Nutzung von Online-Spielen ein Problem darstellt. Gerade die Auswertung von Familien-Interviews (hier: männliche Heranwachsende und ihre Mütter) zum Zusammenhang zwischen einer exzessiven Spiele-Nutzung, der Qualität der Familienbeziehungen und adoleszenztypischen Veränderungsprozessen scheint gewinnbringend. Der Einbezug des familiären Kontexts im Rahmen eines qualitativen und längsschnittlichen Designs zur Untersuchung von exzessivem Spielverhalten macht den Beitrag ertragreich. Dabei wird herausgearbeitet, inwiefern (medien-)erzieherische Verhaltensweisen der Eltern sowie adoleszenztypische Veränderungsprozesse das Problem in der

merz wissenschaft

Familie erklären können. Abschließend werden Folgerungen für die pädagogische oder psychologische Arbeit mit Familien formuliert.

Eingangs wurde herausgestellt, dass die Anzahl der Onlinespielerinnen und -spieler deutlich zunimmt, während das Spielen offline – gerade unter Jugendlichen und Erwachsenen – eher zurückgeht. Dies mag zwar einerseits den technischen Möglichkeiten und dem Preis-Leistungs-Verhältnis geschuldet sein, die mehr und mehr dazu einladen, online zu spielen, kann aber in Anbetracht der derzeit beliebtesten Onlinespiele auch als ein Indiz für ein bestimmtes Spielgenre angesehen werden, das besonders zum Spielen einlädt. An dieser Stelle wird auf die sogenannten „Massive Multiplayer Online Role Playing Games" (MMORPG) angespielt, deren Nutzendenzahlen erheblich zugenommen haben und die besonders aufgrund ihrer Spielstruktur zum Weiterspielen und zum gemeinsamen Spielen (z. B. durch Raidinstanzen) einladen. In dem Beitrag von Rosenkranz, war es im dritten Fallbeispiel (Daniel) das MMORPG *World of Warcraft*, das den Befragten besonders fasziniert hat. Mit diesem speziellen Spiel setzt sich auch der nächste Beitrag auseinander, in dem der Umgang mit Konflikten in leistungsorientierten MMORPG-Gruppen auf Basis einer Untersuchung in „WoW-Gilden" analysiert wird. Betrachtet man Online-Spiele, wie hier etwa das Rollenspiel *World of Warcraft*, dann ist herauszustellen, dass dessen Erfolg ohne die implementierten Kommunikationsprozesse kaum denkbar wäre. So lautet der Beitrag von Kerstin Raudonat: „Störungen haben Vorrang? Das Störungspostulat im Kontext von Interaktionsräumen digitaler Spielwelten und dem Umgang mit Konflikten in leistungsorientierten MMORPG-Gruppen". Störungen in sozialen Situationen den Vorrang zu geben – das kennen wir beispielsweise auch von der Interviewführung in Forschungskontexten – bedeutet letztlich anzuerkennen, dass bei ihrer Nichtbeachtung stattfindende Prozesse beeinträchtigt werden können. Die Ergebnisse (das Datenmaterial bestand aus Spielvideos, Memos und Screenshots aufgrund teilnehmender Beobachtung in leistungsorientierten Raidgruppen und Interviews mit Langzeitspielenden) ermöglichen hier eine differenziertere Betrachtung. Sie implizieren, dass in speziellen sozialen Spielsituationen (hier in Raidsituationen) die gezielte Missachtung des Prinzips, Störungen den Vorrang zu geben, Gruppenprozesse eher in positiver als in negativer Weise beeinflusst. Zwar ist der Umgang mit Störungen für die Performanz der Gruppe von Bedeutung, so die Autorin, aber eine Auslagerung von Konfliktbewältigung auf Kontexte und Räume außerhalb des Raidens wird als effektiv und auch förderlich für die Gruppe begriffen. Man könnte dies also wie folgt zusammenfassen: Konfliktunterdrückung während der Spielsituation und Konfliktbearbeitung danach.

Bildungs- und Lernpotenzial digitaler Spiele

Der Umgang mit Konfliktsituationen in sozialen Interaktionen stellt für eine soziale Gruppe immer auch einen Lernprozess dar. Dabei konzentrierten sich die ersten Forschungen zum Thema Computerspielen und Lernen vor allem auf informelle Lernprozesse, also jene, die außerhalb formalisierter und institutionalisierter Lern- und Bildungskontexte stattfinden. Computerspiele, die in erster Linie unterhaltungsorientiert gestaltet sind und mit denen nichtintentionales Lernen verbunden wird, waren bislang dem informellen Kompetenzerwerb bzw. dem informellen Lernen zuzuordnen. Seit einiger Zeit wird jedoch auch die Diskussion geführt, ob sich Computerspiele nicht auch für formale Bildungskontexte wie etwa für die Schule eignen oder sich sinnvoll in die Aus- und Weiterbildung integrieren lassen. Hier hat sich neben dem Begriff der Serious Games ein weiteres Schlagwort etabliert: Gamification, also die Anwendung von Spielprinzipien auf andere Lebens- und Handlungsbereiche. Die Elemente und Mechanismen des digitalen Spiels können bzw. sollen beispielsweise in den formalen Lernprozess übertragen werden. Mit diesem Thema setzt sich René Barth in seinem Beitrag „Gamifizierte Anwendungen zur Beeinflussung nicht freiwilliger Handlungen: Freiwilligkeit und Autonomie im Spannungsfeld institutionell sanktionierter Normen" auseinander. So besitzen gamifizierte Anwendungen trotz ihres extrinsischen Charakters das Potenzial, intrinsisch zu motivieren – so die These des Autors – und können somit einen langfristig positiven Effekt auf schulische Leistungen ausüben. Dies können sie erreichen, indem sie der nicht-spielerischen Situation den Anschein des freiwilligen und mithin des Spielerischen verleihen. Kraft dieser Illusion werden im Grunde unfreiwillige Handlungen schließlich als Bestandteile des freiwillig aufgenommenen ‚Spiels' wahrgenommen. Ziel des Beitrags ist es, den Gamification-Ansatz im Hinblick auf den schulischen Zwang (Schulpflicht) zu kategorisieren. Der Beitrag hat somit einen originellen Wert, der sich aus dem Spannungsverhältnis zwischen einem genuin freiwilligen Charakter des Spiels und institutionalisierten Normen ergibt. Der Beitrag weist einen klaren Bezug zu aktuellen Debatten auf und pointiert die Notwendigkeit einer kategorisierenden Begriffsbestimmung von Gamification und ihrer Relevanz für formelle Bildungsprozesse.

Spielen als eine wichtige Form der Weltaneignung hat seit jeher einen festen Platz in verschiedenen Bildungsbereichen, vor allem im Bereich der frühkindlichen Bildung. Welche Potenziale, aber auch Limitationen liegen in der sogenannten Gamification? Mit ihrem Beitrag „Digitale Applikationen in der (Zweit-)Sprachförderung von Grundschulkindern: Möglichkeiten und Grenzen" gehen Ute Ritterfeld, Anja Starke und Juliane Mühlhaus dieser Frage nach. Sie stellen fest, dass Apps ein hohes Potenzial für die Sprachförderung bieten, wenn die Verbindung von sprachförderdidaktischen Prinzipien und Gamification-Elementen gelingt. Die vier in dem Beitrag untersuchten und kostenlos verfügbaren Apps mit Sprachausgabe überzeugten die Forscherinnen aber noch nicht. Anhand einer Beobachtungsstudie (n=36) konnte jedoch gezeigt werden, dass kürzlich zugewanderte Grundschulkinder über die nötige Medienkompetenz verfügen, um Apps intuitiv bedienen zu können.

Bei Serious Games stellt sich – wie auch bei digitalen Spielen im Allgemeinen – die Frage einer zielgruppenspezifischen Konzeption von Spielen. Neben dem Alter werden in der Betrachtung statistischer Nutzendenzahlen vor allem geschlechtsspezifische Differenzen zwischen den Nutzungsgewohnheiten hervorgehoben. Allerdings sind digitale Spiele heute längst kein ‚Jungs-Thema' mehr. So hat sich in den letzten Jahren die Nutzungshäufigkeit zwischen den Geschlechtern immer mehr angeglichen. Allerdings bestehen hier trotzdem noch quantitative und qualitative geschlechtsspezifische Unterschiede in der Intensität und der Spieleauswahl. fragt man zum Beispiel, was Mädchen und Frauen sich in Spielen wünschen, dann werden beispielsweise Spiele genannt, die eine gewisse Handlungsfreiheit ermöglichen, anspruchsvolle Rätsel beinhalten oder die Möglichkeit bieten, kooperativ mit anderen zu spielen. Nicht zuletzt wird dabei auch „immer wieder der Wunsch nach weiblichen Spielcharakteren geäußert" (vgl. Witting 2010, S. 119). Dieser Wunsch ist aus der Perspektive der Spielerinnen nachvollziehbar, denn die Hauptcharaktere in digitalen Spielen werden nach wie vor vornehmlich an männliche Spielfiguren vergeben. Die Bedeutung und Repräsentation von weiblichen und männlichen Spielfiguren hat sich dabei zu einem eigenen Forschungsthema entwickelt, wobei insgesamt von Spielerinnen – aber auch von Spielern – ein differenzierteres, weniger klischeehaftes Angebot an Spielfiguren als wünschenswert angesehen wird. Aus diesem Grund wäre es wichtig, bei der Konzeption digitaler Spiele die Vorstellungen von Männern und Frauen über ihre bevorzugten Typen von Spielen und Spielfiguren einzubeziehen. Dieser Herausforderung stellen sich Christiane Eichenberg, Cornelia Küsel und Brigitte Sindelar, die sich in ihrem Artikel „Computerspiele im Kindes- und Jugendalter: Geschlechtsspezifische Unterschiede in der Präferenz von Spielgenres, Spielanforderungen und Spielfiguren und ihre Bedeutung für die Konzeption von Serious Games" genau mit dieser Thematik – allerdings speziell bezogen auf Serious Games – auseinandersetzen. Die Autorinnen bereiten den Forschungsstand

merz wissenschaft

zu diesem Sujet auf und fassen entsprechend in ihrem Beitrag aktuelle Forschungsbefunde zu geschlechtsspezifischen Präferenzen bezüglich Spielgenres, Spielanforderungen und Spielfiguren von Computerspielerinnen und -spielern im Kindes- und Jugendalter zusammen. Ziel des Beitrags ist es, medienkonzeptionelle wie auch entwicklungspsychologische Implikationen für Serious Games abzuleiten und kritisch zu reflektieren.

Der Begriff Serious Games als Genrebezeichnung im Kontext digitaler Spiele wurde erstmals 2002 in der Veröffentlichung „America's Army" durch die US-Armee verwendet. Dieser kostenlose First-Person-Shooter, konzipiert als Rekrutierungswerkzeug der US-Armee, führte zu einer deutlichen Steigerung der Anzahl der Bewerbungen für den Armeedienst. Heute werden Serious Games für viele unterschiedliche gesellschaftliche Bereiche (Gesundheit, Weiterbildung, Training etc.) als nutzbringend ausgewiesen. Darüber hinaus rekurrieren sie auch auf das Potenzial des Kompetenzerwerbs. In Bezug auf das Thema Kompetenzdimensionen und digitale Spiele im Allgemeinen bieten die Forschungsarbeiten von Gebel, Gurt und Wagner (2004) einen ersten Überblick. Die Autorinnen und der Autor schlagen in diesem Zusammenhang eine Differenzierung vor, die die Kompetenzdimensionen von Computerspielen in fünf Bereiche gliedert: kognitive Kompetenzen, soziale Kompetenzen, personale bzw. persönlichkeitsbezogene Kompetenzen, Medienkompetenz und Sensomotorik. Diese Einteilung lässt sich auch auf Serious Games anwenden, wie der Beitrag von Tobias Füchslin verdeutlicht, in dem vor allem kognitive Kompetenzen im Mittelpunkt stehen: Mit dem Titel „What are you folding for? Nutzungsmotivationen von Citizen Science Online Games und ihre Lerneffekte" stellt der Autor eine Studie mit 260 Spielerinnen und Spielern der Spiele foldit, EteRNA und EyeWire bezüglich ihrer Nutzungsmotivationen und selbsteingeschätzter Lerneffekte der Spiele vor. Der Beitrag hat zum Ziel, digitale Citizen-Science-Projekte als Serious Games für die Pädagogik bzw. zugunsten von Lerneffekten nutzbar zu machen, indem die Nutzungsmotive erfasst werden. Ein Ergebnis der Studie ist, dass die Spiele aus vielfältigen Gründen – nämlich aus sozialen, unterhaltungsbezogenen und kompetitiven Aspekten – genutzt werden. Mithilfe einer Onlinebefragung und der Methode der Clusteranalyse wurden fünf Motivationstypen identifiziert: Enthusiasten, Soziale, Unterhaltene, Kompetitive und Demotivierte. Die Typen unterscheiden sich anhand ihrer Lerneffekte und legen die Wichtigkeit der Nutzungsmotivationen offen. Insgesamt zeigt sich, dass Citizen Science Online Games nicht nur Wissen direkt vermitteln, sondern auch zu eigener Informationssuche anspornen können.

Neben der Analyse kognitiver Kompetenzen findet derzeit auch zunehmend eine umfängliche Forschung zu sozialen Kompetenzen im Bereich der digitalen Spiele statt. Soziale Kompetenzen werden häufig auch als „soft skills" („weiche Kompetenzen") bezeichnet. Es gibt unterschiedliche Überlegungen in der Wissenschaft, wie diese sich differenzieren lassen, allerdings besteht weitgehend Einigkeit darüber, dass es eine allgemeingültige Begriffserklärung nicht gibt, weshalb der Terminus auch im Plural gebraucht werden sollte. für die vorliegende Fragestellung erscheint es sinnvoll, soziale Kompetenzen einerseits auf den allgemeinen Umgang mit anderen Menschen zu beziehen. Dies wäre etwa die Fähigkeit zu Toleranz, Achtung, Empathie oder Sensibilität. Andererseits lassen sich soziale Kompetenzen auch im Hinblick auf den Arbeitsmarkt differenzieren. Hier werden Kompetenzen gesucht, die *erstens* auf die Zusammenarbeit rekurrieren wie Teamfähigkeit oder Konfliktfähigkeit. *Zweitens* gibt es bestimmte Führungsqualitäten, die sich als soziale Kompetenzen lesen lassen wie etwa Durchsetzungsfähigkeit, Flexibilität oder Verantwortungsgefühl. Soziale Kompetenzen im *medialen Sektor* ermöglichen den sinnvollen Umgang mit Kommunikationsmustern. Beziehungen und Beziehungsangebote sind immer stärker medial gebunden und verändern dementsprechend die Parameter der herkömmlichen Kommunikationsbedingungen, sodass sich die Menschen auf neue Beziehungsformen einstellen müssen. Insgesamt stellen die sozialen Kompetenzen, so die derzeitige Diskussion, die erhöhten Ansprüche einer sich verändernden Arbeitswelt dar.

Mit dem Potenzial des sozialen Kompetenzerwerbs durch digitale Spiele im Hinblick auf Möglichkeiten der Förderung des ethischen Reflexionsvermögens und der moralischen Entscheidungskompetenz setzt sich der Beitrag von André Weßel „Ethik und Games. Möglichkeiten digitaler Spiele zur Reflexion moralischen Handelns" auseinander. Der Autor möchte dabei gleichzeitig ein didaktisches Modell vorstellen, wie diese Reflexionsprozesse in formalen und non-formalen Kontexten gefördert werden können. Das Forschungsdesign ist explorativ, es wurden videogefilmte Spielsessions mit anschließender Gruppendiskussion mit 16- bis 19-Jährigen durchgeführt. Die Auswertung erfolgte mittels qualitativer Inhaltsanalyse. Im vorliegenden Beitrag wird demzufolge auf der Basis einer empirischen Studie der Frage nach den Möglichkeiten digitaler Spiele zur Reflexion moralischen Handelns nachgegangen. Das hierzu entwickelte Forschungssetting kann gleichzeitig als Vorlage für Lehr-/Lernsettings fungieren.

Gute Lehr- und Lernsettings zu konzipieren ist eine herausfordernde Aufgabe medienpädagogisch Handelnder. Die bisher vorgestellten Beiträge sind vor allem theoretisch oder empirisch fundiert. Mit dem letzten Beitrag „The Video Game Education in an Informal Context. A Case Study: The Young People of Centro TAU – a Youth Club of Palermo (Sicily, Italy)" von Annalisa Castronovo und Marcello Marinisi wird darum abschließend ein Best Practice Projekt vorgestellt, das mit unterschiedlichen Partnern durchgeführt wurde. Das Projekt wurde mit Heranwachsenden durchgeführt, die in Zisa, einem der ärmsten Stadtteile von Palermo wohnen. Die Fragestellung des Projekts lautete, inwieweit das Computerspiel *SimCity* (kompetent) für informelle oder non-formale Lernprozesse nutzbar gemacht werden kann, um kreativ den eigenen Stadtteil zu reflektieren und zu verbessern. Durchgeführt wurde das Projekt im Centro TAU, einem Jugendclub im Zentrum der Stadt. Besonders hervorzuheben bei der Projektkonzeption sind das niedrigschwellige Angebot und die Relevanz des Themas für die Zielgruppe in Bezug auf ihre eigene Lebenswelt. Ziel ist das Erlernen von Medien- und kommunikativer Kompetenz unter unterschiedlichen Gesichtspunkten (z. B. kritisches Reflektieren). Die mit dem Projekt verbundenen medienpädagogischen Intentionen und Ziele fanden bei den Jugendlichen Anklang und konnten erreicht werden.

Insgesamt möchten wir uns bei den Autorinnen und Autoren für ihre Beiträge bedanken, liefern sie doch wichtige, zentrale Forschungsbefunde zu und Einsichten in die Interaktionsräume digitaler Spielwelten, deren Chancen, aber auch Limitationen hinsichtlich des Lernpotenzials digitaler Spiele. Allerdings sind noch weitere theoretische und empirische Arbeiten in diesem Feld vonnöten. Dies betrifft zum Beispiel die Genreeinteilung. Betrachtet man die Genrevielfalt digitaler Spiele, dann zeigt sich schnell, dass Genres wichtige Orientierungspunkte für Produzierende und Handelnde sind. Allerdings besteht eine Schwierigkeit darin, Computerspiele immer eindeutig nach Genres zuzuordnen. In diesem Kontext herrscht zwischen Wissenschaft und Praxis keine genaue Übereinstimmung darüber, wie eine Genre-Zuordnung aussehen könnte. Dies liegt auch vor allen darin begründet, dass häufig digitale Spiele auf den Markt kommen, die sich mehrerer Genres bedienen, wodurch eine konkrete Einordnung erschwert wird. Versucht man, eine Kategorisierung von digitalen Spielen inhaltlich vorzunehmen, dann stellen sich mehrere Probleme. Erstens ist die Genredefinition diffus und zweitens gibt es bei den Spielen starke Genreüberschneidungen. Somit ist die inhaltliche und gestalterische Komplexität vieler Spiele ausschlaggebend dafür, dass eine Zuordnung häufig sehr schwer fällt. Dies zeigt sich zum Beispiel dann, wenn ein Spiel wie *Die Sims* in drei verschiedenen Jahren unter drei verschiedene Kategorien gefasst wurde: In der *JIM-Studie 2005* fiel das Computerspiel *Die Sims* unter Strategie-/Denkspiele, in der *KIM-Studie 2006* unter Simulationsspiele und in der *JIM-Studie 2008* unter Strategiespiele. Eine einheitliche Genreeinteilung wäre zwar hilfreich, wurde allerdings bis heute nicht vorgenommen. Christoph Klimmt sieht die Schwierigkeit, digitale Spiele nicht typologisieren zu können, in der

„rasanten Verbreitung und ihrer herausragenden Stellung unter den medialen Unterhaltungsangeboten" (Klimmt 2001, S. 480). Diese Einschätzung hat in den letzten 15 Jahren aufgrund der starken Zunahme von Computerspielen an Gewicht gewonnen. Digitale Spiele einzuordnen, stellt Forschende bzw. die Wissenschaft, aber auch die Praxis vor große Herausforderungen. Nimmt man als Beispiel die *Unterhaltungssoftware Selbstkontrolle* (USK), also die Institution, die die Altersfreigabe für Computerspiele regelt, dann kämpft auch diese mit den Schwierigkeiten der Genreeinteilung. Die USK bemüht sich um entsprechende Genredefinitionen und muss dabei mit der Herausforderung zahlreicher Mischformen, die auf dem Markt zu finden sind, umgehen. Ähnliches gilt auch für die Bundeszentrale für politische Bildung (bpb). Somit ergeben sich Überschneidungen bei den Kategorien, da häufig die Einteilung nicht nur auf den Inhalt rekurriert, sondern auch auf die zu erfüllende Anforderung. In diesem Sinn handelt es sich bei digitalen Spielen um „hochgradig hybride mediale Artefakte" (vgl. Beil 2015, S. 30), die weiterer Forschung bedürfen. Dies trifft gewiss auch auf die Frage nach einer weiteren Klassifizierung von Serious Games zu. So werden Serious Games, die sich mit gesundheitlichen Aspekten auseinandersetzen, als *Health Games* bezeichnet, doch auch sie vermitteln bestimmte Lernziele und werden zudem auch als Educational Games bezeichnet. Dieses ‚Begriffs-Wirrwarr' gilt es aufzulösen. Diese Aufgabe bzw. Herausforderung wird umso virulenter, wenn wir neue Technologien einbeziehen. So ist beispielsweise die Nutzung von VR-Datenbrillen in digitalen Spielen bisher noch kaum erforscht. Eine mögliche These ist, dass diese in der Lage sind, starke Präsenzgefühle auszulösen und Immersion zu erzeugen. Die Unterscheidung zwischen natürlicher und virtueller Realität löst sich auf. Dies könnte auf der einen Seite als Potenzial für Serious Games betrachtet werden, da durch die Nutzung von VR-Brillen beispielsweise eine starke Identifikation mit dem Avatar stattfinden kann und Zusammenhänge besser emotional nachvollzogen werden können. Diese Überlegungen führen zum Beispiel zu der Frage, inwiefern Computerspiele dazu geeignet sind, soziale Kompetenzen, konkret zum Beispiel die Empathiefähigkeit, zu fördern. Dies ist das Ziel der sogenannten Empathy-Games, wobei sich auch hier abermals die Frage der Klassifikation stellt, die bisher noch fehlt. Weiter setzen VR-Technologien voraus, dass sich die Handelnden in gewisser Weise von ihrer Außenwelt, von ihrem sozialen Kontext abschirmen. Gerade dieser Umstand läuft aber auf der anderen Seite einer Förderung von sozialen Kompetenzen entgegen. Hier besteht noch immenser Forschungsbedarf, um die (zukünftige) Medienaneignung in unserer mediatisierten, medienkonvergenten Lebenswelt zu verstehen und Kinder, Jugendliche wie auch Erwachsene entsprechend medienpädagogisch kompetent begleiten zu können.

Literatur

Beil, Benjamin (2015). Game Studies und Genretheorie. In: Sachs-Hombach, Klaus/Thon, Jan-Noël (Hrsg.), Game Studies. Aktuelle Ansätze der Computerspielforschung. Köln: Herbert von Halem, S. 29-69.

Deterding, Sebastian/Dixon, Dan/Khaled, Rilla/Nacke, Lennart (2011). From Game Design Elements to Gamefulness: Defining »Gamification«. In: Lugmayr, Artur/Franssila, Heljä/Safran, Christian/Hammouda, Imed (Hrsg.), Proceedings of the 15th international academic mindTrek conference: Envisioning future media environments (S. 9-15). New York: ACM.

Gebel, Christa/Gurt, Michael/Wagner, Ulrike (2004). Kompetenzbezogene Computerspielanalyse. In: merz | medien + erziehung, 48 (3), 2004, S. 18-23.

Klimmt, Christoph (2001). Ego-Shooter, Prügelspiel, Sportsimulation? Zur Typologisierung von Computer- und Videospielen. In: Medien- und Kommunikationswissenschaft 4/2001, S. 480-497.

Medienpädagogischer Forschungsverbund Südwest (Hrsg.) (2005). JIM 2005 Jugend, Information, (Multi-)Media. Basisstudie zum Medienumgang 12- bis 19-Jähriger in Deutschland. Stuttgart.

ders. (2007). *KIM-Studie* 2006 Kinder + Medien, Computer + Internet. Basisuntersuchung zum Medienumgang 6- bis 13-Jähriger in Deutschland. Stuttgart.

ders. (2008). JIM 2008 Jugend, Information, (Multi-)Media. Basisstudie zum Medienumgang 12- bis 19-Jähriger in Deutschland. Stuttgart.

Witting, Tanja (2010). Bildschirmspiele und die Genderfrage. In: Ganguin, Sonja/Hoffmann, Bernward (Hrsg.), Digitale Spielkultur. München: kopaed, S. 115-125.

Über die übliche Argumentation zu ludischen Qualitäten des Spielens und deren Beitrag zur spielspezifischen Wirklichkeit hinaus, wendet dieser Beitrag Konzepte aus der phänomenologischen Soziologie an, um die Divergenz zwischen der Außenperspektive auf digitale Spiele und der Realität der Erfahrungen des Spielens zu analysieren; dabei wird auf die unumgängliche soziale Kluft zwischen digitalen Spielkulturen und anderen, dazu parallel existierenden Kulturen hingewiesen. Die scheinbare Unumgänglichkeit dieser sozialen Kluft lässt sich beispielhaft übertragen auf die gesellschaftliche Unterscheidung zwischen technikaffinen und Technik ablehnenden Lebenswelten.

Beyond reference to arguments as to the specific ludic qualities of games that contribute to their specific reality, this paper seeks to apply concepts that have originated from phenomenological sociology that account for the divergent nature of reality and experience that conceptualizes the inevitability of the social gap between gaming culture and other separate cultures. This seemingly unavoidable gap can be transferred to the division of society into technology-savvy and technology-deprecatory cultural environments exemplary.

Spielraum, Lernraum, Lebensraum
Digitale Spiele zwischen Gesellschaftlichem Diskurs und individueller Spielerfahrung

Elke Hemminger

1 Virtuelle Welten als Lebensraum?

Die Außenperspektive auf digitale Spiele, gewissermaßen die Sichtweise des Laien auf das, was die Erfahrung des digitalen Spielens ausmacht und wie solche Spiele beschaffen sind, ist seit jeher eng verknüpft mit moralischen Warnungen und Anschuldigungen bezüglich negativen Einflüssen von digitalen Spielen auf das Verhalten Einzelner oder auf die Gesellschaft als Ganzes. Politisch erzeugte und pseudo-wissenschaftlich unterstützte Panik ist nicht zuletzt immer dann beobachtbar, wenn gesellschaftliche Ereignisse Fragen aufwerfen, die schmerzhafte und komplexe Aufarbeitung erfordern, der durch die schnelle Schuldzuweisung ausgewichen werden kann. Insbesondere die Diskussion von Gewalt im digitalen Spiel im Zusammenhang mit besonders brutaler Gewalt im Alltag, wie sie uns beispielsweise in sogenannten ‚school shootings' immer wieder begegnet, ist geprägt von Zuschreibungen bestimmter Eigenschaften und Qualitäten an Spiele (und Spielende), die die formalen Elemente sowie die kontextgebundenen Rahmenbedingungen und Dynamiken des Spielens außer Acht lassen.

Bei digitalen Spielen handelt es sich um Systeme, die einem spezifischen Zweck dienen, nämlich dem des Spielens; somit können sie auch nur als solche verstanden werden. Ein echtes Verständnis für die Erfahrungen, die Spielende mit digitalen Spielen machen, welche positiven wie negativen Lern- und Entwicklungsprozesse durch das Spielen in Gang gebracht werden, welche Emotionen erlebt, welche Verbindungen geknüpft werden, aber auch welche Probleme und Herausforderungen die digitalen Spielräume mit sich bringen, ist daher nur möglich, wenn die Außenansicht verknüpft wird mit der individuellen Erfahrung des Spielens selbst. Entweder durch eigene, persönliche Erfahrung oder durch die intensive Auseinandersetzung mit den originären Erfahrungen der Spielenden im Prozess der wissenschaftlichen Analyse. Eine Auseinandersetzung mit dem Phänomen des digitalen Spielens, insbesondere dem des vernetzten Spielens im Internet, muss über die komplexen gedanklichen Verstrickungen um die angenommenen Eigenschaften und Auswirkungen dieser Spiele hinausweisen; sie muss aus der politisch motivierten Debatte um Gewalt in digitalen Spielen und durch solche austreten und sich mit den tatsächlichen Erfahrungen und Prozessen auseinandersetzen, die in den digitalen Spielwelten erlebt werden. Schon deshalb, weil die Debatte um Gewalt in Spielen ablenkt von den tatsächlichen Herausforderungen, die es im Zusammenhang mit dem Erleben in virtuellen Welten und digitalen Gemeinschaften zu bewältigen gilt.

Im Folgenden wird dargestellt, welche Bedeutung das digitale Spiel und die sich daraus erschließenden Räume für die Spielenden annehmen; im Gegensatz dazu wird der gesellschaftliche Diskurs als Laienperspektive analysiert. Besonderer Fokus liegt hierbei auf phänomenologischen Konzepten zur Konstruktion von Wirklichkeit in digitalen Räumen. In einem abschließenden Teil setzt sich der Artikel mit den gesellschaftlichen Folgen der Kluft zwischen Laienperspektive und Innenansicht auf digitale Spielwelten auseinander. Ziel ist es, zentrale Fragestellungen zu entwicklen, mit denen ein gesellschaftlich sinnvoller Umgang mit der wachsenden Divergenz kleiner sozialer Lebenswelten bezüglich ihrer Technikaffinität allgemein angeregt werden kann. Zunächst werden jedoch die inzwischen klassischen sozialwissenschaftlichen Konzepte zur sozialen Konstruktion von Wirklichkeit nach Berger und Luckmann (1966) und der Konstruktion kleiner sozialer Lebenswelten (Benita Luckmann, 1970) erläutert; in einer Übertragung auf die mediatisierte Gesellschaft führt dies dazu, dass digitale Spiele als ein Aspekt des von digitalen Medien durchdrungenen Alltags in eine weite, sozialwissenschaftliche Perspektive rücken.

2 Die digitale Konstruktion von Wirklichkeit in der Mediatisierten Gesellschaft

Die Fragen danach, was Wirklichkeit ausmacht oder was einzelne Menschen als ‚wirklich' wahrnehmen, beschäftigt die Sozialwissenschaften bereits seit ihren Anfängen. Edmund Husserl (1859-1938), einer der Urväter phänomenologischen Denkens, brach mit der damals vorherrschenden Tradition des Psychologismus und verlangte eine Analyse von Wirklichkeit basierend auf dem bewusst Wahrnehmbaren. Er legte damit den Grundstein für eine Unterscheidung zwischen einer natürlichen und einer phänomenologischen Art des Verstehens von Wirklichkeit (vgl. Husserl 1936). Husserl war es auch, der den Begriff der Lebenswelt einführte, um den jeweiligen Ausschnitt der Welt zu beschreiben, der dem Einzelnen am nächsten liegt und somit die individuell alltägliche Welt ausmacht (vgl. ebd.). Die Lebenswelt steht für denjenigen Wirklichkeitsausschnitt, den ein Individuum als gegeben und selbsterklärend ansieht, der aber dennoch mit anderen geteilt wird. In dieser alltäglichen Wirklichkeit gibt es normalerweise keinen Grund zu hinterfragen, ob etwas wirklich oder nicht wirklich ist. Obwohl jedes Individuum seine eigene Lebenswelt mit sich trägt, ist sie doch geprägt von der Intersubjektivität, die sich in der grundsätzlichen Mitteilbarkeit und der Möglichkeit gemeinsamen Erlebens und Verstehens essentieller Inhalte äußert (vgl. ebd.). Husserls Konzepte von Bewusstsein und Phänomenen, sowie sein Begriff der Lebenswelt, wurden durch Alfred Schütz (1899-1959) aufgegriffen und in seine Theorie der phänomenologischen Soziologie integriert. In einer Weiterentwicklung von Husserls Philosophie kombiniert Schütz diese mit Max Webers (1920) Fokus auf soziales Handeln und subjektive Sinngebung (vgl. Schütz 1932). Genau diese Adaption macht die phänomenologische Soziologie zu einem geeigneten Rahmen für die Analyse von digitalen Spielwelten: Gleichwohl es aus Laienperspektive schwer verständlich sein mag, wie Spielende die Erlebnisse in digitalen Spielwelten einordnen, die scheinbar keinerlei Bezug zur Wirklichkeit haben und deren Regeln und Inhalte sich nicht auf den Alltag auswirken, so bleibt doch festzuhalten, dass für die Spielenden die Spielwelten nicht abgegrenzt zur Wirklichkeit sind. Sie stellen vielmehr einen Teil der Wirklichkeit dar. Für die Spielenden ist die Spielkultur Teil der Lebenswelt, ein Platz, dem Bedeutung zugewiesen wird und in dem bedeutungsvolle Erfahrungen gemacht werden. Daher ist die wissenschaftliche Untersuchung digitaler Spiele von besonderer gesellschaftlicher Bedeutung. Denn indem wir verstehen lernen, welche Handlungen und Denkmuster eine spezifische Spielkultur ausmachen, lernen wir zu verstehen, welche Bedeutung sich damit für die Spielenden verbindet und warum die Spiele gespielt werden (vgl. Mäyrä 2008, S. 21).

Indem wir die soziale Welt in Anlehnung an Schütz (1932) interpretieren als einerseits aus individuellen Erfahrungen gebildet und andererseits konstruiert als den Wirklichkeitsausschnitt, den wir für uns selbst und andere als selbstverständlich erachten, wird ein Verständnis von Spielkulturen als Erfahrungsräume und Interaktionsräume mit subjektiver Bedeutung für die Interpretation sozialer Wirklichkeit möglich. Denn insbesondere die Verlagerung von digitalen Spielkulturen vom heimischen PC in die serverbasierten virtuellen Räume des Internets bringen neben dem Zugang zu neuen sozialen Kontakten auch Veränderungen in der Konstruktion von sozialen Netzwerken und Beziehungen mit sich (vgl. Mäyrä 2008, S. 120).

In ihrer Wissenssoziologie entwickeln Peter Berger und Thomas Luckmann (1966) die obigen theoretischen Ansätze weiter, indem sie ihre Theorie einer sozialen Konstruktion von Wirklichkeit zu den Konzepten Schelers (1926) und Mannheims (1964, 1980) in Beziehung setzen und abgrenzen. Im Gegensatz zu Scheler und Mannheim interessieren sich Berger und Luckmann nicht in erster Linie für theoretische Ideen und abstrakte Konzepte, sondern für das alltägliche Wissen, wie es in alltäglichen Lebenswelten konstruiert wird (vgl. Berger/Luckmann 1969, Schütz/Luckmann 1979, 1984). Wenn wir gesellschaftliche Prozesse der Wissenskonstruktion verstehen wollen, so Berger und Luckmann (1966), müssen wir uns mit allem befassen, was Wissen darstellt, nicht lediglich mit theoretischen Interpretationen, Ideologien oder philosophischer Wahrheit. Deshalb soll sich Wissenssoziologie mit dem beschäftigen, was von den Menschen in ihren alltäglichen Kontexten als Wirklichkeit erachtet wird, denn eben daraus bildet sich das für die Existenz jeder Gesellschaft essentielle Gewebe von Bedeutungen (vgl. Berger/Luckmann 1966, S. 27). Durch die Betonung des nicht hinterfragten Alltagswissens der individuellen Wirklichkeit legt der Ansatz Bergers und Luckmanns den zentralen Fokus auf die sozialen Bereiche, in denen Menschen alltägliche Erfahrungen sammeln, in denen alltägliches Wissen gebildet wird. Diese alltäglichen Lebensbereiche beinhalten heute für einen beachtlichen Anteil der Menschen auch virtuelle Räume wie soziale Netzwerke, Kommunikations- oder Videoplattformen oder digitale Spielkulturen. Diese Räume mögen aus der Außenperspektive wie kindliche Vergnügungen, sinnloser Zeitvertreib oder gar Gefahr für die gesellschaftliche Ordnung aussehen; für die Teilnehmenden sind die virtuellen sozialen Lebensbereiche jedoch ebenso Teil der Wirklichkeit, in der Interaktion und Kommunikation mit anderen möglich ist, wie jede andere soziale Sphäre. Somit tragen die digitalen Gemeinschaften, insbesondere online (Spiel-)Gemeinschaften, in hohem Maße zu einer Konstruktion von Wirklichkeit bei, wie sie laut Berger und Luckmann für jede Gesellschaft konstitutiv und somit relevant für die Interpretation sozialer Bedeutungsmuster ist (vgl. ebd.).

Benita Luckmann (1970) greift in ihrer Theorie der kleinen sozialen Lebenswelten die Konzepte der phänomenologischen Soziologie auf und analysiert das menschliche Dasein als eine Teilzeit-Existenz in Teilzeit-Gesellschaften. Der moderne Mensch existiert in einer Ansammlung kleiner sozialer Lebenswelten, die wie Blasen in der sie umgebenden Welt schweben (vgl. ebd., S. 581). Der Übergang von traditioneller zu moderner Lebensgestaltung wird, so Benita Luckmann, begleitet von Bedeutungsverlust und mangelnder Einheit und Harmonie, so dass dem Individuum nur die Möglichkeit bleibt, sich durch die Zugehörigkeit zu Teilzeit-Gesellschaften, den kleinen sozialen Lebenswelten, eine bedeutungsvolle Existenz zu schaffen (vgl. ebd., S. 583).

Da kleine soziale Lebenswelten in ihrer ursprünglichen Bedeutung als eine in ein soziales Netzwerk eingebettete Vielzahl sozialer Kontexte gemeint sind, lässt sich das Konzept auf digitale Räume und Welten erweitern, in denen sich Menschen in bestimmten Zeiträumen bewegen. Der Schlüssel des Ansatzes liegt dabei in der grundsätzlichen Einsicht, dass Wirklichkeit kein absoluter Wert ist, sondern sich in pluralisierten Deutungsmustern und verschiedenartigen alltäglichen Lebenswelten manifestiert. Wirklichkeit und Wissen sind sozial konstruiert und notwendiges Mittel zur Reduktion von Komplexität (vgl. Luhmann 1971, S. 32 ff.). Somit konstituiert sich Wirklichkeit in Interaktionen und Kommunikation und ist auf Sinnzuweisungen und Interpretation angewiesen. Diese Interpretation wird jedoch mit den wachsenden Unterschieden zwischen verschiedenen kleinen sozialen Lebenswelten zunehmend schwieriger. Die Lebenswelten des Einzelnen, stellt Luckmann fest, gehören unterschiedlichen Gerichtsbarkeiten und Bedeutungsräumen an. Sie sind unterschiedlich organisiert, fordern von den Menschen die unterschiedlichsten Verhaltensweisen ein und befriedigen jeweils andere Bedürfnisse. Niemals aber beanspruchen sie den Menschen als Ganzes (vgl. Luckmann 1970, S. 590). Die Analyse der kleinen sozialen Lebenswelten des modernen Menschen, die Benita Luckmann 1970 verfasste, hat nichts von ihrer Relevanz verloren, sondern im Gegenteil durch die historisch neue und rasante Entwicklung digitaler Medien und die zunehmende mediale Durchdringung des Alltags eine neue Dimension hinzugewonnen. Ungeachtet der besonderen Eigenschaften, die Spielsysteme von der physischen Welt unterscheiden, lassen sie sich durch die Einordnung als alltägliche Lebenswelten als unumgängliche Folge dieser Entwicklung verstehen. Dies bestätigt sich nicht zuletzt in der zeitgenössischen philosophischen Auseinandersetzung mit sozialer Wirklichkeit; so versucht Searle (1995) die Frage nach der Entstehung einer objektiven sozialen Wirklichkeit zu beantworten, indem er die Sprechakttheorie mit einer kritischen Perspektive auf konstruktivistische Theorien verbindet. Sprache bildet dabei das Schlüsselelement in der Konstruktion einer vielschichtigen sozialen Wirklichkeit, die sich laut Searle erst in der menschlichen Anerkennung und Akzeptanz gemeinsamer Zeichensysteme als eine solche manifestieren kann. Auch Günter Abel (2004) geht von einer Abhängigkeit des Welt- und Wirklichkeitsverständnisses von Sprache und darin immanenten Interpretationspraktiken und Zeichenverständnis aus. Der zentrale Aspekt der Vermittlung von Bedeutung durch geteilte Zeichensysteme, die Erfahrungen und Interpretationen ermöglichen, spiegelt sich in seinem Begriff der ‚Interpretationswelten' wieder. Im Anschluss an Abels Theorie, die zwischen einem absoluten Realitätsverständnis der Zeichen und Zeichen als bloßer Abbildungsfunktion der Realität angesiedelt ist, können digitale (Spiel-)Welten als erweiterte Interpretationswelten verstanden werden. Deren Inhalte müssen als Zeichen der Wirklichkeit interpretiert werden: „In diesem Sinne sind Zeichen und Interpretationsfunktionen grundlegend für jedes Erschließen von Welt und Wirklichkeit, für jedes Verständnis anderer Personen, für jedes Selbstverständnis, für jede Orientierung in der Welt, (…), für alle Handlungen in ihren situativen, kontextuellen und perspektivischen Zusammenhängen (…)." (Abel 2004, S. 20). Derartig als Zeichen verstandene Inhalte virtueller Räume ermöglichen Erfahrungen, Interpretationen und letztlich Auswirkungen auf die soziale Wirklichkeit und verbinden gleichzeitig Theorien zur Konstruktion sozialer Wirklichkeit mit aktuellen theoretischen und empirischen Diskussionen zur Mediatisierung der Gesellschaft (vgl. Schäfer 2010, S. 54 ff.).

Mediatisierung als Metaprozess gesellschaftlichen Wandels ist eng verknüpft mit anderen sozialen Metaprozessen des Wandels wie der Individualisierung, Pluralisierung oder Globalisierung (Krotz 2007). In gegenseitiger Abhängigkeit beeinflussen diese Prozesse fortlaufend soziale und kulturelle

Entwicklungen über kulturelle, soziale und nationale Grenzen hinweg. Somit beschreibt der Begriff der Mediatisierung einen übergeordneten Prozess des sozialen Wandels, der vielfältige Entwicklungen beinhaltet; hierzu gehören neben der flächendeckenden Einführung des Internets in private Haushalte oder zunehmende Medienkonvergenz auch der damit einhergehende Anspruch an Fertigkeiten und Fähigkeiten im Umgang mit digitalen Medien und die mediale Durchdringung aller alltäglichen Lebensbereiche, Veränderungen in Kommunikationspraktiken und Sozialisationsprozessen. Mediatisierung wird verstanden als eine Voraussetzung, aber auch als Ergebnis anderer Metaprozesse wie der Globalisierung und Pluralisierung. Globalisierung als sozialer Wandel in Form einer Auflösung traditioneller Begrenzungen und Beschränkungen zwischen Nationen und Kulturen, einhergehend mit dem Bedeutungsverlust kultureller Bezugsrahmen, ist in ihrem derzeitigen Ausmaß nur vorstellbar in Kombination mit der Entwicklung des Internets. Dieses ermöglicht es sowohl Individuen als auch Gruppierungen und Unternehmen, Medieninhalte schnell und einfach über den gesamten Globus zu verbreiten. Im Gegenzug kann der weltweit immense Einfluss von Medieninhalten nur auf Grundlage einer globalisierten Gesellschaft erklärt werden, die es erlaubt, traditionelle Grenzen zu überqueren; eine Gesellschaft, in der Kindheit rund um die Welt beeinflusst wird von Harry Potter und die Austragung einer Fußball-Weltmeisterschaft Menschen aller Kontinente und Nationen in ihrer Begeisterung für ein Spiel vereint. Auf dieselbe Weise nährt sich Pluralisierung aus der medialen Verbreitung einer Vielzahl von Wahlmöglichkeiten zur Lebensgestaltung und den neuartigen Gelegenheiten, sich selbst medial zu präsentieren, während gleichzeitig die Möglichkeit (und der Zwang), über digital bereitgestellte Wahloptionen zu entscheiden, als eine unmittelbare Folge eines Mangels an traditionellen Einschränkungen und vererbten Rahmenbedingungen für die Gestaltung des individuellen Lebensstils auftritt.

In der mediatisierten Gesellschaft geschehen Kommunikation und Interaktionen zunehmend vermittelt durch digitale Medien. In der Folge wird Mediatisierung als theoretischer Ansatz zur notwendigen Erweiterung des Konzepts der sozialen Konstruktion von Wirklichkeit. Diejenigen kleinen sozialen Lebenswelten, in denen digitale Medien eine besonders ausgeprägte Rolle spielen, müssen als relevante Konstruktionsräume für Wissen und Wirklichkeit in den Blick genommen werden. Beispielhaft hierfür stehen digitale Spielkulturen.

Zusammenfassend bleibt festzuhalten, dass sich die Konstruktion von Wirklichkeit sowohl gesamtgesellschaftlich als auch auf der Ebene der individuellen Lebenswelten in der mediatisierten Gesellschaft nicht nur als eine soziale, sondern zunehmend auch als eine digitale Konstruktion manifestiert. Dies umfasst unter anderem auch digitale Spielkulturen, die als konstitutiv für spezifische soziale Lebenswelten interpretiert werden können, da sie den Nutzenden Erlebnisse bieten, die innerhalb eines spielerischen Rahmens im jeweils eigenen Bedeutungssystem stattfinden. Mit den technischen Möglichkeiten zur Erschaffung digitaler Räume wie der Social Networking Sites oder Online Spielkulturen, in denen sich eine Vielzahl von Nutzenden gleichzeitig aufhalten, interagieren und kommunizieren können, verschwimmt die Grenze zwischen Offline- und Online-Räumen, zwischen alltäglicher Lebenswelt und Spielkultur. Wenn Nutzende in virtuellen Räumen miteinander interagieren, verliert sich die Gebundenheit des Alltags an die physische Welt und die Lebenswelt beginnt sich in die Spielkulturen zu erstrecken, weitet sich auf die online verfügbaren und genutzten Räume aus (vgl. Hemminger 2009; Hemminger/Schott 2012). Dieses Verschmelzen von Alltag und Spielwelt scheint den Argumenten der Medienkritiker Nahrung zu geben und die Angst zu bestätigen, dass das ‚richtige' Leben sich in den online bereitgestellten Räumen zu verlieren droht. Die Wechsel zwischen physischer und virtueller Welt innerhalb eines Spiels ist eine Erfahrung, die alle Spielenden machen und miteinander teilen, eine Erfahrung, die als Fluidität zweier sozialer Sphären wahrgenommen wird. Kritiker kennen diese Erfahrung nicht und tendieren deshalb dazu, die Überschneidungen als gewaltsames und schädliches Eindringen der Spielwelt in die Wirklichkeit fehlzuinterpretieren. Im vorliegenden Zusammenhang zeigt sich, dass das Verschmelzen der Räume genau deshalb bemerkenswert ist, weil es die Bedeutung von Spielkulturen, insbesondere von Online-Spielkulturen, als kulturelle und soziale Erfahrungs- und Lernräume aufzeigt, die im Zuge einer allgemeinen Analyse gesellschaftlicher Bedingungen der Konstruktion von Wirklichkeit nicht vernachlässigt werden dürfen.

3 Digitale Spielwelten: Gesellschaftlicher Diskurs und Individuelle Spielerfahrung

Die Diskussion der Konzepte einer sozialen Konstruktion von Wirklichkeit in der mediatisierten Gesellschaft als einer Ansammlung kleiner sozialer Lebenswelten, aus denen das Individuum auswählen muss, um einen persönlichen Sinnhorizont zu formen, zeigt, wie der moderne Mensch stets vor der Herausforderung steht, die ihn umgebenden gesellschaftlichen Bedeutungsräume zu unterscheiden und zu interpretieren. 1970 schreibt Benita Luckmann: „Like a Kafka-esque creation, man may try to come to terms with them [the separate institutional spheres] to get them in his grasp and fight imaginary and losing battles against them in process" (Luckmann 1970, S. 585). Diese drastische Darstellung hat nichts an Aktualität verloren, sondern verdeutlicht im Gegenteil angesichts der unüberschaubaren Vielfalt an kleinen sozialen Lebenswelten des Einzelnen in der globalisierten, pluralistischen und mediatisierten Gesellschaft, wie unwahrscheinlich eine treffende Deutung der Lebenswelten anderer aus der Außenperspektive tatsächlich geworden ist. Im Grunde ist der mühelose Übergang zwischen physischen und virtuellen Räumen für viele Menschen selbstverständlicher als der Wechsel zwischen unterschiedlichen sozialen Sphären. Da Mediatisierung – wie dies so oft bei sozialen Veränderungen der Fall ist – vielfach mit Ängsten, Zensur und Ablehnung einhergeht, entsteht eine soziale Kluft zwischen denjenigen Individuen und Gruppen, die digitale Medien selbstverständlich und willentlich in ihren Alltag aufnehmen und denjenigen, die eine mediale Durchdringung ihrer Lebenswelten und die sich ergebenden Veränderungen ablehnen oder nicht annehmen können. Im Bereich des digitalen Spielens ist diese soziale Kluft besonders offensichtlich. Wo immer die Außenansicht der Kritiker und Nicht-Spielenden auf die spezifische Lebenswelt der Spielenden trifft, sind Missverständnisse und Fehldeutungen vorprogrammiert. Die Forschungslage zur Nutzung von Computerspielen auf den wichtigen Märkten der Industrieländer ist dabei dürftig und die vorliegenden Studien sind schwer vergleichbar. Dies mag zum einen an den fehlenden persönlichen Erfahrungen und dem geringen Sachwissen vieler Forschender liegen. Besonders das mangelnde Interesse der kommerziellen Medienforschung dürfte jedoch ein wichtiger Faktor sein, der die Forschung zur Verbreitung und Nutzung von Computerspielen bislang einschränkte. Da zwischenzeitlich digitale Spiele als Werbemittel interessant geworden sind, könnten sich diesbezüglich in den kommenden Jahren durchaus Veränderungen einstellen (vgl. Klimmt 2009, S. 58). Die Daten, auf die für Deutschland zurückgegriffen werden kann, zeigen zumindest den international bestätigten Trend einer Erweiterung des Kreises der Spielenden. Vor allem bei Jugendlichen zwischen 14 und 19 Jahren kann von einem Massenphänomen des Computerspielens gesprochen werden (72 % geben an zu spielen), wobei selbst unter den 30- bis 39-Jährigen noch rund 40 Prozent der Bevölkerung digitale Spiele spielen. Diese Zahlen sind jedoch zu relativieren, da weder eine Unterscheidung zwischen den verschiedenen Genres getroffen werden kann, noch die Dauer und Art der Nutzung erhoben wird (vgl. Grüninger et al. 2009, S. 113 ff., Wimmer 2009, S. 58 ff.). Die Zahlen zeigen, dass Computerspiele unsere Gesellschaft durch das bloße Ausmaß der Nutzung prägen. Die Untersuchung der Sinngehalte gewinnt somit besondere Bedeutung. Die Tatsache, dass in der öffentlichen Debatte eher das Potenzial zur Unterstützung von Sucht- und Gewalttendenzen im Mittelpunkt steht, dürfte einer solchen Untersuchung eher im Wege stehen. Anstelle einer produktiven Diskussion eines vielfältigen Phänomens rückt hier die rückwärts gerichtete Angst vor Veränderung in den Fokus. Dies ist keineswegs eine neuartige Entwicklung. Vielmehr kann die gesamte Geschichte der Medien als eine Geschichte der Angst verstanden werden und mit jedweder technischen Entwicklung, die überlieferte soziale Strukturen beeinflussen könnte, erheben die Wächter des Status Quo ihre mahnende Stimme. Medienkritik tritt nahtlos in die Fußstapfen der jahrhundertealten Kritik Platons an der Schriftsprache und insbesondere die kritische Beobachtung digitaler Spiele wird gerne und häufig institutionalisiert, um eigene Meinungen und politische Perspektiven zu gesellschaftlichen Missständen zu verbreiten (vgl. Ziemann 2012). Die Kritik an digitalen Spielen ist oft verbunden mit gewalttätigen Geschehnissen, für die digitale Spiele allgemein oder aber spezifische Spiele verantwortlich gemacht werden. Besonders offensichtlich wird dies in der regelmäßig wiederkehrenden Verbindung, die zwischen tatsächlich gewalttätigem Verhalten und Gewalt als Inhalt digitaler Spiele hergestellt wird. Besonders nach tragischen Ereignissen wie den sogenannten ‚school shootings' in den USA ist diese Art der Erklärungsfindung populär. Die soziale Kluft zwischen Außenperspektive und Innensicht auf digitale Spielwelten gipfelt in der Vorstellung, dass der Gebrauch von tödlichen Feuerwaffen zur Ermordung von Mitmenschen als unmittelbare Folge der Teilnahme an einem Spiel erklärt werden kann, in dem Feuerwaffen als zentraler Spielmechanismus eingesetzt werden.

Obgleich die Spielenden selbst ihre Aktivitäten für harmlos halten, besteht die Außenperspektive der Nicht-Spielenden üblicherweise aus Annahmen über mögliche Gesundheitsrisiken für die Spielenden, vermischt mit Meinungen über die Auswirkungen auf die Gesellschaft. Typisch dafür ist die Weise, in der digitale Spiele mit einem Mythos der Gewalt umgeben werden (vgl. Whitmer 1997), ein Mythos, der dazu dient, eine kulturell vorherrschende Haltung gegenüber digitalen Spielen auszudrücken. Dies zeigt sich am deutlichsten in der Vereinnahmung digitaler Spiele für politische Zwecke in der Erklärung von Gewaltakten wie Amokläufen in US-amerikanischen Schulen. Ungeachtet gegenteiliger Befunde, die vor allem persönliche Schwierigkeiten unter anderem im Umgang mit Verlust und Versagen als wesentliche Faktoren identifizierten (vgl. Vossekuil et al. 2004), wird die Schuld an derartigen Ereignissen immer wieder aufs Neue auf digitale Spiele mit Gewaltinhalten gelegt, ohne auf die Vielschichtigkeit von Gewalt an sich oder deren kulturelle und soziale Implikationen einzugehen. Stattdessen wird abgelenkt von unangenehmen gesellschaftlichen Fragen und Problemen wie sozialer Ungleichheit oder einer Reform von Waffengesetzen. Kutner und Olson (2008) vermuten, dass die Spieleindustrie mit ihrem Status der ‚niederen' und ‚trivialen' Kultur letztlich deshalb als Sündenbock herhalten muss, weil sie nicht in der Lage ist, gesellschaftliche Unterstützung zu mobilisieren und somit ein leichteres Ziel darstellt als komplexere und kontroverse Themen wie Armut, Ungleichheit oder Gesetzgebung. Hinzu kommt, was Przybylski (YouGov 2013) als eine Kluft der Erfahrungen bezeichnet. Er bezieht sich damit auf eine Erhebung, die zeigt, dass US-Amerikanerinnen und -Amerikaner ohne eigene Erfahrung mit Gewaltszenen in digitalen Spielen mit annähernd sechsfach (5.9x) höherer Wahrscheinlichkeit der Überzeugung waren, solche Spiele würden zu Amokläufen beitragen (vgl. ebd.). Dieser Mechanismus ist schon lange ein Thema der Sozialpsychologie, die sich insbesondere seit den 50er Jahren damit auseinandersetzt, welche Ursachen und Persönlichkeitsattribute Menschen dem beobachteten Verhalten anderer zuschreiben. Dabei zeigt sich in der Forschung, dass Menschen dazu tendieren, den Einfluss des sozialen Kontexts von Handlungen zu unterschätzen (vgl. z. B. Gilbert/Malone 1995, Jones 1990). So fehlt den Laien die Erkenntnis, dass Spielende ihre Aktionen im Kontext eines Spielsystems ausführen und diese Aktionen auf Entscheidungen, Anforderungen und Verständnis dieses Systems beruhen. Wie sich insbesondere in der Auseinandersetzung mit Spielenden von Online-Rollenspielen wie *World of Warcraft* zeigt, können Waffen in diesem Zusammenhang ein funktionelles Werkzeug, ein Mittel zur Problemlösung und, richtig eingesetzt, der Schlüsselmechanismus, um das Spiel voranzutreiben, sein. Zusätzlich stellen sie auch ein Prestige versprechendes Item dar, das den sozialen Status in der Spielgemeinschaft unterstreicht oder sogar ästhetischen Eigenwert besitzt. Diese wichtigen Nuancen der Spielkultur bleiben Laien verborgen (vgl. Hemminger 2009). Innerhalb des Spiels agieren die Spielenden in der spielimmanenten Wirklichkeit, die sich aus den technischen Parametern und Spielregeln definiert. Spielende müssen ein Verständnis für diese Rahmenbedingungen entwickeln, um erfolgreich spielen zu können. Abweichend von ursprünglichen Erwartungen an ein Spiel, kann das Erlernen eines neuen Spiels beinhalten, solche Erwartungen anzupassen oder hinter sich zu lassen und am spezifischen Spielkontext zu orientieren. Jedes Spiel bietet eine einzigartige Spielwelt an, die erschlossen und erlebt werden muss. In der Folge ist das vielschichtige Erlebnis des Spielens aus der Außenperspektive ebenso wenig nachzuvollziehen, wie eine simple Erklärung brutaler Gewalt durch einen einzigen isolierten Faktor möglich ist. Die Analyse von Fallbeispielen zeigt, welche komplexen, insbesondere informellen Lernprozesse notwendig sind, bevor die Spielenden zu handlungsfähigen Teilnehmenden der digitalen Spielkulturen werden können (vgl. Hemminger 2011). Ebenso übersehen Laien die Bedeutung digitaler Spielwelten für die Auseinandersetzung mit gesellschaftlichen Praktiken und sozialer Wirklichkeit. Die Funktion digitaler Spielwelten als ‚Schöpfung zweiter Ordnung', in der sich gesellschaftliche Tatsachen widerspiegeln und verarbeitet werden, zeigt sich beispielsweise in der Analyse der Darstellung religiöser Elemente in digitalen Spielen (vgl. Hemminger 2014). Diese Perspektive verleiht digitalen Spielkulturen eine Bedeutung, die über die individuelle Sinngebung hinausreicht und gesellschaftliche Relevanz in der Untersuchung von Prozessen der Wirklichkeitskonstruktion erreicht (ebd.). Da die kleine soziale Lebenswelt einer Spielkultur und die Teilhabe daran für die Nutzenden von Bedeutung als Erfahrungs-, Lern- und Lebensraum ist, steht die individuelle Spielerfahrung in absolutem Widerspruch zur immer wiederkehrenden Diskussion um das gesellschaftliche Gefährdungspotenzial digitaler Spiele. Selbstverständlich ist ein Hinweis auf die Möglichkeit von missbräuchlicher Nutzung digitaler Spiele legitim. Jedoch zeigt sich in der aktuellen wissenschaftlichen Auseinandersetzung, dass monokausale Erklärungsversuche der Wirkung digitaler Spiele nicht gerecht werden können. Vielmehr benötigt es einer gründlichen Analyse des Phänomens, die in ein komplexes Modell zur Wirkung mündet. Darin müssen neben personellen und sozialen Faktoren auch kontextuelle und mediale Aspekte einfließen. Ein solches Modell stellt beispielsweise Wimmer (2013) bereit, der Computerspielnutzung in Alltag und Biografie der User verortet sehen will und darauf hinweist, dass ein Missbrauch digitaler Spiele üblicherweise auf problematische Lebenslagen der Spielenden zurückzuführen ist (ebd., S. 93 ff.).

Die Diskrepanz zwischen der Außenperspektive des Laien, der Spielmechanismen und Kontext nicht wahrnimmt oder nicht einordnen kann, und der Selbstverständlichkeit, mit der sich Spielende in den digitalen Räumen bewegen, lässt eine soziale Kluft entstehen. Es scheint plausibel, dass dies einer der Gründe für die zögerliche Auseinandersetzung der Sozialwissenschaften mit digitalen Spielen ist – eine neue Generation von Forscherinnen und Forschern, die sich selbstverständlich in digitalen Spielräumen als Lebenswelt bewegt, trifft auf gesellschaftliche Zweifel an der Relevanz ihrer Thematik, verbunden mit den methodischen und theoretischen Schwierigkeiten, die sich aus der Erschließung eines neuartigen Forschungsfeldes zwangsläufig ergeben. Gleichzeitig steht diese soziale Kluft exemplarisch für die Pathologie unserer Gesellschaft: tiefsitzendes Unverständnis für die Lebenswelt des Anderen, Misstrauen gegenüber technischen Entwicklungen in Teilen der Gesellschaft, Überforderung Einzelner durch rasante technische Innovationen und damit einhergehende Veränderungen in Kommunikation und Kulturpraktiken. Die Feststellung, dass digitale Medien und Computerspiele inzwischen ihren Platz in den Leitmedien gefunden haben und als Teil unserer Kultur verstanden werden, ändert daran nichts. Vielmehr wird die Problematik durch diese Entwicklung weiter verschärft. Die Ablehnung technischer Innovation oder Verweigerung der Teilhabe an medialen Entwicklungen durch spezifische gesellschaftlichen Gruppierungen oder einzelne Individuen stellt diese umso mehr an den gesellschaftlichen Rand, je mehr digitale Medien in allen Alltagsbereichen zur Selbstverständlichkeit werden.

4 Fazit

Die vorangehende Diskussion einer sozialen Kluft zwischen der Außenperspektive auf digitale Spiele und einem Verständnis digitaler Spielkulturen als kleiner sozialer Lebenswelten verdeutlicht, dass sich soziale Brüche zwischen Individuen und Gruppierungen nicht länger auf traditionelle Unterschiede wie Alter, Geschlecht oder Klassenunterschiede zurückführen lassen. Vielmehr müssen sie Diskrepanzen zwischen sozialen Wirklichkeiten und Erleben zugeschrieben werden. In der Folge liegt die Kluft zwischen Verständnis und Unverständnis für digitale Spielkulturen, oder in weiterem Sinne zwischen medienaffinen und medienfremden, Individuen quer zu traditionellen sozialen Unterschieden und gewinnt daher noch an Signifikanz. Mit zunehmender Mediatisierung wachsen die Differenzen zwischen den kleinen sozialen Lebenswelten, in denen Individuen innerhalb eines geteilten gesellschaftlichen Systems und Sinnhorizonts Zeit verbringen, Erfahrungen sammeln und ihre jeweils eigenen persönlichen Sphären von Bedeutung erschaffen. Somit tut sich zusätzlich zu herkömmlichen sozialen Unterschieden eine Kluft der zweiten Ordnung auf, die zweitrangig aufgrund der historischen Entwicklung ist, nicht jedoch in ihrer Bedeutung für Individuum und Gesellschaft. Da die Konstruktion von Wirklichkeit in kleinen sozialen Lebenswelten stattfindet und diese sich immer häufiger durch die Nutzung digitaler Medien manifestieren, muss sich die digital konstruierte Wirklichkeit verschiedener Individuen zwangsläufig stark unterscheiden und ist abhängig von der jeweils spezifischen Art und Intensität der persönlichen Mediennutzung. Die Signifikanz dieser Entwicklung zeigt sich insbesondere dort, wo Menschen dieselbe soziale Sphäre teilen, sich jedoch in ihrer Mediennutzung stark unterscheiden. Dies ist beispielsweise im Kontext der Hochschulbildung häufig der Fall. Während ein Professor sich selbstverständlich aller technischen Möglichkeiten der Kommunikation bedient und gerne Versuche mit digitalen Lernräumen in der Lehre eingeht, wehrt sich der Kollege gegen jede Veränderung seiner Kommunikationsroutine. Studierende nutzen ihr Smartphone zur Literaturrecherche und senden Chatnachrichten an Professorinnen, Lehrende vernetzen sich untereinander in virtuellen Sitzungen und spielen Online-Rollenspiele – und teilen den Sitzungs- oder Vorlesungssaal mit Individuen, die sich gegen die mediale Durchdringung ihres Alltags zu wehren versuchen, freilich mit wenig Erfolg, denn die Entwicklung hat längst alle Lebensbereiche erreicht. Was bleibt, ist eine kritische, oft ängstliche Ablehnung digitaler Medien, die sich nicht selten auf technologische Innovationen im Allgemeinen ausweitet. Die radikal unterschiedliche Weise, in der Menschen digitale Medien gebrauchen und in ihren Alltag aufnehmen, resultiert in einem ebenso radikal unterschiedlichen Erfahrungshorizont innerhalb geteilter Lebenswelten.

Digitale Spiele stellen für viele Menschen einen wesentlichen Bestandteil ihres Alltags dar und bieten den Spielenden bedeutungsvolle Erfahrungsräume, in denen soziale Interaktion und vielfältige Lernprozesse stattfinden. Für den Laien, den Nicht-Spielenden, sind diese Erfahrungen kaum nachzuvollziehen, was sich in der immer wiederkehrenden allgemeinen Diskussion um negative Effekte digitaler Spiele zeigt. In diesem Beitrag geht es weder darum, digitale Spiele gegen Vorwürfe zu verteidigen noch darum, selbige zu untermauern. Vielmehr steht die gesamtgesellschaftliche Bedeutung der sozialen Kluft zwischen Spielenden und Laien im Fokus. Die Diskussion konnte zeigen, wie Spielende und Laien in unterschiedlichen kleinen, sozialen Lebenswelten agieren, die sich dem gegenseitigen Verständnis in Teilen entziehen. Während die soziale Konstruktion von Wirklichkeit für die Spielenden die digitalen Spielräume mit einschließt und diese als Bestandteil der Wirklichkeit selbstverständlich erscheinen, sind die digitalen Lebenswelten Laien nicht nur fremd, sondern häufig mit diffusen Ängsten verbunden und daher abzulehnen. Folglich sind die persönlichen Sinnhorizonte, die individuell ausgewählten kleinen sozialen Lebenswelten der beiden Gruppen, die als Teil der Wirklichkeit verstanden werden, grundsätzlich verschieden. Wo für die einen digitale und analoge Räume selbstverständlich verschmelzen, wird von den anderen eine Grenze gezogen, die das Eindringen digitaler Räume in das alltägliche Erleben verhindern soll.

In einen breiteren gesellschaftlichen Kontext gestellt, kann die Analyse von digitalen Spielkulturen als kleine soziale Lebenswelten erklären, warum die mediatisierte Gesellschaft oft an mangelndem Verständnis zwischen unterschiedlichen sozialen Sphären krankt. Individuen konstruieren ihr persönliches Bedeutungssystem in verschiedenen sozialen Sphären, die sich nicht nur voneinander, sondern auch von einem gesamtgesellschaftlichen Kontext als übergeordnetem Bedeutungshorizont unterscheiden. Diese Diversität wird durch den unterschiedlichen Umgang mit den allgegenwärtigen digitalen Medien im Allgemeinen und mit digitalen Spielen im Besonderen noch verstärkt. In diesem Zusammenhang kann die Analyse der sozialen Kluft zwischen digitalen Spielkulturen als individuelle Erfahrungsräume und der Laienperspektive auf digitale Spiele wertvolle Einsichten liefern und die zunehmende Entfremdung zwischen medienaffinen Individuen oder Gemeinschaften und medienkritischen oder medienfeindlichen kleinen sozialen Lebenswelten erklären. Somit wird der gesellschaftliche Diskurs um digitale Spiele – zwischen sozialer Gefahr und alltäglichem Lern- und Erfahrungsraum – zu einem Sinnbild für den gesellschaftlichen Diskurs über den konstruktiven und sinnvollen Umgang mit digitalen Medien, aber auch mit innovativer Technik im Allgemeinen. Berger und Luckmann (1966) sprechen von einem Prozess der Institutionalisierung, durch welchen die Wirklichkeit des Einzelnen in die Gesellschaft übertragen wird und zur Wirklichkeit für die Lebenswelt anderer wird. Dieser Prozess wird zunehmend schwieriger oder wirkt scheinbar rückwärts gerichtet: Digitale Spielwelten, die sich als relevante alltägliche Lebenswelten gesellschaftlich etabliert haben, werden in einem rückwärts gerichteten Institutionalisierungsprozess zu einer Gefährdung für die Gesellschaft und den einzelnen Spielenden deklariert. Dieses Phänomen begegnet uns nicht nur im Umgang mit digitalen Medien, sondern vielmehr mit diversen Entwicklungen innovativer Technologie, die wie selbstverständlich Teil unserer Kommunikations- und Interaktionspraktiken wird, aber dennoch in manchen Teilen der Gesellschaft diffus kritisiert oder abgelehnt werden. Egal, ob es sich um Informationstechnologie, Robotik oder Satellitentechnik handelt: Unsere Gesellschaft ist schon jetzt in größerem Ausmaß davon abhängig, als es den Menschen bewusst und angenehm wäre. Die Möglichkeiten, die uns geboten werden, sind für viele in den Alltag übergegangen, ohne hinterfragt oder verstanden zu werden. Persönliche Erfahrungen und tiefgreifendes Wissen über diese Technologien sind jedoch die Ausnahme. Somit entsteht auch hier eine soziale Kluft zwischen den technologiebewussten und informierten Individuen und Gruppen und den unwissenden oder ablehnenden. Ein Verständnis zwischen den Sphären wird mit jeder Neuerung zusätzlich erschwert und entwickelt sich bis hin zum Unmöglichen. Dies gilt für digitale Spielkulturen in besonderem Maße, aber auch für traditionellere Sphären sozialer Lebenswelten wie Familie, Arbeitskollegium oder Subkulturen. Die Wahl besteht, digitale Medien und innovative Technik allgemein aktiv zu nutzen und in den Alltag zu integrieren oder aber die Nutzung zu vermeiden, die Entwicklungen zu umgehen und abzulehnen. Im Falle der digitalen Spielkulturen lässt sich die wachsende soziale Kluft zwischen der Lebenswelt der Spielenden und der Nicht-Spielenden beispielhaft in besonderem Ausmaß analysieren; die Kluft wird zweifelsohne weiter wachsen, so wie die Bedeutung digitaler Medien und anderer innovativer Technologien weiter ansteigen wird.

Die Analyse der Diskrepanzen und des mangelnden Verständnisses zwischen unterschiedlichen kleinen sozialen Lebenswelten als einer sozialen Kluft zeigt, wie wichtig es ist, Zugang und Verständnis zu gewinnen für das soziale Handeln der Einzelnen und dem subjektiv damit verbundenen Sinn. Ganz in der Tradition Max Webers (1920) muss sich sozialwissenschaftliche Forschung auf dieses Verständnis fokussieren, um soziale Zusammenhänge und Prozesse im Allgemeinen erklären zu können. Somit gewinnt gerade die Untersuchung kleiner sozialer Lebenswelten, die für einen signifikanten Teil der Gesellschaft bedeutungslos erscheinen, besondere Wichtigkeit. Der Weg zum Verständnis mag schwierig sein, umso wichtiger können die Erkenntnisse im gesamtgesellschaftlichen Kontext werden. In einer von Gegensätzen und sozialen Brüchen geprägten Gesellschaft sind geteilte Sinnzuweisungen und Kulturpraktiken essenziell wichtig; wo Unterschiede unüberwindlich groß erscheinen, ist grundsätzliche Offenheit und die Wertschätzung des Anderen das einzige Mittel, trotz starker Diskrepanzen eine gemeinsame Lebensgrundlage zu finden. Diese Gemeinsamkeiten im Sinnhorizont des geteilten gesellschaftlichen Kontexts sollte sozialwissenschaftliche Arbeit in den Fokus nehmen. Eine Auseinandersetzung mit den unterschiedlichen sozialen Lebenswelten und die Identifizierung geteilter Werte über soziale Brüche hinaus, können schließlich doch auf das Gemeinsame hinweisen.

Literatur

Abel, Günter (2004). Zeichen der Wirklichkeit. Suhrkamp: Frankfurt a. M.

Berger, Peter L./Luckmann, Thomas (1966). The Social Construction of Reality. A Treatise in the Sociology of Knowledge. Penguin Books: London (reprinted 1991).

Gilbert, Daniel T./Malone, Patrick S. (1995). The correspondence bias. Psychological Bulletin, 117, S. 21-38.

Grüninger, Helmut/Quandt, Thorsten/Wimmer, Jeffrey (2009). Generation 35 plus. Eine explorative Interviewstudie zu den Spezifika älterer Computerspieler. In: Quandt, Thorsten/Wimmer, Jens/Wolling, Jens.: Die Computerspieler: Studien zur Nutzung von Computergames. Springer: Berlin. S. 113-134.

Hemminger, Elke (2009). The Mergence of Spaces. Experiences of Reality in Digital Role-Playing Games, Sigma: Berlin.

Hemminger, Elke/Schott, Gareth (2012). The Mergence of Spaces. MMORPG User-Practice and Everyday Life. In: Fromme, Johannes/Unger, Alexander (eds.): Computer Games and New Media Cultures: A Handbook of Digital Game Studies. Springer: Berlin, pp. 395-409.

Hemminger, Elke (2011). Wenn Räume verschmelzen – soziale Netzwerke in virtuellen Spielwelten. In: Fuhse, Jan/Stegbauer, Christian: Kultur und mediale Kommunikation in sozialen Netzwerken. VS. Wiesbaden. S. 93-106.

Hemminger, Elke (2014). Game Cultures as Sub Creations – Case Studies on Religion and Digital Plays. Heidelberg Journal of religion on the Internet 5/2014. S. 108-133.

Husserl, Edmund (1936). Die Krisis der europäischen Wissenschaften und die transzendentale Phänomenologie. (Teile I und II), Hrsg. von Ströker, Elisabeth. Meiner: Hamburg (1996, 3. Aufl.).

Jones, Edward. E. (1990). Interpersonal perception. W. H. Freemann/Times Books/Henry Holt & Co: New York.

Klimmt, Christoph. (2009). Die Nutzung von Computerspielen. Interdisziplinäre Perspektiven. In: Quandt, Thorsten/Wimmer, Jeffrey/Wolling, Jens: Die Computerspieler: Studien zur Nutzung von Computergames. Springer: Berlin. S. 54-72.

Krotz, Friedrich (2007). Mediatisierung. Fallstudien zum Wandel von Kommunikation. VS Verlag: Wiesbaden.

Kutner, Lawrence/Olson, Cheryl. K. (2008). Grand Theft Childhood: The surprising truth about violent video games and what parents can do. Simon and Schuster: New York.

Luckmann, Benita (1970). The Small Life Worlds of Modern Man, Social Research, 4, 1970, 580-596.

Luhmann, Niklas (1971). Sinn als Grundbegriff der Soziologie. In: Habermas, Jürgen/Luhmann, Niklas: Theorie der Gesellschaft oder Sozialtechnologie – Was leistet die Systemforschung? Suhrkamp: Frankfurt a. M., S. 32-34.

Mannheim, Karl (1964). Die Gegebenheitsweise der Weltanschauung. Die drei Arten des Sinns, in: Ders.: Wissenssoziologie. Neuwied/Berlin: Luchterhand.

Mannheim, Karl (1980). Strukturen des Denkens. Suhrkamp: Frankfurt a. M.

Mäyrä, F. (2008). Introduction to Game Studies: Games in Culture. Sage: London/Thousand Oaks et al.

Quandt, Thorsten/Wimmer, Jens/Wolling, Jens (2009). Die Computerspieler: Studien zur Nutzung von Computergames. Springer: Berlin.

Schäfer, Christian (2010). Erweiterte Wirklichkeit(en): Literatur lesen und unterrichten im Zeitalter der Virtualisierung. LitVerlag: Münster.

Scheler, Max (1926). Die Wissensformen der Gesellschaft. Bern/München: Francke (1960, 2. Aufl.).

Schütz, Alfred (1932). Der sinnhafte Aufbau der sozialen Welt. Eine Einleitung in die verstehende Soziologie, Suhrkamp: Frankfurt a. M. (1974).

Schütz, Alfred/Luckmann, Thomas (1979). Strukturen der Lebenswelt, Band I. Suhrkamp: Frankfurt a. M.

Schütz, Alfred/Luckmann, Thomas (1984). Strukturen der Lebenswelt, Band II. Suhrkamp: Frankfurt a. M.

Searle, John R. (1995). The Construction of Social Reality. Free Press: New York.

YouGov (2013). "Americans Skeptical of Link Between Mass Shootings and Video Games," YouGov., https://today.yougov.com/news/2013/10/17/americans-skeptical-link-between-mass-shootings-an/ [Zugriff: 20.08.2014]

Vossekuil, Bryan/Fein, Robert A./Reddy, Marisa/Borum, Randy/Modezeleski, William (2004). The Final Report and Findings of the Safe School Initiative: Implications for the prevention of school attacks in the United States. United States Secret Service and United States Department of Education: Washington, D. C.

Weber, Max (1920). Soziologische Grundbegriffe. In: Schriften 1894-1922. Ausgewählt von Dirk Kaesler. Kröner: Stuttgart (2002).

Whitmer, Barbara. (1997). The Violence Mythos, State University of New York Press: Albany, NY.

Wimmer, Jeffrey. (2013). Massenphänpmen Computerspiele. UVK: Konstanz.

Ziemann, Andreas (2012). Soziologie der Medien. transcript: Bielefeld, 2. überarbeitete Auflage.

Welche Partizipationspotenziale halten digitale Spielwelten und ihre Strukturen für heranwachsende Computerspielende bereit? Um ein besseres Verständnis von pädagogischen Handlungsbedarfen zur Förderung der Beteiligung in digitalen Spielwelten und partizipationsrelevanter Kompetenzen sowie von Ansprüchen an die Gestaltung digitaler Spiele und spielbezogener Kommunikationsplattformen zu erlangen, wird dabei ein Stufenmodell der Partizipation in digitalen Spielwelten entwickelt. Als Partizipation wird hierbei nicht nur politisches Handeln verstanden. Der Begriff wird weiter gefasst und auch Veränderungsmöglichkeiten der digitalen Spielwelten an sich werden als Teilhabemöglichkeiten an diesen Welten begriffen.

This article deals with digital gaming worlds and their structures with regard to potentials for participation of adolescent video gamers. In order of developing a better understanding of educational needs for action on both facilitating engagement within digital gaming worlds and relevant skills for participation as well as requirements regarding the design of digital games and game-related communication platforms, the authors develop a stage model of participation in digital gaming worlds. They define participation not only as political action but also include the ability to modify and influence digital gaming worlds as an opportunity of participating in these worlds.

Nicht nur Spiel – Medienhandeln in digitalen Spielwelten als Vorstufe zu Partizipation

Angelika Beranek und Sebastian Ring

1 Digitale Spielwelten

Computerspiele sind Softwareanwendungen, die am PC, der Spielkonsole, dem Smartphone oder Tablet, aber auch mit internetfähigen Puppen oder anderen interaktiven Geräten bedient werden. Digitale Spiele lassen sich dabei als softwarebasierte Regelsysteme charakterisieren, die Spielhandlungen ermöglichen und anregen, in die oftmals narrative Elemente eingebettet sind, die fiktionale Welten erzeugen und gleichzeitig die Regeln vermitteln (vgl. Juul 2005). Digitale Spiele weisen im Unterschied zu anderen virtuellen Welten und Onlinekommunikationsräumen formale Merkmale des Spiels auf (siehe Jörissen 2010, S. 119). Zum Spiel in einem kulturanthropologischen Sinn (etwa im Verständnis Johan Huizingas, vgl. Huizinga 1956, S. 34) werden sie aber in erster Linie dadurch, dass jüngere oder ältere Menschen diese Software zum Spielen nutzen und ihr Handeln als Spielen empfinden oder bezeichnen. In den vergangenen Jahrzehnten ist ein großes und breit gefächertes Angebot an Software, Spielgeräten und -genres entstanden, die teilweise klassische Spielsysteme und deren formale Strukturen aufgreifen und weiterentwickeln, aber auch spezifisch neuartige Handlungs- und Interaktionsmöglichkeiten schaffen. Aus kommunikationswissenschaftlicher Perspektive lassen sich Computerspiele neben ihrem Status als Spiele entsprechend als Massenmedien (vgl. Krotz 2008) sowie als Kommunikations- und Sozialräume (vgl. Kuhn 2010) charakterisieren, mit und in denen Spielende agieren.

Über die unmittelbaren Spielstrukturen hinaus – aber auch oft strukturell eng mit ihnen verwoben – bestehen weitere Handlungsbereiche, die aus medienpädagogischer Perspektive und mit Blick auf Partizipation in digitalen Spielwelten von hoher Relevanz für junge Spielende sind: die Kommunikationsangebote der konvergenten Medienwelt mit ihren Foren, Communitys, Clans, journalistischen Angeboten, Vertriebsplattformen wie *Steam*, Streamingplattformen wie *Twitch*, Chatplattformen wie *Teamspeak*, Let's Play Videos und andere.

Dieses komplexe Gefüge digitaler Spielwelten lässt sich damit einerseits als Ort und andererseits als Gegenstand medienvermittelter Kommunikation beschreiben. Das symbolisch-interaktive Handeln wird entsprechend unterschiedlicher Intentionen vollzogen – etwa um zu spielen oder um auf andere Weise sozial zu interagieren. Die Interaktion richtet sich dabei auf unterschiedliche Ziele und Objekte, unter anderem auf das Spiel selbst oder auf andere Akteure wie Gamedesigner, konkrete Mitspielende oder abstrakt auf die Spielendencommunity. Zudem adressiert sie unterschiedliche Themen, spielbezogene oder nicht-spielbezogene.

Das mediale Angebotsspektrum bedient rezeptive, produktive und sozial-interaktive Interessen (zu den Angebotsstrukturen des Social Web aus Sicht von Jugendlichen vgl. Brüggen, Wagner 2013, S. 111 ff.). Vor allem die Kommunikationsplattformen des Internet verschränken diese drei Bereiche oftmals. Neben Inhalten, die unter professionellen Bedingungen produziert wurden (zum Beispiel journalistische Angebote in Magazinen oder Let's Play-Videos etablierter *Youtuberinnen* und *Youtuber*), besteht von Userinnen und Usern erzeugter Inhalt. Consalvo betont die normative Relevanz dieses „Paratextes" (vgl. Consalvo 2007) für die Bewertung von digitalen Spielen und Spielhandlungen. Spielende können darüber hinaus den spielbezogenen Diskurs durch die Veröffentlichung eigener Werke (selbst gestaltete Spiele, Fanart etc.) mitgestalten. Nicht zuletzt bietet das Social Web Interaktionsräume für verschiedene Organisationsformen sozialer Interaktion und Gemeinschaft. Die Plattformen des Social Web dienen der Information, dem Austausch oder der Organisation von Spielgemeinschaften wie Clans oder Gilden. Digitale Spielwelten als Kommunikationsräume, in denen Spielende agieren und partizipieren, werden von einer Reihe von Personen und institutionellen Akteuren gestaltet und strukturiert. Dazu zählen zum einen politische Akteure, die die gesetzlichen Rahmenbedingungen definieren, zum anderen Spieldesigner, die maßgeblich für die inhaltliche und strukturelle Gestaltung der Spiele verantwortlich sind, sowie die Publisher und Plattformbetreiber, die das Marketing und Vertriebsstrukturen verantworten. Deren Handeln folgt jeweils unterschiedlichen Zielsetzungen und Prinzipien. Entsprechend entstehen unterschiedliche Verantwortungsbereiche (vgl. Ring/Funiok 2015, S. 180).

Die Partizipationschancen von Heranwachsenden in den digitalen Spielwelten werden einerseits durch diese Rahmenbedingungen bestimmt, auf der anderen Seite sind es die Interessen, Motivation und Kompetenzen der Spielenden, die hier einen erheblichen Einfluss ausüben. In der Medienwirkungsforschung wird seit längerem nicht mehr von einer linearen Wirkung von Medien ausgegangen, sondern die Motive und Bedürfnisse (Uses and Gratification Approach) hinsichtlich der Medienzuwendung der Nutzer mit in den Fokus gerückt (vgl. Hugger 2008, S. 173 ff.). Hinzu kommt ein komplexer Interaktionsprozess zwischen Spielinhalten und Alltagsleben der Spielenden. „Mediennutzung wird somit auf der Mikroebene in Verbindung mit Alltagserfahrungen und auf der Makroebene mit weitergehenden sozialen wie kulturellen Wandlungsprozessen in Bezug gesetzt" (Wimmer 2013a, S. 119). In dieser erweiterten kontextualisierten und kulturorientierten Analyseperspektive wird die Computerspielnutzung in ihre individuellen Entstehungs-, Gegenwarts- und Folgekontexte eingebettet. (vgl. Wimmer 2013b, S. 81)

Die Spielenden selbst hingegen sind in einem interaktionistischen Verständnis als aktiv handelnde Subjekte zu begreifen, die sich vor dem Hintergrund ihrer je spezifischen lebensweltlichen Bedingungen und situativ mittels Interpretation und Erzeugung von Bedeutung mit den medialen Inhalten, den Strukturen der Spielsysteme und mit den Mitspielenden befassen. Ein medienkompetentes Handeln zielt in diesem interaktionischen Verständnis von Medienkommunikation zentral auf Teilhabe und Mitwirkung an gesellschaftlichen Prozessen durch Kommunikation: „Kommunikative Kompetenz steht mithin für die Fähigkeit zu selbstbestimmter, reflexiv-kritischer Kommunikation und bildet die Grundlage für Aneignung von, aktives Einwirken auf und Verändern von Realität" (Theunert 2009, S. 200). Die darin beschriebene Dimension des Handelns bedeutet eine aktive, reflexiv-praktische Aneignung von Medien durch Heranwachsende. Im Kontext digitaler Spielwelten als Kommunikationsmedien und -räume entstehen entsprechend je subjektbezogen auszuformulierende Anforderungen (vgl. Gebel 2010, Fritz et al. 2011, Ring 2014 oder Zimmerman 2007). Die Chancen auf Mitgestaltung digitaler Spielwelten wird durch zwei Faktoren zentral bestimmt: auf Seiten der Spielenden durch deren Medienkompetenz, auf Seiten der digitalen Spiele durch deren Strukturen.

Im Folgenden werden die den Diskurs und die Chancen auf Partizipation rahmenden Strukturen digitaler Spielwelten als Spiel- und Interaktionsräume analysiert und im Anschluss daran wird aufbauend auf den Stufenmodellen der Partizipation von Schröder (1995) und Hart (1997), den Weiterentwicklungen von Stange (2007) und Wagner/Gerlicher/Brüggen (2011) sowie Soßdorf (2016) ein Stufenmodell der Partizipation in digitalen Spielwelten entwickelt.

Dadurch sollen auch ein besseres Verständnis für praktische Chancen und Limitationen von Partizipation in digitalen Spielwelten erarbeitet sowie pädagogische Anknüpfungspunkte beschrieben werden.

2 Partizipationsbezogene Strukturmerkmale digitaler Spielwelten

Die qualitative Vielfalt der unter Heranwachsenden populären digitalen Spiele bietet eine Vielzahl unterschiedlicher Handlungsmöglichkeiten, aber auch -limitationen. Da digitale Spiele wie kaum ein anderes Medium in die konvergente Medienwelt eingebunden sind, gibt es auch eine Vielzahl von Möglichkeiten, das Spielgeschehen von außerhalb des von den Entwicklerinnen und Entwickler Vorgesehenen zu manipulieren, zum Beispiel durch Hacks, Modding oder die Verwendung von externen Kommunikationstools wie *Teamspeak* oder *Skype*. Darüber hinaus gibt es auch eine normative Funktion von gamesbezogenem Content (Magazine, Let's Play-Videos, Diskussionsforen etc.), hier soll der Fokus jedoch zunächst auf den Spielstrukturen selbst liegen. Um sie bezüglich ihrer Qualität für Partizipationsprozesse differenzieren zu können, lohnt sich ein Blick auf die die Interaktion strukturierenden Merkmale.

- ■ Zugangsvoraussetzungen: Zunächst stellt sich die Frage der Möglichkeit, am Spielen teilzunehmen. Hierzu bedarf es bestimmter technischer Voraussetzungen wie benötigter Hardware oder Software, Internetzugang et cetera, die oftmals an ökonomische Bedingungen geknüpft sind. Aber auch personenbezogene Voraussetzungen wie ein bestimmtes Alter, die Entwicklung von Fertigkeiten und Fähigkeiten sind Faktoren, die die faktische Teilnahmemöglichkeit am Spiel determinieren. Nicht zuletzt spielen hier soziale Faktoren eine Rolle, etwa indem durch die Spielgestaltung vorwiegend eine bestimmte soziale Gruppe adressiert wird oder eine bestehende Community neue Mitspielende eher integriert oder ausgrenzt.

- Transparenz: Um Rahmenbedingungen des eigenen Spielens mitzugestalten bedarf es an Wissen über die bestehenden Strukturen, Entwicklungsprozesse und Beteiligungsmöglichkeiten. Dies bezieht sich zum Beispiel auch auf Erhebung, Speicherung und Verarbeitung von Daten der Spielenden, mit deren Hilfe Spielverhalten analysiert und Spielmechaniken angepasst werden (vgl. Piasecki 2015). Gerade um solche Anpassungsprozesse mitgestalten zu können, ist Wissen über die angewendeten Algorithmen und Qualitätsmanagement-Tools bedeutsam.
- Spielgestaltung: In der Regel definieren die Entwicklerinnen und Entwickler zu großen Teilen die Narration und Regelsysteme, innerhalb derer die Spielenden handeln. Ein auf Partizipation bezogenes wichtiges Strukturmerkmal digitaler Spiele ist die (Mit-) Gestaltbarkeit durch Spielende. Diese vollzieht sich auf zwei Ebenen: Innerhalb des durch das Gamedesign oder Plattformen vorgegebenen Rahmens (zum Beispiel durch besondere Spielabsprachen, Rollenspiel) und in Form der Mitgestaltung dieses Rahmens (zum Beispiel durch Leveleditoren, Cheating, Modding, Hacking, inhaltliche Beteiligung an der Spielgestaltung wie in *Steam-Workshops*). Natürlich sind auf Seiten der Spielenden bestimmte Voraussetzungen notwendig, wie Fähigkeiten und Fertigkeiten, um Spiele mitzugestalten. Es bedarf aber auch auf Seite der Spielstrukturen bestimmter Voraussetzungen, die Partizipation ermöglichen, fördern oder sie behindern. Limitationen entstehen hier nicht nur durch technische, sondern auch durch lizenzrechtliche Bedingungen.
- Interpersonelle Kommunikation und Beziehungen: Diese vollziehen sich zum einen zwischen Spielenden: Hierbei stellt sich die Frage nach Kommunikationsformen und -räumen (z. B. Foren, Chats oder Voicechats), die vor, während und nach Spielhandlungen genutzt werden können. Die Spielendengemeinschaften können unterschiedlich organisiert sein, etwa lose und situativ oder fest mit formalisierten Strukturen (etwa in Form eines Clans oder einer Gilde). Möglicherweise bestehen Hierarchien, unterschiedliche Rollen oder Formen der Beteiligung (zum Beispiel als Serveradministrator oder Support). Zum anderen vollzieht sich Interaktion zwischen Spielenden und Entwicklerinnen und Entwicklern bzw. Betreiberinnen und Betreibern: Hierzu stellt sich die Frage nach Kommunikationsmöglichkeiten und deren Struktur. Bestehen Partizipationsinstrumente, die Spielenden die Beteiligung an Entwicklungsprozessen ermöglichen? Haben die durch die Spielenden geäußerten Ansprüche faktischen Einfluss auf die Spielentwicklung oder handelt es sich etwa um bloße Marketingtools?
- Normative Prozesse: Vor allem bei Multiplayerspielen entstehen und entwickeln sich spiel- oder communitybezogene Werte, Regeln und Normen durch Interaktion der Spielenden. Wer gestaltet und moderiert aber diese Prozesse maßgeblich? Können Spielende Einfluss auf die Gestaltung von Spielregeln oder mit dem Verstoß gegen diese verbundenen Sanktionen nehmen? Bestehen demokratische Elemente, Strukturen für Selbstmanagement der Community (zum Beispiel Peer-Tribunale) oder erfolgt eine Regulierung sozialer und normativer Fragen immer durch die Spielbetreibenden?

3 Stufen der Partizipation

Digitale Spielwelten als Kommunikations- und Sozialräume werden durch die Spielenden aktiv mit- und ausgestaltet. Ihre strukturellen Rahmenbedingungen bestimmen unterschiedliche Grade an Partizipation, die im Folgenden in einem Stufenmodell beschrieben werden.
Obwohl es eine fast unüberschaubare Menge an Literatur zum Thema Partizipation Jugendlicher gibt, ist es schwierig, die Perspektive der Heranwachsenden selbst zu erfassen. In der Regel wird die (sozial-)pädagogische Aufgabe diskutiert, wie Partizipationsmöglichkeiten geschaffen werden können. Doch warum sollten Heranwachsende überhaupt auf die Idee kommen, sich zu beteiligen und ab wann handelt es sich um (politische) Partizi-

pation? Die besten Partizipationsmöglichkeiten nutzen nichts, wenn sie aus Sicht von Heranwachsenden keinen Sinn machen. Da es sich beim Computerspielen in der Regel um eine rein freiwillige und nicht pädagogisch angeleitet oder angestoßene Partizipation handelt, ist dieser Punkt von zentraler Bedeutung. Um sich der Grundsatzfrage nach Motiven und Intentionen von Partizipation zu nähern, werden psychologische, soziologische und pädagogische Perspektiven herangezogen. Legt man nun die Sicht der Heranwachsenden als zentrale Perspektive auf Partizipation in digitalen Spielwelten an, ergeben sich daraus folgende Fragestellungen.

3.1 Partizipationsbegriffe

Zunächst muss man den Begriff ‚Partizipation' näher beleuchten. Partizipation wird oft auch als Teilhabe, Teilnahme oder Engagement begriffen. In der Regel wird dieser Begriff für eine Teilhabe an politischen Prozessen verwendet. Autoren wie Widmaier (2011) behaupten sogar, der Begriff der Partizipation wäre ausschließlich der Sphäre der Politik vorbehalten.

In anderen, aktuellen Publikationen findet sich ein weiteres Verständnis für politische Teilhabe Jugendlicher, die die Perspektive Heranwachsender in den Vordergrund rückt und über von der Politik initiierte Beteiligungsverfahren hinausgeht. Soßdorf (2016) fasst die aktuelle Diskussion zusammen: „Wimmer verdeutlicht beispielsweise, dass Partizipation im Internet nicht einzig als Übertragung ‚klassischer Beteiligungsformen ins Virtuelle' (Wimmer 2012a, S. 31) betrachtet werden kann. Diesen adaptierten Partizipationsangeboten unterstellt er eine Top-Down-Orientierung, bei denen den Nutzenden keine ausreichende Mitbestimmung und Transparenz geboten werden. Doch gerade die von Nutzenden selbst entwickelten und initiierten Aktionen, die als Graswurzelbewegungen (*Bottom-Up*-Orientierung) stattfinden und die Grenzen zwischen online und offline verwischen, beschreibt er als typische neue Formen einer digitalen Deliberation und Partizipation (vgl. Wimmer 2012a, S. 27 ff., vgl. Best/ Krueger 2005)" (Soßdorf 2016, S. 41).

Hierdurch wird das Verständnis von jugendlicher Partizipation erweitert. Jugendliche sind nicht politisch inaktiv, sondern auf anderen Ebenen engagiert. Krüger stellt fest, dass Jugendliche sich durchaus engagieren. Sie engagieren sich in ihrem nahen Umfeld für Dinge, die sie bewegen und berühren und wenn sie davon überzeugt sind, dass Engagement sich lohnt (vgl. Krüger 2011, S. 140 ff.).

Diesen erweiterten Partizipationsbegriff mit dem Blick auf Heranwachsende und Onlinekommunikation beschreiben auch Wagner et al.: „Angesichts der Tatsache, dass Heranwachsende partizipative Interaktionsformen als Möglichkeit in ihrem Handlungsrepertoire Schritt für Schritt erlernen und zugleich im Prozess der Sozialisation sich verschiedene Bereiche gesellschaftlichen Zusammenlebens erst erschließen, ist eine Begriffsfassung anzulegen, die nicht zu eng auf politische Partizipation ausgerichtet ist. Vielmehr geht es in der pädagogischen Arbeit darum, Möglichkeiten zur Partizipation in der Lebenswelt von Kindern und Jugendlichen zu schaffen und dort Beteiligung und Selbstbestimmung erfahrbar und damit erlernbar zu machen" (Wagner et al. 2011, S. 2 ff.).

Dieser subjektorientierte Ansatz liegt auch unseren Überlegungen zu Partizipation in digitalen Spielwelten zu Grunde. Es geht um die Teilhabe an der Gestaltung der eigenen Lebenswelt mit engem Bezug zu aktuellen Interessen Heranwachsender, zu denen eben auch digitale Spiele gehören. Entsprechend entsteht nicht nur durch pädagogische Angebote das Potenzial, solche Partizipationsräume für Heranwachsende zu eröffnen. Auch digitale Spielwelten können hier einen Beitrag leisten. In Forschung zu Faktoren, die Jugendliche motivieren, politisch aktiv zu werden, ließ sich zeigen, dass frühere Partizipationserfahrungen eine positive Wirkung haben, wenn diese zufriedenstellend waren (vgl. Fatke/Schneider 2005, S. 6).

Die Berücksichtigung unterschiedlicher Umwelten und sozialer Kontexte wie der Familie in Hinblick auf die Entwicklung vorpolitischer partizipationsrelevanter Kompetenzen findet sich auch bei Weiss (Weiss 1981), erweitert durch Oser et al. (Oser et al. 2000) wieder. Das Modell zur politischen Sozialisation von Weiss berücksichtigt den Aspekt der Umwelten im

Rahmen der sekundären Sozialisation. „Die politische Kompetenz bildet sich später im Rahmen der sekundären Sozialisation auf der Basis der bereits entwickelten Selbst- und Sozialkompetenzen aus, wobei analoge Sozialisationsmechanismen zum Tragen kommen. Dies bedeutet, dass Interaktionsprozesse, die Beziehungen, Erfahrungen und Gespräche zwischen Personen in ihren verschiedenen Umwelten enthalten, das konkrete Material für diese Sozialisationsprozesse abgeben, dies nicht nur für die Entwicklung der Persönlichkeit allgemein, sondern auch für die Entwicklung politischer Kompetenzen" (Oser et al. 2000, S. 36). Zu dieser Umwelt zählen heute auch die als Kommunikations- und Sozialräume fungierenden digitalen Spielwelten. Partizipation in digitalen Spielen kann demnach die spätere politische Partizipationsbereitschaft fördern, aber auch selbst zu politischem Handeln werden. So könnte sich aus dem Frust eines Spielenden über die Jugendschutzvorgaben eine politische Initiative zur Änderung bestimmter Vorgaben entwickeln – oder kleiner gedacht, es könnte auch einfach ein computerspielbezogenes Projekt mit kommunalen Politikerinnen und Politikern an der eigenen Schule zu dem Thema initiiert werden.

Der Transfer von Partizipationserfahrungen, die in Kontexten digitaler Spielwelten gemacht wurden, hin zu nicht-spielbezogenen politischen Prozessen ist ein von Heranwachsenden zu leistender Schritt, der von diversen Faktoren beeinflusst wird. Inwieweit diese auf die reale Welt im Sinne eines intermondialen Transfers übertragen werden, hängt unter anderem davon ab, ob und wie weit sie abstrahiert werden müssen um Ähnlichkeitserlebnisse zuzulassen (vgl. Fritz 2011, S. 93 ff.).

Uns interessieren zunächst einmal die Gestaltungsmöglichkeiten der eigenen Lebenswirklichkeit und somit erste Zugänge zu Partizipation im Sinne politischer Teilhabe.

3.2 Motivation für Partizipation

In der Literatur werden häufig Einflussfaktoren untersucht, die politische Partizipation begünstigen oder hemmen. Doch die Grundsatzfrage, warum Heranwachsende überhaupt partizipieren möchten, bleibt oft nur unzureichend beantwortet. Betrachtet man diese Fragestellung aus der Perspektive pädagogischer Praxis, wird recht schnell deutlich, dass hohes Engagement entsteht, wenn Heranwachsende direkt mit einem persönlichen Problem konfrontiert werden oder externe Anreize zur Partizipation bestehen. Dies spiegelt sich in der Forschung rund um Einflussfaktoren insofern wider, als dass neben vielen anderen Einflussgrößen drei Faktoren, die auch für Heranwachsende relevant sind, identifiziert werden: Hierzu zählt der Einfluss des sozialen Umfeldes, die eigene Betroffenheit und die Identitätsarbeit der Jugendlichen.

Soßdorf fasst verschiedene Einflussfaktoren und Motive politischer Partizipation und Voraussetzungen für Engagement von Jugendlichen zusammen (vgl. Soßdorf 2016, S. 57 ff.). Hierzu zählen unter anderem Lebensraumnähe und die eigene Betroffenheit, sowie Einbindung in ein soziales Netz, verbunden mit geteilten Interessen und Begeisterung für politische Themen bei Freundinnen und Freunden sowie Familienmitgliedern. Zudem wird immer wieder Bezug auf die Identitätsarbeit der Jugendlichen genommen. So werden die Punkte Selbstwirksamkeit, Anerkennung, Betroffenheit und neue Erfahrungshorizonte zu eröffnen benannt (vgl. Soßdorf 2016, S. 63).

Bezogen auf digitale Spielwelten stellt sich die Frage, wo können und wo wollen Jugendliche an digitalen Spielwelten partizipieren, sowie an welchen Stellen werden Jugendliche in digitalen Spielwelten aufgefordert, zu partizipieren?

3.3 Partizipationsstufen bezogen auf digitale Spielwelten

Um Partizipationsmöglichkeiten zu beschreiben, werden in unterschiedlichen Zusammenhängen Partizipationsstufen beschrieben. Hierbei werden zwei unterschiedliche Ansätze verfolgt. Das Modell von Schröder/Hart geht beispielsweise von den institutionell vorgegebenen Partizipationsmöglichkeiten aus und unterteilt diese in Hinblick auf formale Partizipationsmöglichkeiten in unterschiedliche Grade der Partizipation (vgl. Schröder 1995 und Hart 1997). Die Expertise des JFF zur Partizipation im und mit dem Social Web unterscheidet hier nach Beteiligung, Mitbestimmung und Selbstbestimmung (vgl. Wagner/Gerlicher/Brüggen 2011). Soßdorf geht von einem aktiven Subjekt aus und unterscheidet entsprechend nach dem Aktivitätsgrad der angesprochenen Jugendlichen – von rein informierend/konsumierenden über teilnehmend/interagierende bis hin zu initiierend/produzierenden Aktivitäten (vgl. Soßdorf 2016, S. 174). Diese Einteilung findet sich in der ersten Spalte in Tabelle 1 wieder. Die zweite Spalte setzt sich aus den angepassten Modellen von Schröder (1995) und Hart (1997) sowie Wagner et al. (2011) und eigenen Ergänzungen zusammen. In den folgenden Spalten werden diese auf digitale Spielwelten übertragen und mit geeigneten Beispielen und Aktivitäten veranschaulicht. Diese Modelle werden im Folgenden berücksichtigt, um unterschiedliche Grade der Partizipation in digitalen Spielwelten zu beschreiben.

Um eine Idee davon zu bekommen, an welcher Stelle Beteiligungsmöglichkeiten bestehen, kann in Anlehnung an die oben genannten Modelle folgende Unterscheidung getroffen werden. Hierbei findet auf den untersten vier Stufen noch keine echte Beteiligung im engeren Sinne statt – diese sind als Vorstufen und Voraussetzung für eine Partizipation an Spielwelten zu sehen. Ab Stufe fünf kann von Partizipation im engeren Sinne gesprochen werden. Tabelle 1 veranschaulicht dieses Stufenmodell der Partizipation in digitalen Spielwelten anhand von Beispielen für Aktivitäten von Spielenden auf der einen Seite und Rahmenbedingungen, die Anbieter durch ihre Aktivitäten schaffen können, auf der anderen Seite.

Auf der untersten Stufe befinden sich Information und Konsum. Bezogen auf klassische Partizipationsprozesse, wie beispielsweise in der Jugendarbeit, würde dies bedeuten, sich über die Angebote der Jugendarbeit zu informieren und diese zu besuchen. Übertragen auf Spielwelten kann zunächst einmal unter den Aktivitäten der Spielenden eine reine Information über das Spiel gefasst werden. Anschließend zählen auch der Kauf und das Spielen eines Spieles zum ersten Schritt in Richtung Partizipation. Spielextern kann man sich über Angebote wie Let's Play-Videos oder im Freundeskreis über das Spiel informieren. Von Seiten der Publisher müssen hierzu die entsprechenden Informationen rund um das Spiel angeboten werden, damit diese Aktivitäten überhaupt erst möglich werden.

Die zweite Stufe zeichnet sich durch eine Positionierung zu einem Spiel aus. Im klassischen Sinne wäre dies vergleichbar mit der Sozialraumaneignung in einem Jugendtreff und mit der Identifikation mit dem Jugendzentrum und dessen Besucherinnen und Besuchern. Spielbezogen geschieht hier die Positionierung, indem man sich als Spielerin oder Spieler mit einem bestimmten Spiel identifiziert. Spielextern kann dies durch die Identifizierung mit einem Spiel im Freundeskreis oder in der Öffentlichkeit geschehen. Dies kann neben der reinen Kommunikation auch über den Kauf von Werbematerial ausgedrückt werden. Publisher stellen neben Tools auch andere Materialien (oft zu Merchandisingzwecken) zur Verfügung, die von den Spielerinnen und Spielern gekauft und zu ihren Zwecken genutzt werden. Die dritte Stufe der Beteiligung zeichnet sich durch eine aktive Teilnahme aus. Im Jugendtreff wäre das etwa die Teilnahme an angebotenen Aktionen. Im Spiel wird dies durch das Eingehen von sozialen Beziehungen oder durch die Teilnahme an gemeinsamen (Multiplayer-)Spielen ausgedrückt. Spielextern kann man sich an Forendiskussionen auf anderen Plattformen beteiligen, YouTube-Videos rund um das Spiel liken, teilen oder kommentieren. Spieleanbieter können auf dieser Stufe Communityfunktionen zur Verfügung stellen oder Umfragen initiieren, die Spielende dann nutzen können.

Auf einer vierten Stufe findet sich schließlich das aktive Einbringen in digitalen Spielwelten. Bezogen auf ein Jugendzentrum wäre dies das Einbringen von Vorschlägen für gemeinsame Aktivitäten. In spielimmanenten Umgebungen zeigt sich dies, durch eine aktive Teilnahme an Spielergemeinschaften oder durch das An-

		Aktivitäten der Spielenden		Aktivitäten von Anbietern
Stufen		Spielimmanent/in der Spielendengemeinschaft	Spielextern	Partizipation unterstützende Aktivitäten
Informierend/konsumierend	Stufe 1 Information/ Konsum	Sich über Spiele informieren Spiel kaufen Spiel spielen	Let's Play-Videos oder Ähnliches rund um das Spiel konsumieren Freunde nach ihrer Meinung zum Spiel fragen	Informationen zum Spiel bereitstellen
	Stufe 2 Positionierung/ Zuordnung	Sich auf ein Spiel einlassen, Involvement	Sich als Gamerinnen und Gamer „outen"/identifizieren Werbematerialien kaufen	Tools und Materialien anbieten
teilnehmend/interagierend	Stufe 3 Teilnahme	Soziale Beziehungen eingehen (Freundschaften schließen, Teilnahme an Spieleinladungen, Mitgliedschaft in Clan)	Beteiligung an Forendiskussion YouTube Videos liken und teilen YouTube Videos kommentieren/diskutieren	Communityfunktionen anbieten Umfragen initiieren
	Stufe 4 Sich einbringen	In der Gemeinschaft aktiv werden (in einem Clan aktiv werden, an Diskussionen teilnehmen, Anliegen vortragen, z. B. Support bzw. Communitymanager anschreiben)		Communitypflege
initiierend/produzierend	Stufe 5 Aktion	Funktionsrollen in Clan übernehmen, Aktivitäten initiieren Eigene Beteiligungsprozesse eröffnen (Forendiskussionen eröffnen)	Eigene Videos oder Fanart erstellen und veröffentlichen Aktionen außerhalb des Spiels starten, z. B. Votings	Community zu eigenen Aktionen auffordern Lizenzrechtliche und technische Voraussetzungen gewährleisten
	Stufe 6 Modifikation/ Produktion	Content kreieren (z. B. Steam Workshop) Hacking, Modding Einen Clan gründen Eigenen Gameserver aufbauen/Spiel oder Teamspeak aufbauen Eigene Spiele designen	z. B. Sub-Forum bei Communityseite	Quellcode freigeben, Modifikaionen erlauben, Workshop-Funktionen anbieten

Tab. 1: Stufen der Beteiligung in digitalen Spielwelten

schreiben des Support-Teams oder des Communitymanagements. Spielextern können hier wiederum *YouTube*-Videos oder Ähnliches genutzt werden, um die eigene Meinung aktiv zu vertreten. Von Seiten der Spieleanbieter wäre hier eine gute Communitypflege zu nennen.

Die fünfte Stufe der Beteiligung stellt dann bereits eine echte Partizipation an digitalen Spielwelten dar. Sie zeichnet sich durch die Aktion der Spielenden aus. In Bezug auf die Jugendarbeit wäre dies das Einbringen von eigenen Veränderungsvorschlägen. Spielbezogen stellt sich die Situation ähnlich dar: Man eröffnet eigene Beteiligungsmöglichkeiten beispielsweise in Form einer Fanwebseite oder übernimmt Funktionsrollen in Clans. Spielexterne Handlungen können etwa die Veröffentlichung eigener Let's Play-Videos oder selbstgestalteter Fanart sein. Außerdem werden Aktionen außerhalb des Spiels gestartet. Von Seiten der Anbieter können diese Aktivitäten durch die Aufforderung zu eigenen Aktionen unterstützt werden. Ebenfalls müssen hier die geeigneten rechtlichen Rahmenbedingungen geschaffen werden, damit Spielende zum Beispiel überhaupt rechtssicher Let's Play-Videos oder Fanart erstellen können.

Die sechste Stufe der Beteiligung stellt die Modifikation der Spielwelt oder deren Umwelt, sowie die eigene Produktion dar. Bezogen auf die Jugendarbeit würde dies bedeuten, dass man seinen eigenen Jugendverein gründet. Spielimmanent bedeutet dies, eigenen Content zu kreieren, einen Mod zu erstellen (vgl. Unger 2012) oder einen Clan zu gründen. Auch der Aufbau eines eigenen Spieleservers oder das Design eines eigenen Spiels gehören zu den möglichen Aktivitäten. Spielextern kann beispielsweise ein eigenes Forum betrieben oder ein Subforum auf einer Diskussionsseite erstellt werden. Auf dieser Ebene kann der Publisher mitwirken, indem er solche Modifikationen fördert (zum Beispiel wie den *Steam*-Workshop). Außerdem müssen rechtliche und technische Voraussetzungen geschaffen werden: Das Modden eines Spiels muss erlaubt sein und die entsprechenden Dateien und Codes zur freien Verfügung stehen.

4 Pädagogische Konsequenzen

Partizipationsprozesse in Bezug auf digitale Spielwelten können in vielfältiger Weise und auf unterschiedlichen Stufen stattfinden. Aus der Partizipationsforschung ist bekannt, dass frühe (erfolgreiche) Partizipationserfahrungen die Bereitschaft, sich später einzubringen und politisch aktiv zu werden, positiv beeinflussen (siehe 3.1 und 3.2). Gerade die spiel- und lebensweltbezogenen Beteiligungsmöglichkeiten bieten einen großen Spielraum für aktive (medien-)pädagogische Arbeit.

Digitale Spielwelten können Heranwachsenden als Räume für Partizipationserfahrungen im Sinne dieses erweiterten Partizipationsbegriffs dienen. Ihre sozialräumliche Struktur, Lebensweltnähe, die Ansprache intrinsischer Motivation und die Möglichkeit, auf verschiedenen Stufen an Beteiligungsprozessen teilzunehmen oder sie *bottom-up* selbst zu initiieren, bieten hinreichende Anknüpfungspunkte für Prozesse der politischen Bildung. Ob diese Potenziale faktisch zu Partizipationserfahrungen führen, ob diese Erfahrungen erfolgreich sind und ob in Folge ein Transfer in andere soziale Kontexte gelingen kann, hängt von verschiedenen Faktoren ab: der Struktur digitaler Spielwelten, der Fähigkeiten und Fertigkeiten der Spielenden, der Struktur anderer politischer Partizipationsangebote und -verfahren und nicht zuletzt von pädagogischen Unterstützungsangeboten.

Ansatzpunkte für pädagogische Praxis liegen zum einen darin, Computerspiele als Erfahrungsräume für Selbstwirksamkeit und politische Bildungsprozesse zu nutzen. Hierzu zählt zum einen die Sensibilisierung für erfolgreiche Partizipationserfahrungen der Spielenden in Kontexten digitaler Spiele und das Aufzeigen von Chancen des Transfers in andere soziale Kontexte. Spielbezogene Kompetenzen der Heranwachsenden können in anderen sozialen Kontexten wirksam werden, wenn es gelingt, Verbindungen zwischen Spielwelten und anderen lebensweltlichen Bereichen herzustellen. Zum anderen gilt es, die Beteiligung an der Ausgestaltung digitaler Spiel- und Kommunikationsräume, das Engagement in der Spielendengemeinschaft und den spielbezogenen Wertediskurs zu fördern und anzuregen. Neben der Förderung von Partizipation in digitalen Spielwelten durch pädagogische Praxis bedarf es an geeigneter Voraussetzung auf Seiten der Spiel- und Plattformbetreibenden. Hierzu zählt das Schaffen von wirksamen Beteiligungsmöglichkeiten. Um ernsthafte Beteiligung zu ermöglichen und zu fördern ist Transparenz bezüglich der Gestaltungs- und Entscheidungsprozesse ebenso nötig wie das Herstellen von Wirksamkeit der Entscheidungen und Handlungen der Spielenden. Die Interaktion wird durch das Vorhandensein von Ansprechpersonen auf Seiten der Spieleanbieter und altersgemäßer Communitystrukturen für Kommunikation und Vernetzung erleichtert. Der Anspruch auf selbstbestimmtes Handeln der Spielenden ist auch durch ökonomische Interessen auf Seiten der Spiel- und Plattformbetreibenden gerahmt. Gestalterische und ökonomische Ansprüche stehen hier möglicherweise in Konflikt mit dem Anspruch auf Selbstbestimmung der Spielenden(-community). Hier gilt es Transparenz herzustellen, etwa auch bezüglich der Speicherung und Auswertung von Daten. Darüber hinaus können Spielehersteller und -betreiber die Partizipationsansprüche und -bestrebungen der Spielenden unterstützen, indem sie Limitationen abbauen und geeignete rechtliche und technische Voraussetzungen schaffen, die es Spielenden erleichtern – oder sie überhaupt erst in die Lage versetzen – selbstbestimmt und eigeninitiativ zu handeln.

Literatur

Consalvo, Mia (2007). Cheating. Gaining Advantage in Videogames. Cambridge: MIT Press.

Fatke, Reinhard/Schneider, Helmut (2005). Kinder- und Jugendpartizipation in Deutschland. Daten, Fakten, Perspektiven. Gütersloh: Verlag Bertelsmann Stiftung.

Fritz, Jürgen/Lampert, Claudia/Schmidt, Jan-Hinrik/Witting, Tanja (Hrsg.) (2011). Kompetenzen und exzessive Nutzung bei Computerspielern: Gefordert, gefördert, gefährdet. Berlin: Vistas.

Fritz, Jürgen (2011). Wie Computerspieler ins Spiel kommen, Theorien und Modelle zur Nutzung und Wirkung virtueller Spielwelten. In: lfm (Hrsg.), Schriftenreihe Medienforschung der Landesanstalt für Medien Nordrhein-Westfalen, Band 67. Berlin: Vistas Verlag GmbH.

Gebel, Christa (2010). Kompetenz erspielen – kompetent spielen? In: merz | medien + erziehung, Nr. 4/2010, S. 45-50.

Hart, Roger (1997). Children's participation. The theory and practice of involving young citizens in community development and environmental care. Reprinted. New York.

Hugger, Kai-Uwe (2008). Uses-and-Gratification-Approach und Nutzenansatz. In: Sander, Uwe/von Gross, Friederike/Hugger, Kai-Uwe (Hrsg.), Handbuch Medienpädagogik. Wiesbaden: VS Verlag für Sozialwissenschaften, S. 173-177.

Huizinga, Johan (1956). Homo ludens. Vom Ursprung der Kultur im Spiel. Hamburg: Rowohlt.

Jörissen, Benjamin (2010). Strukturale Ethnografie virtueller Welten. In: Grell, Petra/Marotzki, Winfried/Schelhowe, Heidi (Hrsg.), Neue digitale Kultur- und Bildungsräume. Wiesbaden: VS Verlag für Sozialwissenschaften, S. 119-144.

Juul, Jesper (2005). Half-Real. Video Games between Real Rules and Fictional Worlds. Cambridge: MIT Press.

Krotz, Friedrich (2009). Computerspiele als neuer Kommunikationstypus. Interaktive Kommunikation als Zugang zu komplexen Welten. In: Quandt, Thorsten/Wimmer, Jeffrey/Wolling, Jens (Hrsg.). Die Computerspieler. Studien zur Nutzung von Computergames. 2. Aufl. Wiesbaden: VS Verlag für Sozialwissenschaften, S. 25-40.

Krüger, Thomas (2011). Politische Bildung online – Wege zur Partizipation Jugendlicher? In: Theunert, Helga/Wagner, Ulrike (Hrsg.), Alles auf dem Schirm? Jugendliche in vernetzten Informationswelten. München: kopaed, S. 139-153.

Kuhn, Axel (2010). Der virtuelle Sozialraum digitaler Spielwelten. Struktur und Auswirkungen auf das Spielerleben. In: Kaminski, Winfred/Lorber, Martin (Hrsg.), Computerspiele: Medien und mehr ... München: kopaed, S. 129-146.

Oser, Fritz/Ullrich, Manuela/Biedermann, Horst (2000). Partizipationserfahrungen und individuelle Kompetenzen. Literaturbericht und Vorschläge für eine empirische Untersuchung im Rahmen des Projekts "Education à la Citoyenneté Democratique (ECD)" des Europarats. Universität Fribourg. edudoc.ch/record/29371/files/249.pdf [Zugriff: 18.05.2016]

Piasecki, Stefan (2015). Kondensstreifen der Online-Sozialisation. Videospiele als Zuträger von persönlichen Informationen und Verhaltensparametern. In: merz | medien + erziehung, Nr. 1/2015, S. 45-52.

Ring, Sebastian (2014). Im besten Sinne ‚gut' spielen. Kompetent computerspielen. In: Demmler, Kathrin/Lutz, Klaus/Ring, Sebastian (Hrsg.), Computerspiele und Medienpädagogik. Konzepte und Perspektiven. München: kopaed, S. 73-78.

Ring, Sebastian/Funiok, Rüdiger (2015). Harmloses Als-Ob, nützliches Lebenstraining, problematische Menschenbilder – Braucht es eigene ethische Maximen für Computerspiele? In: Prinzing, Marlies/Rath, Matthias/Schicha, Christian/Stapf, Ingrid (Hrsg.), Neuvermessung der Medienethik. Weinheim und Basel: Beltz, S. 177-190.

Schröder, Richard (1995). Kinder reden mit. Weinheim: Beltz.

Soßdorf, Anna (2016). Zwischen Like-Button und Parteibuch. Die Rolle des Internets in der politischen Partizipation Jugendlicher. Wiesbaden: Springer VS.

Stange, Waldemar (2007). Was ist Partizipation? Definitionen – Systematisierungen. Baustein A 1.1. Online verfügbar unter www.kinderpolitik.de/beteiligungsbausteine/pdf/a/Baustein_A_1_1.pdf.

Theunert, Helga (2009). Medienkompetenz. In: Schorb, Bernd/Anfang, Günther/Demmler, Kathrin (Hrsg.), Grundbegriffe Medienpädagogik. Praxis. München: kopaed, S. 109-204.

Unger, Alexander (2012). Modding as Part of Game Culture. A Handbook of Digital Games Studies. In: Fromme, Johannes/Unger, Alexander (Hrsg.), Computer Games and New Media Cultures. Dordrecht, New York: Springer, S. 509-523.

Wagner, Ulrike/Brüggen, Niels (2013) (Hrsg.). Teilen, vernetzen, liken. Jugend zwischen Eigensinn und Anpassung im Social Web. Baden-Baden: Nomos.

Wagner, Ulrike/Gerlicher, Peter/Brüggen, Niels (2011). Partizipation im und mit dem Social Web – Herausforderungen für die politische Bildung. Expertise für die Bundeszentrale für politische Bildung. www.jff.de/jff/index.php?id=74&type=0&jumpurl=uploads%2Fmedia%2FExpertise_Partizipation_Im_Social_Web_01.pdf&juSecure=1&locationData=74%3Att_content%3A428&juHash=4ea7a96e2471ad2a47a1ffa549af0f29ca269b13 [Zugriff: 18.05.2016]

Weiss, Wolfgang W. (1981). Überlegungen für ein theoretisches Modell politischer Sozialisation. In Klingemann, Hans-Dieter/Kaase, Max (Hrsg.), Politische Psychologie, S. 37-55. Opladen: Westdeutscher Verlag.

Widmaier, Benedikt (2011). Von der Politikverdrossenheit zum Wutbürger? Partizipation als Ziel der politischen Bildung. In: Widmaier, Benedikt/Nonnenmacher, Frank (Hrsg.), Partizipation als Bildungsziel. Politische Aktion in der politischen Bildung. Schwalbach/Ts.: Wochenschau, S. 7-15.

Wimmer, Jeffrey (2013a). Kontextualisierung versus Komplexitätsreduktion. Medienwirkung aus kulturtheoretischer Perspektive. In: Schweiger, Wolfgang/Fahr, Andreas (Hrsg.), Handbuch Medienwirkungsforschung. Wiesbaden: Springer, S. 119.

Wimmer, Jeffrey (2013b). Massenphänomen Computerspiele: Soziale, kulturelle und wirtschaftliche Aspekte. Konstanz: UVK Verlagsgesellschaft, S. 81.

Zimmerman, Eric (2007). Gaming Literacy – Game Design as a Model for Literacy in the 21st Century. www.ericzimmerman.com/files/texts/Chap_1_Zimmerman.pdf [Zugriff: 18.05.2016]

Wie hängt die Haltung von Eltern bezüglich Videogames und deren Spielerfahrung mit ihrer Medienerziehung zusammen? Diese Frage wird explorativ anhand einer Stichprobe von Schweizer Eltern untersucht. Je häufiger Eltern selbst Videogames spielen und je positiver sie den Einfluss von Videogames einschätzen, desto häufiger zeigen sie medienerzieherisches Verhalten hinsichtlich Videogames.

How do parents' attitude towards videogames and their own gaming experience relate to their parental mediation behaviour regarding videogames? This question is explored by using a sample of Swiss parents. The more often parents play videogames themselves and the more positively they rate the influence of videogames on their child, the more often they also show parental mediation behaviour regarding videogames.

Medienerziehung und Videogames
Welche Rolle spielen die Spielhäufigkeit der Eltern und der von den Eltern vermutete Einfluss von Videogames auf ihr Kind?

Lilian Suter

1 Ausgangslage

Videogames[1] zu spielen gehört zu den beliebtesten Freizeitaktivitäten von Schweizer und deutschen Kindern. 61 Prozent der Schweizer Kinder zwischen sechs und dreizehn Jahren gamen mindestens einmal pro Woche (Suter et al. 2015). In Deutschland sind es 62 Prozent der Kinder zwischen sechs und 13 Jahren, die regelmäßig, das heißt mindestens einmal pro Woche, Computer-, Konsolen- oder Onlinespiele nutzen (Feierabend et al. 2015). Die Eltern nutzen Videogames hingegen deutlich seltener. Zusätzlich werden Videogames von Eltern und Medien kontrovers diskutiert. Das Spielen von Videogames hat bei den meisten Eltern ein schlechtes Image. Lediglich zehn Prozent der befragten Schweizer Eltern vermuten einen positiven oder eher positiven Einfluss von Videogames auf ihr Kind, fast die Hälfte vermutet hingegen einen negativen oder eher negativen Einfluss (Suter et al. 2015). Auch deutsche Eltern sehen Computerspiele kritisch: Im Vergleich mit Fernsehen und Computer/Internet wird ihnen der geringste positive und der stärkste negative Einfluss auf das Kind zugeschrieben (Wagner et al. 2013). Wie hängt die – tendenziell negative – Haltung gegenüber Videogames und die – meist kaum vorhandene – Spielerfahrung der Eltern mit ihrem medienerzieherischen Verhalten zusammen? Dieser Frage wird im vorliegenden Artikel nachgegangen.

1.1 Videogames bei Schweizer Kinder und Eltern

Zunächst werden die Ergebnisse aus der Schweizer *MIKE-Studie* 2015 (Suter et al. 2015) über das Spielverhalten von Schweizer Kindern und Eltern zusammenfassend dargestellt. 25 Prozent der sechs bis 13-jährigen Kinder in der Schweiz spielen täglich Videogames, weitere 36 Prozent mindestens einmal pro Woche. Je älter die Kinder sind, desto häufiger werden Videogames gespielt: bei den Sechs-/Siebenjährigen spielen 50 Prozent mindestens einmal pro Woche, bei den Zwölf- und 13-Jährigen sind es 79 Prozent. Die Spielhäufigkeit ist zudem stark vom Geschlecht abhängig: 77 Prozent der Jungen spielen mindestens einmal pro Woche Videogames, während dies nur 46 Prozent der Mädchen ähnlich häufig tun. Spielt ein Kind an einem typischen Wochentag Videogames, dann tut es dies durchschnittlich während 24 Minuten. Die durchschnittliche Nutzungszeit ist bei älteren Kindern höher als bei jüngeren Kindern, hinsichtlich des Geschlechts unterscheiden sie sich allerdings nicht. Am häufigsten als liebstes Videogame genannt wurden das Fußballgame *FIFA*, das Adventure-Game *Minecraft* und das Jump'n'Run-Spiel *Super Mario* (vgl. Abbildung 1). Bei den Eltern ist das Spielen von Videogames weniger stark verbreitet: sechs Prozent spielen täglich, weitere 21 Prozent mindestens einmal pro Woche, 43 Prozent nie. Die befragten Mütter und Väter spielen ähnlich häufig und auch zwischen den Altersgruppen lassen sich keine signifikanten Unterschiede feststellen.

1.2 Parental mediaton bei Games

Parental mediation beschäftigt sich damit, wie Eltern die Mediennutzung ihrer Kinder begleiten (Wagner et al. 2013). In diesem Zusammenhang wird oft von Strategien gesprochen, die Eltern anwenden, um positive Einflüsse von Medien zu maximieren und negative Einflüsse zu minimieren. Drei Formen von *parental mediation* wurden identifiziert: *restrictive mediation*, *active mediation* und *co-use* (vgl. Chakroff/Nathanson 2008). *Restrictive mediation* beinhaltet Regeln oder Verbote, meist mit dem Ziel, die Kinder zu schützen. Hierzu zählen beispielsweise Regeln darüber, wie lange ein Kind pro Tag Videogames spielen darf oder welche Videospiele nicht erlaubt sind. *Active mediation* bezieht sich darauf, dass Eltern ihren Kindern Medieninhalte erklären oder diese mit den Kindern diskutieren. Im Bereich der Videogames können Eltern beispielsweise den Unterschied zwischen Realität und Fiktion oder allfällige Gewalthandlungen im Spiel thematisieren. *Co-use* beschreibt die Begleitung der Mediennutzung des Kindes durch die Eltern. Anders als bei *active mediation* steht hier nicht die Diskussion im Zentrum. Unter *co-playing* versteht man das gemeinsame Spielen von Videogames (vgl. Nikken/Jansz 2006), aber auch das passive Zuschauen zählt zu *co-use*.

Diese drei Strategien stammen ursprünglich aus der Fernsehforschung und ihre Anwendung auf Videogames wird häufig kritisiert, beispielsweise aufgrund der stärkeren Interaktivität bei Videogames (z. B. Nikken/Jansz 2006). So wurde verschiedentlich versucht, spezifische *mediation*-Strategien für Videogames zu identifizieren (Nikken/Jansz 2006, Schaan/Melzer 2015, Jiow 2014, Wagner et al. 2013). Allerdings wurden bisher keine einheitlichen Strategien gefunden und bisherige Studien sprechen dafür, dass die drei Strategien *restrictive mediation*, *active mediation* und *co-use* auch auf Videogames anwendbar sind (vgl. Nikken/Jansz 2014). Der vorliegende Artikel orientiert sich deshalb an der klassischen Unterscheidung zwischen *restrictive mediation*, *active mediation* und – im vorliegenden Fall der Videogames – *co-playing*.

1.3 Einflussfaktoren auf parental mediation bei Games

In der Literatur werden verschiedene Einflussfaktoren auf die Medienerziehung diskutiert. Im vorliegenden Artikel stehen der vermutete Einfluss von Videogames auf das Kind und die Spielhäufigkeit der Eltern im Fokus. Im Folgen-

Abb. 1: Liebste Games der Schweizer Kinder zwischen sechs und 13 Jahren (Abbildung aus Suter et al. 2015). Je größer ein Begriff dargestellt ist, desto häufiger wurde dieser genannt. Die Position und die Richtung der Begriffe haben keinerlei Bedeutung.

den werden bisherige Studienergebnisse zu diesen beiden Faktoren und deren Zusammenhang zu medienerzieherischem Verhalten hinsichtlich Videogames dargestellt.

1.3.1 Vermuteter Einfluss von Videogames

Da im Zusammenhang mit *parental mediation* oft von Strategien von Eltern gesprochen wird, um Einflüsse von Medien zu regulieren, liegt es nahe, dass Vermutungen über den Einfluss der Medien für *parental mediation* eine zentrale Rolle spielen. Verschiedene Studien untersuchten bereits den Zusammenhang von vermuteten oder wahrgenommenen Einflüssen von Videogames mit *parental mediation* (Jiow 2014, Nikken/Jansz 2006, 2007, Schaan/Melzer 2015, Shin/Huh 2011, Wagner et al. 2013). Die Resultate weisen darauf hin, dass Vermutungen und Bewertungen der Eltern zu Risiken und Chancen von Videogames in einem Zusammenhang mit elterlichen *mediation*-Strategien bei Kindern und bei Jugendlichen stehen. Vermutete negative Einflüsse werden insbesondere mit vermehrter *restrictive mediation* und teilweise mit vermehrter *active mediation* assoziiert. Vermutete positive Einflüsse werden mit häufigerem *co-playing* in Verbindung gebracht.

1.3.2 Spielhäufigkeit der Eltern
Als weiterer relevanter Faktor für die Gestaltung der Medienerziehung im Bereich der Videogames wird die Spielhäufigkeit der Eltern selbst betrachtet. Die Nutzung eines Mediums versorgt die Eltern mit Wissen und/oder Selbstvertrauen, um die Medienerziehung hinsichtlich dieses Mediums proaktiver zu gestalten (vgl. Livingstone/Helsper 2008 im Hinblick auf die Internetnutzung). Bisher gibt es nur wenige Studien, die den Zusammenhang zwischen der Spielerfahrung der Eltern und *parental mediation* im Bereich der Videogames untersuchten (Connell 2015, Nikken/Jansz 2006, 2007, Schaan/Melzer 2015, Steiner/Goldoni 2011). Die Resultate weisen darauf hin, dass die Spielhäufigkeit der Eltern insbesondere mit *co-playing*, aber auch mit *restrictive* und *active mediation* zusammenzuhängt. Eltern, die selbst oft Videogames spielen, scheinen insgesamt aktiver in der Medienerziehung hinsichtlich Videogames zu sein.

1.4 Ziel dieses Artikels
In diesem Artikel wird explorativ untersucht, welche Rolle die Spielhäufigkeit der Eltern und der vermutete Einfluss von Videogames für das medienerzieherische Verhalten von Eltern von sechs- bis 13-jährigen Kindern in der Schweiz spielen.

2 Stichprobe und Methoden

2.1 Ablauf der Befragung
Basis dieses Artikels bildet die Schweizer *MIKE-Studie* 2015 (Medien, Interaktion, Kinder, Eltern). Die Befragung von Eltern und Kindern fand zwischen Mitte September 2014 und Ende Januar 2015 statt. Im Anschluss an die Befragung der Kinder[2] in der Schule wurde ihnen ein Umschlag mit dem Elternfragebogen mitgegeben. Der Fragebogen konnte durch die Eltern kostenlos zurückgeschickt werden. Die Rücklaufquote lag bei 60 Prozent.

2.2 Stichprobe
Die Stichprobe der *MIKE-Studie* besteht aus einer Kinder- und einer Elternstichprobe. Die Kinderstichprobe besteht aus 1.065 Kindern im Alter zwischen sechs und 13 Jahren[3], die eine Primarschule in der Schweiz besuchten. Für diesen Artikel werden jedoch hauptsächlich die Daten aus der nicht repräsentativen Elternbefragung genauer betrachtet. Der Begriff Eltern wird in diesem Artikel stellvertretend für alle Erziehungsberechtigten verwendet. Gemeint sind somit beispielsweise auch alleinerziehende Elternteile oder Erziehungsberechtigte in anderen Familienformen. Die Elternstichprobe der MIKE-Studie besteht aus 641 Eltern. Im vorliegenden Artikel werden aufgrund von fehlenden Antworten jedoch nur die Angaben von 596 Eltern berücksichtigt. 272 dieser Eltern wohnen in der deutschsprachigen Schweiz, 187 in der französischsprachigen Schweiz und 137 in der italienischsprachigen Schweiz. Der Elternfragebogen wurde öfter von einem weiblichen Elternteil (79 Prozent) als von einem männlichen Elternteil (21 Prozent) ausgefüllt. Das Durchschnittsalter der Eltern liegt bei 41 Jahren. Für die Einteilung des Bildungsniveaus der Familie wurde jeweils das höchste Bildungsniveau, egal ob von Mutter oder Vater, verwendet. 44 Prozent der Eltern stammen aus einer Familie mit einem Tertiärabschluss (Fachhochschule/Universität). 25 Prozent sind Eltern mit (Berufs-)Maturität oder einem Abschluss einer Höheren Fachschule. 31 Prozent haben einen Lehrabschluss oder tiefere bzw. keine Bildungsabschlüsse. Erfasst wurde auch die Nationalität von beiden Elternteilen. 72 Prozent der Eltern besitzen demnach die Schweizer Staatsbürgerschaft. 13 Prozent der Eltern gaben sowohl die Schweiz als auch eine andere Nationalität an, während 16 Prozent der Eltern keine Schweizer Staatsbürgerschaft besitzen.
Innerhalb der Stichprobe der Eltern sind Frauen und Eltern mit tertiärem Bildungsabschluss im Vergleich zur Schweizer Bevölkerung übervertreten. Die Stichprobe der Eltern ist außerdem womöglich dahingehend verzerrt, dass die antwortenden Eltern bereits für das Thema Medien-

nutzung und Medienkompetenz sensibilisiert waren und deswegen an der Befragung teilgenommen haben (Selbstselektion). Aufgrund der hier aufgeführten Aspekte sind die Ergebnisse aus der Befragung der Eltern mit entsprechender Vorsicht zu betrachten und nicht auf alle Eltern in der Schweiz generalisierbar. Außerdem ist der Frauenüberschuss vor dem Hintergrund der Fragestellung kritisch zu betrachten, da Frauen insgesamt seltener Videogames spielen als Männer (vgl. ISFE 2012).

2.3 Erfassung der Variablen und Bildung der Typologie

Im Fragebogen wurden die Begriffe ‚Games' und ‚Gamen' (als Tätigkeit) benutzt. Dies erwies sich als verständlich, sowohl für Kinder als auch Eltern. Die Einstellung der Eltern über den Einfluss von Videogames auf das Kind wurde mit folgender Frage erfasst: ‚Wie schätzen Sie insgesamt den Einfluss der folgenden Medientätigkeiten auf Ihr Kind ein?' Neben mehreren anderen Medientätigkeiten wurde auch das ‚Gamen' bewertet. Die Antwortoptionen lauteten ‚Negativ' (15 %), ‚Eher negativ' (33 %), ‚Teils positiv/teils negativ' (43 %), ‚Eher positiv' (8 %) und ‚Positiv' (2 %).[4] Die Eltern beurteilten die eigene Nutzungshäufigkeit von Videogames anhand der folgenden Frage: ‚Wie oft machen Sie die Dinge, die unten in der Liste aufgeführt sind, in Ihrer Freizeit?'. Neben mehreren medialen und nonmedialen Tätigkeiten wurde auch die Häufigkeit des ‚Gamens' eingeschätzt. Die Antwortoptionen waren ‚Täglich' (6 %), ‚Mehrmals pro Woche' (11 %), ‚Einmal pro Woche' (10 %), ‚Einmal in 14 Tagen' (6 %), ‚Einmal im Monat' (4 %), ‚Seltener' (20 %) und ‚Nie' (43 %).[5] Bezüglich des Erziehungsverhaltens bei Videogames wurden verschiedene Fragen gestellt (vgl. Tabelle 1). Basierend auf Überlegungen zu *parental mediation* wurden Fragen formuliert, die in gleicher Form für mehrere Medien (z. B. Fernsehen, Internet, Videogames) gestellt wurden[6]. Um die gleichen Fragen geräteübergreifend stellen zu können, waren diese eher allgemein formuliert. Nichtsdestotrotz können die untersuchten Verhaltensweisen *restrictive mediation*, *active mediation* oder *co-playing* zugeordnet werden. Aufgrund der starken Assoziation von Altersempfehlungen und *restrictive mediation* bei Nikken et al. (2007) wurde die Bekanntheit von Altersempfehlungen der restriktiven Mediation zugeordnet. Im Ergebnisbericht zur MIKE-Studie 2015 (Suter et al. 2015) wurden deskriptive Ergebnisse zu den in Tabelle 1 dargestellten Variablen publiziert.

Um das Zusammenwirken von vermutetem Einfluss von Videogames auf das Kind und der eigenen Spielhäufigkeit der Eltern genauer zu untersuchen, wurde anhand dieser beiden Variablen eine Typologie erstellt. Eltern, die den Einfluss von Videogames auf das Kind als negativ oder eher negativ bewerten, werden als ‚pessimistisch' bezeichnet. Eltern, die den Einfluss von Videogames auf das Kind als teils negativ/teils positiv, eher positiv oder positiv beurteilen, werden als ‚ambivalent bis optimistisch' bezeichnet. Aufgrund des kleinen Anteils der Eltern, die Games als eher positiv oder positiv beurteilten, und um eine genügend große Anzahl Eltern pro Typ zu erhalten, wurden die positiv und ambivalent (teils negativ/teils positiv) eingestellten Eltern zur Gruppe der ‚Ambivalenten bis Optimistischen' zusammengefasst. Eltern, die mindestens einmal pro Woche selbst Videogames spielen, werden als ‚aktiv' bezeichnet. Eltern, die seltener als einmal pro Woche oder nie selbst gamen, werden als ‚passiv' bezeichnet. In Tabelle 2 sind die Einteilung und die vier Eltern-Typen ersichtlich.

2.4 Datenanalyse

Fast alle untersuchten Variablen sind entweder rang- oder nominalskaliert. Zusammenhänge zwischen zwei rangskalierten Variablen wurden somit nach Spearman-Rho berechnet. Die oben beschriebenen vier Typen wurden auf Unterschiede untersucht. Ob sich die Typen in ihrer zentralen Tendenz unterscheiden, wurde bei rangskalierten Variablen mit dem nicht-parametrischen Kruskal Wallis Test ausgewertet. Bei den Post-Hoc-Analysen kam der Dunn-Test mit der Holm-Korrektur zum Einsatz. Diese Analysen wurden mit der Statistik-Software R (R Core Team 2015) und dem Package ‚PMCMR' (Pohlert 2014) durch-

Verhaltensweise hinsichtlich Games	Frageformulierung	Antwortoptionen
Restrictive Mediation		
Bekanntheit und Einhaltung von Altersempfehlungen	Kennen Sie die Altersempfehlungen für Kinder bei Games (PEGI)?	Ja / Nein
	Wie häufig werden bei Ihnen zuhause die Altersempfehlungen eingehalten?	Immer / Meistens / Selten / Nie
Zeit-Regeln	Gibt es zwischen Ihnen und Ihrem Kind Regeln, wie lange oder wie oft es Games spielen darf?	Ja, es gibt feste Regeln / Wir sagen dem Kind spontan, wann genug ist / Nein, es darf so lange und oft es möchte / Nein, weil das Kind keine Games nutzt
Inhalts-Regeln	Und gibt es auch Regeln darüber, was für Games es spielen darf?	Ja, es gibt feste Regeln / Wir sagen dem Kind spontan, wenn es etwas nicht tun darf / Nein, es darf nutzen, was es will / Nein, weil das Kind keine Games nutzt
Active Mediation		
Videogames als Gesprächsthema	Wie oft sprechen Sie und/oder Ihr (Ehe-)Partner mit Ihrem Kind über Games?	Jeden oder fast jeden Tag / Einmal oder mehrmals pro Woche / Seltener / Nie
Co-Playing		
Gemeinsame Nutzung von Videogames	Wie oft nutzen Sie und/oder Ihr (Ehe-)Partner die folgenden Medien gemeinsam mit Ihrem Kind? – Games (z. B. Wii oder Handygames)	Jeden oder fast jeden Tag / Einmal oder mehrmals pro Woche / Seltener / Nie

Tab. 1: Frageformulierung hinsichtlich medienerzieherischer Verhaltensweisen der Eltern

geführt. Ob sich die Verteilungen von nominalskalierten Variablen zwischen den vier Typen unterscheiden, wurde mit dem χ^2-Test in SPSS Version 21 geprüft. Für den Post-Hoc-Vergleich der Spaltenanteile wurde der z-Test mit Bonferroni-Korrektur durchgeführt. Für den Vergleich des Durchschnittsalters der Eltern und der Kinder zwischen den vier Typen wurden jeweils eine einfaktorielle Varianzanalyse sowie Post-Hoc-Analysen mit Bonferroni-Korrektur berechnet. Die Tests wurden nicht hypothesengeleitet sondern als a posteriori-Vergleiche durchgeführt. Das Vorgehen hat also einen explorativen Charakter, statistisch signifikante Unterschiede sind deshalb mit Vorsicht zu interpretieren. Als statistisch signifikant werden Ergebnisse mit einer Irrtumswahrscheinlichkeit von $p < .05$ bezeichnet.

3 Ergebnisse

3.1 Zusammenhänge

Zunächst werden die Zusammenhänge zwischen den beiden Faktoren und den medienerzieherischen Verhaltensweisen betrachtet.
Die Nutzung von Videogames durch die Eltern und der vermutete Einfluss von Videogames auf das Kind korrelieren miteinander (vgl. Tabelle 3). Je häufiger Eltern selbst Videogames spielen, desto positiver schätzen sie den Einfluss von Videogames auf ihr Kind ein.
Die Häufigkeit, mit der die Eltern selbst gamen, hängt mit der Häufigkeit des gemeinsamen Spielens und der Häufigkeit von Videogames als Gesprächsthema zusammen (vgl. Tabelle 3). Je häufiger die Eltern selbst Videogames

		Nutzungshäufigkeit Videogames Eltern	
		Seltener als einmal pro Woche oder nie	Einmal pro Woche oder häufiger
Vermuteter Einfluss von Videogames auf das Kind	Negativ	‚Pessimistische Passive' (37 %)	‚Pessimistische Aktive' (8 %)
	Ambivalent bis positiv	‚Ambivalente bis optimistische Passive' (34 %)	‚Ambivalente bis optimistische Aktive' (21 %)

Tab. 2: Übersicht über die vier Eltern-Typen (Anteil an Eltern-Stichprobe in %, n=596)

spielen, desto eher werden auch die erwähnten Erziehungsverhaltensweisen gezeigt. Zwischen der Spielhäufigkeit der Eltern und den Zeit- bzw. Inhaltsregeln bezüglich Videogames wurden keine signifikanten Zusammenhänge bzw. Unterschiede festgestellt. Anders ist dies bei den Altersempfehlungen, wo der χ^2-Test signifikante Unterschiede aufzeigte ($\chi^2(6)=31.12$, $p < .001$). Insbesondere die Gruppe der Eltern, die nie selbst Videogames spielt, kennt die Altersempfehlungen verhältnismäßig selten (55 % bekannt), im Gegensatz zu Eltern, die mehrmals pro Woche selbst gamen (82 % bekannt). Außerdem hängt die Häufigkeit des Gamens der Eltern mit der Häufigkeit des Gamens der Kinder zusammen (vgl. Tabelle 3).

Der Einfluss, den die Eltern dem Gamen zuschreiben, hängt mit der Häufigkeit des gemeinsamen Spielens und der Häufigkeit von Videogames als Gesprächsthema zusammen (vgl. Tabelle 3). Je positiver der Einfluss des Gamens eingeschätzt wird, desto eher wird das erwähnte Verhalten gezeigt. Keine signifikanten Zusammenhänge bzw. Unterschiede wurden zwischen dem vermuteten Einfluss und den Zeit- bzw. Inhaltsregeln bezüglich Videogames festgestellt. Bei den Altersempfehlungen hingegen zeigte der χ^2-Test signifikante Unterschiede auf ($\chi^2(4)=21.03$, $p < .001$). Insbesondere die Eltern, die Games als ‚negativ' beurteilten, kennen die Altersempfehlungen verhältnismäßig selten (49 % bekannt), im Gegensatz zu Eltern, die den Einfluss von Games als eher positiv (80 % bekannt) oder zumindest als teils positiv/teils negativ beurteilten (73 % bekannt). Des Weiteren zeigt sich, dass je positiver der Einfluss von Games auf die Kinder eingeschätzt wird, desto häufiger gamen die Kinder (vgl. Tabelle 3).

3.2 Ergebnisse hinsichtlich der Typologie

Im Folgenden wird zunächst untersucht, ob es demografische Unterschiede zwischen den vier Typen (vgl. Tabelle 4) gibt. Anschließend wird untersucht, ob sich die vier Typen in der Ausübung von medienerzieherischen Verhaltensweisen signifikant unterscheiden. Abschließend wird geprüft, ob sich die Kinder der vier Eltern-Typen in ihrer Spielhäufigkeit unterscheiden. Die folgenden Analysen basieren auf den Daten von 596 Elternteilen, die einem der vier Typen zugeordnet werden konnten.

3.2.1 Demografische Unterschiede zwischen den vier Typen

Untersucht wurde, ob sich die vier Typen in diversen demografischen Variablen systematisch unterscheiden. Keine signifikanten Unterschiede wurden festgestellt hinsichtlich Geschlecht der Eltern, Bildungsniveau der Eltern, Einkommen der Eltern, Familiensituation (alleinerziehend bzw. nicht alleinerziehend), Familiengröße (Einzelkind bzw. mit Geschwistern), Migrationshintergrund, Urbanitätsgrad, Geschlecht der Kinder sowie Alter der Kinder. Der Unterschied beim Alter der Eltern zwischen den ‚pessimistischen Aktiven' und den ‚ambivalenten bis optimistischen Passiven' ist zwar statistisch signifikant, aber klein (vgl. Tabelle 4). Die vier Typen sind somit von der Demografie her als insgesamt ähnlich zu betrachten. Insbesondere hinsichtlich Alter und Geschlecht der Kinder wurden keine signifikanten Unterschiede zwischen den vier Typen festgestellt.

3.2.2 Gemeinsam Videogames spielen

Die Eltern gaben an, wie oft sie und/oder ihr (Ehe-)Partner Videogames gemeinsam mit ihrem Kind nutzen. Drei Prozent tun dies jeden oder fast jeden Tag, 21 Prozent einmal oder mehrmals

	Einfluss von Videogames spielen	Gemeinsam Videogames spielen	Videogames als Gesprächsthema	Häufigkeit Gamen von Kindern
Häufigkeit Gamen von Eltern	.275***	.403***	.249***	.140***
Einfluss von Videogames spielen		.327***	.328***	.180***
Gemeinsam Videogames spielen			.393***	.161***
Videogames als Gesprächsthema				.357***
Hinweis: *** $p < .001$. Unterschiedliche tiefergestellte Buchstaben (a,b,c) kennzeichnen signifikant unterschiedliche Typen.				

Tab. 3: Spearman-Rho Rangkorrelationen zwischen der Spielhäufigkeit der Eltern, dem vermuteten Einfluss von Videogames, medienerzieherischen Verhaltensweisen und der Spielhäufigkeit der Kinder.

	Anzahl	Anteil Typ an Gesamtanzahl (%)	Anteil weiblicher Elternteile pro Typ (%)	Alter Eltern pro Typ (Mittelwert)
Pessimistische Passive	221	37.1	81.9	41.24_{ab}
Pessimistische Aktive	48	8.1	85.4	39.33_{a}
Ambivalente bis optimistische Passive	202	33.9	78.0	41.88_{b}
Ambivalente bis optimistische Aktive	125	21.0	72.1	40.69_{ab}
Teststatistik Mehrgruppenvergleich			$\chi^2(3)=5.79$, $p=.122$	$F(3)=3.42$, $p=.017$

Tab. 4: Demografie der Eltern-Typen

pro Woche, 53 Prozent seltener und 23 Prozent nie (Suter et al. 2015). Bezüglich des gemeinsamen Spielens liegen einige signifikante Unterschiede zwischen den vier Typen vor (vgl. Tabelle 5). Am seltensten gamen die ‚pessimistischen Passiven' gemeinsam mit ihrem Kind. Es folgen die ‚pessimistischen Aktiven' und die ‚ambivalenten bis optimistischen Passiven', welche ähnlich häufig gemeinsam mit ihrem Kind gamen. Am häufigsten mit dem Kind gemeinsam spielen die ‚ambivalenten bis optimistischen Aktiven'.

3.2.3 Videogames als Gesprächsthema
Die Eltern wurden gefragt, wie oft sie und/oder ihr (Ehe-)Partner mit ihrem Kind über Videogames sprechen. 30 Prozent der Eltern gaben an, dies mindestens einmal pro Woche zu tun (Suter et al. 2015). Auch hier liegen signifikante Unterschiede zwischen den Typen vor und es zeigt sich ein sehr ähnliches Muster wie bei der Häufigkeit des gemeinsamen Gamens (vgl. Tabelle 5). Am seltensten sprechen die ‚pessimistischen Passiven' mit ihrem Kind über

Videogames. Es folgen die ‚pessimistischen Aktiven' und die ‚ambivalenten bis optimistischen Passiven', welche ähnlich häufig mit ihrem Kind über Videogames sprechen. Am häufigsten mit dem Kind über Videogames sprechen die ‚ambivalenten bis optimistischen Aktiven'.

3.2.4 Bekanntheit und Einhaltung der PEGI-Altersempfehlungen

Die Eltern wurden gefragt, ob sie die Altersempfehlungen für Kinder bei Videogames (PEGI) kennen. Insgesamt gaben 66 Prozent der befragten Eltern an, die PEGI-Altersempfehlungen zu kennen (Suter et al. 2015). Der Typ der ‚ambivalenten bis optimistischen Aktiven' kennt diese Altersempfehlungen signifikant häufiger (84.8 Prozent bekannt) als die anderen drei Gruppen (vgl. Tabelle 5).
Die Frage, wie oft die PEGI-Altersempfehlungen eingehalten werden, wurde nur von den Eltern beantwortet, denen die Empfehlungen bekannt waren. Bei dieser eingeschränkten Stichprobe ($n_{PEGIbekannt}$=394) wurden keine signifikanten Unterschiede hinsichtlich der Einhaltung der Altersempfehlungen zwischen den vier Typen festgestellt ($\chi^2(3)$=3.95, p=.267).

3.2.5 Zeit- und Inhalts-Regeln bei Videogames

Die Eltern wurden gefragt, ob es Regeln hinsichtlich der Häufigkeit oder Dauer des Gamens und hinsichtlich des Inhalts der Videogames gibt. In der folgenden Analyse wurden Eltern, die angaben, dass es keine Regeln gibt, weil ihr Kind keine Videogames spielt, nicht berücksichtigt. Die seltene Nennung der Option ‚Nein, es darf so lange und oft es möchte' (Zeit-Regel, 1 %) bzw. ‚Nein, es darf nutzen, was es will' (Inhalts-Regel, 2 %) führte zu Problemen beim χ^2-Test (Zellen mit einer erwarteten Häufigkeit < 5) und die Option wurde deswegen von der Analyse ausgeschlossen. Somit wurde lediglich geprüft, ob die unterschiedlichen Typen sich eher aktiver Kontrolle (‚Wir sagen es dem Kind spontan') oder festgelegter Regeln bedienen. Zwischen den Typen lassen sich weder signifikante Unterschiede hinsichtlich der Zeit-Regeln ($\chi^2(3)$=3.32, p=.344) noch hinsichtlich der Inhalts-Regeln ($\chi^2(3)$=0.56, p=.906) bei Videogames erkennen ($n_{Zeit-Regel}$=493, $n_{Inhalts-Regel}$=487).

3.2.6 Spielhäufigkeit der jeweiligen Kinder

Abschließend soll geklärt werden, inwiefern die vier Eltern-Typen mit dem Videogame-Verhalten der Kinder zusammenhängen. Die Kinder gaben im Kinderfragebogen an, wie oft sie ‚Gamen, zum Beispiel am Computer, im Internet, am Handy oder Nintendo, Wii, Xbox, Playstation, iPod'. Die Antwortmöglichkeiten lauteten ‚Jeden oder fast jeden Tag' (25 %), ‚Einmal oder mehrmals pro Woche' (36 %), ‚Seltener' (27 %) und ‚Nie' (12 %)[7].
Für die Analyse wurden die Antworten von 590 Kindern berücksichtigt, deren Eltern einem der vier Typen zugeordnet werden konnten. Lediglich ein signifikanter Unterschied wurde festgestellt (vgl. Tabelle 5): Kinder von ‚ambivalenten bis optimistischen Aktiven' spielen häufiger als Kinder von ‚pessimistischen Passiven'. Kinder der anderen Typen liegen mit der Spielhäufigkeit dazwischen und es bestehen keine weiteren statistisch signifikanten Unterschiede.

4 Zusammenfassung und Diskussion

Die vorliegenden Ergebnisse zeigen, dass die Spielhäufigkeit der Eltern und der vermutete Einfluss von Videogames auf das Kind für die Medienerziehung im Bereich der Videogames eine Rolle spielen. Erstens hängen die zwei Faktoren mit den verschiedenen medienerzieherischen Verhaltensweisen zusammen. Zweitens werden durch die Kombination der beiden Faktoren (Bilden der vier Eltern-Typen) zusätzlich interessante Muster im medienerzieherischen Handeln der Eltern sichtbar.
Viele Eltern vermuten einen negativen Einfluss von Videogames und spielen selbst kaum Videogames. Es ist somit wenig erstaunlich, dass diese ‚pessimistischen Passiven' (37 %) die größte Gruppe darstellen. Die zweitgrößte Gruppe sind die ‚ambivalenten bis optimistischen Passiven': 34 Prozent der Eltern finden, dass Videogames einen zumindest teilweise positiven Einfluss auf das Kind haben, selbst spielen sie jedoch nur selten oder gar nicht. Der seltenste Typ unter den Eltern ist der ‚pessimistische Aktive': So ge-

	Häufigkeit gemeinsam Videogames spielen (Mittelwert[#])	Häufigkeit Games als Gesprächsthema (Mittelwert[#])	Bekanntheit Altersempfehlungen (in %)	Häufigkeit Gamen von Kindern (Mittelwert[#])
Pessimistische Passive	1.57_a	1.83_a	60.2_a	2.55_a
Pessimistische Aktive	2.02_b	2.13_b	66.0_a	$2.69_{a,b}$
Ambivalente bis optimistische Passive	1.93_b	2.25_b	66.5_a	$2.80_{a,b}$
Ambivalente bis optimistische Aktive	2.42_c	2.47_c	84.8_b	3.00_b
Teststatistik Mehrgruppenvergleich	$\chi^2(3)=83.44$, $p < .001$	$\chi^2(3)=60.38$, $p < .001$	$\chi^2(3)=22.70$, $p < .001$	$\chi^2(3)=17.40$, $p < .001$

[#] Obwohl es sich um ordinalskalierte Daten handelt, wird hier für die bessere Übersicht das arithmetische Mittel angegeben. Skalenwerte Häufigkeit: 4=‚Jeden oder fast jeden Tag', 3=‚Einmal oder mehrmals pro Woche', 2=‚Seltener' und 1=‚Nie'.
Hinweis: Unterschiedliche tiefergestellte Buchstaben (a,b,c) kennzeichnen signifikant unterschiedliche Typen.

Tab. 5: Unterschiede zwischen den Eltern-Typen hinsichtlich medienerzieherischer Verhaltensweisen und der Spielhäufigkeit der Kinder

ben acht Prozent der Eltern an, dass Videogames ihrer Meinung nach zwar einen negativen oder eher negativen Einfluss auf das Kind ausüben, während sie selbst aber mindestens einmal pro Woche Videogames spielen. Eine mögliche Erklärung dieses Verhaltens ist, dass die Eltern zwischen dem vermuteten Einfluss auf das Kind und dem möglichen Einfluss auf sie selbst durch die eigene Videogamenutzung bewusst differenzieren.

Untersucht wurde der Zusammenhang zwischen der Spielhäufigkeit der Eltern, dem vermuteten Einfluss von Videogames auf das Kind und *parental mediation*. Bezüglich *Co-playing* zeigte sich folgendes Ergebnis: Je häufiger Eltern selbst Videogames spielen und je positiver der vermutete Einfluss von Videogames ist, desto öfter wird gemeinsam mit dem Kind ein Videogame gespielt. Die Resultate hinsichtlich der Typen zeigen ein damit konsistentes Bild: Am seltensten gamen die ‚pessimistischen Passiven' gemeinsam mit ihrem Kind. Es folgen die ‚pessimistischen Aktiven' und die ‚ambivalenten bis optimistischen Passiven', welche ähnlich häufig gemeinsam mit ihrem Kind gamen. Am häufigsten mit dem Kind gemeinsam spielen die ‚ambivalenten bis optimistischen Aktiven'.

Es ist hier allerdings kritisch anzumerken, dass unklar ist, inwiefern bei der Angabe der eigenen Spielhäufigkeit der Eltern bereits gemeinsames Spielen mit dem Kind eingeflossen ist (und somit in beiden Variablen abgebildet sein würde). Wäre dies der Fall, würde man erwarten, dass insbesondere die ‚Aktiven' häufiger mit ihrem Kind gemeinsam spielen als die ‚Passiven'. Da sich allerdings ‚pessimistische Aktive' und ‚ambivalente bis optimistische Passive' nicht signifikant unterscheiden, trifft diese Vermutung nicht zu. Es ist somit davon auszugehen, dass die eigene Spielerfahrung ohne Kind ein relevanter Faktor für das gemeinsame Gamen ist. Auch die Vermutung über einen positiven Einfluss von

Videogames kann als förderlicher Faktor für das gemeinsame Spiel identifiziert werden.

Das Sprechen über Videogames kann der *active mediation* zugeordnet werden. Je häufiger Eltern selbst Videogames spielen und je positiver der vermutete Einfluss von Videogames ist, desto öfter werden Videogames auch in gemeinsamen Gesprächen thematisiert. Die Analyse der Typen weist in die gleiche Richtung und es zeigt sich ein sehr ähnliches Muster wie bei der Häufigkeit des gemeinsamen Gamens. Am seltensten sprechen die ‚pessimistischen Passiven' mit ihrem Kind über Videogames. Es folgen die ‚pessimistischen Aktiven' und die ‚ambivalenten bis optimistischen Passiven', welche ähnlich häufig mit ihrem Kind über Videogames sprechen. Am häufigsten mit dem Kind über Videogames sprechen die ‚ambivalenten bis optimistischen Aktiven'.

Bei der Frage nach Videogames als gemeinsames Gesprächsthema ist kritisch anzumerken, dass die Inhalte dieser Gespräche unklar bleiben. Es wäre beispielsweise möglich, dass über Nutzungsregeln gesprochen wurde, über erreichte Levels im Videogame oder dass eine kritische Diskussion von Spielszenen stattfand. Auch die Valenz der Gespräche (positive oder negative Aussagen) ist unklar.

Die Bekanntheit der PEGI-Altersempfehlungen ist ein Hinweis darauf, dass sich Eltern mit dem Spielverhalten ihres Kindes auseinandergesetzt oder sich zumindest hinsichtlich Empfehlungen informiert haben. Die Beachtung von Altersempfehlungen kann eine Form von *restrictive mediation* darstellen. Je häufiger Eltern selbst Videogames spielen und je positiver der vermutete Einfluss von Videogames eingeschätzt wird, desto bekannter sind die Altersempfehlungen von PEGI. Bei der Analyse der Typen zeigte sich hier ein eher außergewöhnliches Muster. Die Eltern, die zumindest teilweise positive Effekte vermuten und selbst regelmäßig gamen, heben sich hier positiv von den anderen drei Typen ab: Dieser Typ der ‚ambivalenten bis optimistischen Aktiven' kennt in 85 Prozent der Fälle die PEGI-Altersempfehlungen, in den anderen drei Gruppen liegt der Bekanntheitsgrad zwischen 60 Prozent und 67 Prozent. Man könnte hier auch von einem Interaktionseffekt sprechen, denn erst die spezifische Kombination der Ausprägungen in den beiden Faktoren führt zum hohen Bekanntheitsgrad der Altersempfehlungen. Sind die PEGI-Altersempfehlungen bekannt, werden sie von den vier Typen ähnlich oft eingehalten.

Als eine weitere Form von *restrictive mediation* wurde die Verbreitung von Zeit- und Inhaltsregeln untersucht. Da praktisch alle Eltern in der Befragung angaben, dass es Regeln oder Kontrolle gibt (99 % Zeit, 98 % Inhalt), war ein Vergleich zwischen hoher *restrictive mediation* (Regeln/Kontrolle vorhanden) und tiefer *restrictive mediation* (keine Regeln/Kontrolle) aufgrund der eingeschränkten Varianz nicht möglich. Schweizer Eltern wenden somit praktisch flächendeckend *restrictive mediation* an. Inwiefern hier aber auch soziale Erwünschtheit bei den Antworten der Eltern mitspielte, bleibt unklar. Auch ob die aufgestellten Regeln eingehalten werden, wurde nicht erfasst. So gaben die Kinder deutlich seltener als die Eltern an, dass es Regeln bzw. Kontrolle gibt (Zeit 87 %, Inhalt 75 %). Dies ist ein Hinweis darauf, dass nicht alle Regeln der Eltern von den Kindern wahrgenommen werden. Denkbar wäre auch, dass die Vermutungen über den Einfluss von Videogames und die eigene Spielhäufigkeit der Eltern den Prozess der Regel-Aufstellung beeinflussen, beispielweise ob dem Kind erklärt wird, weshalb die Regeln aufgestellt werden, oder inwiefern das Kind bei der Aushandlung von Regeln Mitspracherecht hat.

Zwischen dem vermuteten Einfluss von Videogames, der Spielhäufigkeit der Eltern und verschiedenen medienerzieherischen Verhaltensweisen der Eltern zeigen sich somit Zusammenhänge. Darüber hinaus besteht aber auch ein Zusammenhang zur Spielhäufigkeit der Kinder. Je positiver der Einfluss eingeschätzt wird und je häufiger die Eltern selbst Videogames spielen, desto häufiger spielt auch das Kind. Dies zeigte sich auch in der Typen-Analyse. Kinder von ‚ambivalenten bis optimistischen Aktiven' spielen häufiger als Kinder von ‚pessimistischen Passiven'. Kinder der anderen beiden Typen liegen mit der Spielhäufigkeit dazwischen. Auf-

merz wissenschaft

grund der korrelativen Natur der Daten bleibt allerdings unklar, ob die Vermutungen über Videogames und die Spielerfahrungen der Eltern das Verhalten der Kinder beeinflussen oder umgekehrt, ob das Spielverhalten der Kinder zu Vermutungen über Games oder elterlichem Spielen führt. Denkbar wäre darüber hinaus eine Wechselwirkung dieser Faktoren.

Sämtliche Analysen basieren auf korrelativen Zusammenhängen. Es sind somit keine Aussagen über kausale Zusammenhänge zwischen vermutetem Einfluss von Videogames, Spielhäufigkeit der Eltern und verschiedenen *mediation*-Strategien zulässig. In der Theorie bzw. in der bisherigen Forschung werden der vermutete Einfluss von Videogames und die Spielerfahrung der Eltern jedoch als Einflussfaktoren auf das Erziehungsverhalten der Eltern genannt.

Erhoben wurde lediglich die Richtung des potenziellen Einflusses von Videogames auf das Kind, nicht jedoch die Stärke des vermuteten Einflusses. Außerdem wurde dies nur anhand eines einzelnen Items erfasst. Aufgrund der breit angelegten Studie und der gleichzeitigen Abfrage für andere Medien wurde der vermutete Einfluss leider nicht so differenziert erfasst, wie es beispielsweise bei Nikken und Jansz (2006) der Fall war. Sie identifizierten fünf Bereiche, in denen positive bzw. negative Effekte von Games vermutet werden. Auch die verschiedenen medienerzieherischen Verhaltensweisen wurden aus demselben Grund jeweils nur anhand eines Items erfasst. Es handelt sich somit eher um Indikatoren, welche gegenüber ausgereifteren Skalen zur Erfassung von *restrictive mediation*, *active mediation* und *co-use* Schwächen aufweisen.

Die Items bezüglich *parental mediation* wurden im Fragebogen für die Eltern nicht als Erziehungsverhalten betitelt. Es bleibt somit unklar, ob die erfassten Verhaltensweisen intentional im Rahmen der (Medien-)Erziehung stattfanden oder nicht. So geben Eltern meist verschiedene andere Gründe für gemeinsames Spielen von Videogames (*co-playing*) an, wie beispielsweise „das Kind bittet mich darum", „es macht mir Spaß mit dem Kind zu spielen" oder „um Zeit mit dem Kind zu verbringen" (vgl. ISFE 2012, S. 20). Auch Schofield Clark (2011) argumentiert, dass bei der Untersuchung von *parental mediation* auch andere Motive von Eltern berücksichtigt werden sollten.

Eine weitere Einschränkung bezieht sich auf die Stichprobe. Die Stichprobe der Eltern ist nicht repräsentativ und besteht überwiegend aus Frauen, welche insgesamt seltener Videogames spielen als Männer. Die gebildete Typologie und die Häufigkeit der einzelnen Typen lassen sich somit nicht problemlos auf alle Eltern und insbesondere nicht auf Väter übertragen. Außerdem wurden für die vorliegenden Analysen zum Erziehungsverhalten meist nur Antworten der Eltern und nicht der Kinder berücksichtigt. Lediglich bei der Spielhäufigkeit der Kinder handelt es sich um Einschätzungen der Kinder selbst. Zusätzlich handelt es sich bei allen Daten um Selbsteinschätzungen.

In der vorliegenden Studie wurden alle Aussagen hinsichtlich aller Videogame-Arten und -Plattformen bewertet. Es ist allerdings denkbar, dass sich vermutete Einflüsse von Videogames und eigene Spielerfahrung der Eltern zwischen verschiedenen Videogame-Arten unterscheiden. Ebenso könnten die *mediation*-Strategien für verschiedene Videogame-Arten unterschiedlich sein. Wünschenswert wären somit Studien, die diesen Aspekt genauer unter die Lupe nehmen.

Videogames gehören zum Alltag von Kindern und sollten dementsprechend auch in der Medienerziehung eine Rolle spielen. Dies scheint allerdings bei einer großen Gruppe von Eltern, in diesem Artikel als ‚pessimistische Passive' bezeichnet, eher nicht der Fall zu sein. Eltern, die selbst selten oder nie Videogames spielen und die den Videogames einen negativen oder eher negativen Einfluss zuschreiben, zeigen verhältnismäßig wenig medienerzieherisches Verhalten hinsichtlich Videogames. Die Kinder dieser Eltern gamen zwar auch verhältnismäßig seltener, aber trotzdem nutzen 53 % dieser Kinder Videogames mindestens einmal pro Woche. Hier besteht somit Handlungsbedarf. Anknüpfungspunkte sind einerseits die Vermutungen über positive und negative Einflüsse von Videogames. Aufklärung (durch Dritte) wäre hier ein Mittel. Andererseits könnte an der eigenen Spielerfahrung der Eltern angeknüpft werden. Sind Eltern mit den Videogames vertraut, verfügen sie automatisch über mehr Wissen, um eine geeignete *mediation*-Strategie zu wählen. Dies ist ein Punkt, bei dem die Eltern selbst aktiv werden können.

Anmerkungen

[1] Der Begriff Videogames wird synonym für digitale Spiele verwendet und umfasst meist sowohl Computer- und Konsolenspiele als auch mobile Spielformen (beispielsweise auf dem Smartphone oder Tablet).
[2] Detailliertere Informationen zum Ablauf der Befragung sowie der Stichprobenselektion finden Sie im Bericht zur MIKE-Studie 2015, S. 6f. (Suter et al. 2015).
[3] Es befinden sich jedoch nur wenige 13-Jährige in der Stichprobe.
[4] Die Zahlen in Klammern entsprechen den Anteilen der Antwortoptionen gemäß MIKE-Studie 2015 (Suter et al. 2015).
[5] Die Zahlen in Klammern entsprechen den Anteilen der Antwortoptionen gemäß MIKE-Studie 2015 (Suter et al. 2015).
[6] Bisherige Studien zeigen, dass die klassischen *mediation*-Strategien sowohl auf Fernsehen als auch auf Internet und Videogames anwendbar sind (vgl. Nikken/Jansz 2014).
[7] Die Zahlen in Klammern entsprechen den Anteilen der Antwortoptionen gemäß MIKE-Studie 2015 (Suter et al. 2015), Basis ist die Gesamtstichprobe aller Kinder (n=1.065).

Literatur

Chakroff, Jennifer L./Nathanson, Amy I. (2008). Parent and school interventions: Mediation and media literacy. In: Calvert, Sandra L./Wilson, Barbara J. (Eds.), The Handbook of Children, Media, and Development. Oxford, UK: Blackwell Publishing Ltd, S. 552-576. DOI: 10.1002/9781444302752.ch24

Connell, Sabrina L./Lauricella, Alexis R./Wartella, Ellen (2015). Parental co-use of media technology with their young children in the USA. In: Journal of Children and Media, 9 (1), S. 5-21. DOI: 10.1080/17482798.2015.997440

Feierabend, Sabine/Plankenhorn, Theresa/Rathgeb, Thomas (2015). KIM-Studie 2014: Kinder + Medien, Computer + Internet. Stuttgart: Medienpädagogischer Forschungsverbund Südwest (mpfs).

ISFE Interactive Software Federation of Europe (2012). Videogames in Europe: Consumer study. Switzerland. www.isfe.eu/sites/isfe.eu/files/attachments/switzerland_-_isfe_consumer_study.pdf.

Jiow, Hee Jhee (2014). Parental mediation of video gaming in Singapore. Doctoral dissertation, National University of Singapore.

Livingstone, Sonia/Helsper, Ellen J. (2008). Parental mediation of children's internet use. In: Journal of Broadcasting & Electronic Media, 52 (4), S. 581-599. DOI: 10.1080/08838150802437396

Nikken, Peter/Jansz, Jeroen (2006). Parental mediation of children's videogame playing: a comparison of the reports by parents and children. In: Learning, Media and Technology, 31 (2), S. 181-202. DOI: 10.1080/17439880600756803

Nikken, Peter/Jansz, Jeroen (2007). Playing restricted video games: Relations with game ratings and parental mediation. In: Journal of Children and Media, 1, S. 227-243. DOI: 10.1080/17482790701531862

Nikken, Peter/Jansz, Jeroen (2014). Developing scales to measure parental mediation of young children's internet use. In: Learning, Media and Technology, 39 (2), S. 250-266. DOI: 10.1080/17439884.2013.782038

Nikken, Peter/Jansz, Jeroen/Schouwstra, Sanneke (2007). Parents' interest in videogame ratings and content descriptors in relation to game mediation. In: European Journal of Communication, 22 (3), S. 315-336.

Pohlert, Thorsten (2014). The Pairwise Multiple Comparison of Mean Ranks Package (PMCMR). R package. http://CRAN.R-project.org/package=PMCMR.

R Core Team (2015). R: A language and environment for statistical computing. R Foundation for Statistical Computing, Vienna, Austria. www.R-project.org.

Schaan, Violetta K./Melzer, André (2015). Parental mediation of children's television and video game use in Germany: Active and embedded in family processes. In: Journal of Children and Media, 9 (1), S. 58-76. DOI: 10.1080/17482798.2015.997108

Schofield Clark, Lynn (2011). Parental mediation theory for the digital age. In: Communication Theory, 21 (4), S. 323-343. DOI:10.1111/j.1468-2885.2011.01391.x

Shin, Wonsun/Huh, Jisu (2011). Parental mediation of teenagers' video game playing: Antecedents and consequences. In: New Media & Society, 13, S. 945-962. DOI: 10.1177/1461444810388025

Steiner, Olivier/Goldoni, Marc (2011). Medienkompetenz und medienerzieherisches Handeln von Eltern. Eine empirische Untersuchung bei Eltern von 10- bis 17-jährigen Kindern in Basel-Stadt. Basel/Olten: Hochschule für Soziale Arbeit, Fachhochschule Nordwestschweiz.

Suter, Lilian/Waller, Gregor/Genner, Sarah/Oppliger, Sabine/Willemse, Isabel/Schwarz, Beate/Süss, Daniel (2015). MIKE – Medien, Interaktion, Kinder, Eltern. Zürich: Zürcher Hochschule für Angewandte Wissenschaften.

Wagner, Ulrike/Gebel, Christa/Lampert, Claudia (Hrsg.) (2013). Zwischen Anspruch und Alltagsbewältigung: Medienerziehung in der Familie. Schriftenreihe Medienforschung der LfM, Band 72. Berlin: Vistas.

Nach der Veranschaulichung zentraler Merkmale exzessiver und suchtartiger Onlinespiele-Nutzung werden in dem Artikel drei Familien beschrieben, in denen die Nutzung von Online-Spielen ein Problem darstellt. Dabei wird herausgearbeitet, inwiefern (medien-)erzieherische Verhaltensweisen der Eltern sowie adoleszenztypische Veränderungsprozesse das Problem in der Familie erklären können. Abschließend werden Folgerungen für die pädagogische oder psychologische Arbeit mit Familien formuliert.

In this article the excessive use of online-games is discussed from the perspective of several families affected, bearing in mind the present diagnostic uncertainty in this field of research. The work focuses on the connection between adolescent online gaming deemed excessive and patterns of behavior in the parent-child relationship typical for the period of adolescence. In addition, suggestions for pedagogical work with families are offered.

Familiale Interaktion im Kontext einer exzessiven oder suchtartigen Onlinespiele-Nutzung
Fallbeispiele zu Familienbeziehungen und adoleszenztypischen Veränderungsprozessen

Lena Rosenkranz

1 Exzessive/suchtartige Onlinespiele-Nutzung im Jugendalter

Die stark ansteigenden Mediennutzungszeiten bezeugen die Schwierigkeit, ein exzessives bzw. suchtartiges Internetnutzungsverhalten zu definieren. Die Gruppe der Jugendlichen und jungen Erwachsenen zwischen 14 und 29 Jahren weist im Vergleich zu allen anderen Altersgruppen seit Beginn der Erhebungen die höchsten Nutzungszeiten auf: Im Jahr 2015 liegt der zeitliche Umfang der Internetnutzung im Durchschnitt ungefähr bei 272 Minuten (vgl. van Eimeren/Frees 2015, S. 375). Die Nutzungszeiten von durchschnittlich über vier Stunden machen deutlich, dass das Internet im Alltag von Jugendlichen stets präsent ist. Es durchdringt sämtliche Lebensbereiche – seien es schulische Belange, soziale Kontakte, die Organisation von Hobbys und Freizeitaktivitäten, Fernsehen et cetera. Eine exzessive Internetnutzung ist in Anbetracht dessen schwerlich zu definieren. Was vor fast 20 Jahren als exzessiv bezeichnet werden konnte, würde heute als unterdurchschnittlich bewertet. Entscheidend ist bei der Bewertung einer problematischen Computernutzung offenbar auch der Zweck der Anwendung. Die stundenlange Nutzung des Computers am Arbeitsplatz wird nicht – oder nur von wenigen – als problematisch betrachtet. Die (intensive) Nutzung von Computerspielen wird hingegen von Eltern oder Pädagoginnen und Pädagogen teils (vor-)schnell als problematisch bewertet (siehe hierzu Wagner et al. 2013, S. 247). Die „Unproduktivität" (Caillois 1982), die dem Spiel ganz allgemein zugeschrieben wird, scheint einen Teil der Problemdefinition auszumachen. Das Spiel ist nach den Beschreibungen von Huizinga das Gegenteil von Arbeit: „[Es] ist eine freiwillige Handlung oder Beschäftigung, die innerhalb gewisser festgesetzter Grenzen von Zeit und Raum nach freiwillig angenommenen, aber unbedingt bindenden Regeln verrichtet wird, ihr Ziel in sich selber hat und begleitet wird von einem Gefühl der Spannung und Freude und einem Bewusstsein des „Andersseins" als das „gewöhnliche Leben"." (Huizinga 1994, S. 37)

Setzt man sich mit weiteren Motiven für die Nutzung von Computerspielen auseinander, gerät die Zuschreibung der Unproduktivität ins Wanken und die Identifikation einer problematischen Nutzung wird somit immer schwieriger. Spielen wird als ureigene Aktivität des Menschen verstanden, als Ort der Erprobung von Handlungsweisen oder als Übungsraum für Gewohnheiten und Traditionen (vgl. Krotz 2008, S. 28). Onlinespiele vereinen diesbezüglich zahlreiche Erfahrungsräume. Nicht nur der Spielspaß, die Unterhaltung und die Spannung motivieren Jugendliche und Erwachsene zum Spiel, sondern auch der spielinterne Wettbewerb, die Herausforderung, die Erfolgserlebnisse und die Möglichkeit, Fertigkeiten zu demonstrieren. Neben diesen situativen Faktoren bieten die Spiele auch ein entwicklungsbezogenes Erfahrungspotenzial. Sie werden zur Identitätsbildung, zur Selbsterfahrung und -darstellung sowie zur Selbstvergewisserung genutzt (vgl. Geserick 2005; Kammerl 2005, Hirschhäuser 2012). Hinzu kommen soziale Motive: Sowohl der onlinebasierte Austausch für das spielinterne Geschehen als auch die sozialen Austauschmöglichkeiten im Freundeskreis sind dabei von Bedeutung (vgl. Lampert et al. 2012). Als letzte Motivgruppe ist die kompensatorische zu nennen. Darunter fallen die Ausübung von Macht und Kontrolle, die Flucht aus dem Alltag (Eskapismus), die Bekämpfung von Langeweile oder der Wunsch nach Stress- und Aggressionsabbau (vgl. Ganguin 2010, S. 245). Bei einigen Jugendlichen kann an diesem Punkt eine dysfunktionale oder suchtartige Nutzung verortet werden. Seit mehr als 25 Jahren wird die zeitlich ausufernde Nutzung des Internets im Hinblick auf ihren Suchtcharakter erforscht. Die Sorge um eine suchtartige Mediennutzung ist nicht erst kürzlich entstanden, sondern scheint fast obligat mit dem Erscheinen eines neuen Mediums aufzutauchen. Im ausgehenden 18. Jahrhundert wurde vor einer „Lesesucht" (vgl. von König 1977) gemahnt. Über die Existenz einer „Fernsehsucht" (vgl. Smith 1986) wurde vor fast dreißig Jahren diskutiert. Erste Forschungen über das Phänomen *Internet Addiction* entstanden in den 1990er-Jahren (vgl. Young 1998). Seit Mai 2013 ist für den Bereich der Online-Spiele jedoch ein neues Niveau erreicht: Die *Internet Gaming Disorder* ist im Anhang der fünften Revision des *Diagnostic and Statistical Manual of Mental Disorders* (DSM) aufgelistet (vgl. *American Psychiatric Association* 2013). Studienergebnisse zum Thema sind aber immer noch mit einer definitorischen Unschärfe besetzt, da kein anerkanntes, einheitliches Diagnoseinstrument vorliegt; die Phänomenologie, Prävalenz und Ätiologie in wissenschaftlichen Kontexten wird weiterhin kontrovers diskutiert.

Zur Orientierung werden in diesem Artikel die Kriterien der *American Psychiatric Association* (APA) vorgelegt. Sie definiert eine *Internet Gaming Disorder,* wenn mindestens fünf der folgenden Kriterien über einen Zeitraum von zwölf Monaten zutreffen:

- Andauernde Beschäftigung mit Internet- bzw. Onlinespielen: Das heißt, die gedankliche Beschäftigung mit zukünftigen Spielen sowie die dominante Präsenz der Online-Spiele im Alltag

- Entzugssymptome: Das heißt, wenn nicht gespielt werden kann, treten Symptome wie Ängstlichkeit, Traurigkeit oder Gereiztheit auf.
- Toleranzentwicklung: Die verbrachte Zeit mit dem Onlinespiel nimmt immer weiter zu.
- Es gab erfolglose Versuche, das Spielen zu aufzugeben.
- Die Aufgabe früherer Hobbys und Aktivitäten ist zu beobachten.
- Das Spiel wird trotz negativer psychosozialer Konsequenzen weitergespielt
- Vor Familienmitgliedern oder nahestehenden Personen wird das Ausmaß des Onlinespielens verheimlicht.
- Das Onlinespiel wird zur Linderung oder Verdrängung von negativen Emotionen genutzt.
- Bekanntschaften, Beruf oder Ausbildung werden durch das exzessive Onlinespielen gefährdet. (vgl. Elze 2014)

Die Aufnahme der *Internet Gaming Disorder* in das DSM-5 erfolgte jedoch mit Vorbehalt – weitere Forschung sei notwendig, um das Phänomen als eigenständiges Störungsbild anzuerkennen. Eine Validierung der Diagnosekriterien an klinischen wie auch repräsentativen Stichproben steht weiterhin aus. In diesem Artikel wird angesichts dessen vorsichtig von einer sucht*artigen* oder exzessiven Nutzung gesprochen; die folgenden Fallbeispiele können aufgrund des fehlenden Diagnoseinstruments nicht eindeutig kategorisiert werden. Für die Familien selbst ist eine Bewertung der Internetnutzung aus klinischer Perspektive als problematisch, exzessiv oder pathologisch auch gar nicht entscheidend: Wiederkehrende Diskussionen und dauerhafte Konflikte zwischen Kindern und Eltern über eine angemessene Form der Mediennutzung können unabhängig von einem diagnostizierbaren Problem den familialen Alltag stark belasten. Entscheidend ist die subjektive Wahrnehmung einer problematischen Internetnutzung aus der Perspektive der Eltern und/oder der Jugendlichen.

Auch der Forschungsstand zur Internetabhängigkeit muss vor diesem Hintergrund mit Vorbehalt berichtet werden. Einhellige Ergebnisse bestehen darin, dass Internetabhängigkeit überwiegend ein Problem im Jugendalter darstellt (zum Beispiel Rumpf et al. 2013). Lange galten männliche Jugendliche als häufiger betroffen als Mädchen. Derzeit wird jedoch berichtet, dass im Gegensatz zu früher Mädchen deutlich stärker betroffen sind. In einer aktuellen Studie wird von einer Prävalenz für problematische Internetnutzerinnen in Hamburg (14-17 Jahren) von 16,6 Prozent berichtet, unter den männlichen Jugendlichen sind es hingegen sechs Prozent (Baumgärtner/Hiller 2016, S. 60). Die suchtartige Nutzung bei Mädchen betrifft überwiegend den Gebrauch von sozialen Netzwerken, bei männlichen Jugendlichen stellt weiterhin die ausufernde Nutzung von Computerspielen das größte Problem dar (ebd., S. 59).

Neben der Anziehungskraft der digitalen Medien und dem Einfluss von spezifischen Persönlichkeitsmerkmalen weisen mehrere Studienergebnisse darauf hin, dass die Familie im Kontext einer suchtartigen Internetnutzung einen Risikofaktor darstellt (zum Beispiel Kammerl et al. 2012; Siomos et al. 2012). Die meist quantitativen Ergebnisse lassen aufgrund ihrer Operationalisierung jedoch offen, wie diese Schwierigkeiten konkret aussehen und ob die Belastung in den Familien schon vorher bestanden oder erst durch die Probleme mit der exzessiven Computernutzung entstanden sind. Offen ist auch, inwiefern adoleszenztypische Entwicklungsthemen zu der Problematik führen und wann es sich somit um ein transitorisches Phänomen handelt.

Das Jugendalter beschreibt den Übergang vom Kind zum Erwachsenen und ist damit sowohl durch den Abschied von kindlichen Verhaltensweisen und Lebensräumen als auch durch die Vorbereitung auf das selbstverantwortliche Leben als erwachsene Person gekennzeichnet. Der „Sowohl-als-auch-Charakter" setzt sich bei der Beschreibung dieser Lebensphase fort. Die Heranwachsenden bewegen sich zwischen Neuentwicklung und Kontinuität, zwischen Freiräumen und Erwartungen, zwischen äußeren und inneren Ansprüchen, zwischen Selbstbestimmung und Kontrolle. Dabei ist für das Thema des Artikels wie bereits angedeutet von Bedeutung, dass innerpsychische Spannungen und interpersonelle Konflikte in dieser Umbruchsphase nicht selten sind. Im Jugendalter besteht ein besonders hohes Risiko, Gefühle der Überforderung zu empfinden, zu dysfunktionalen Bewältigungsstrategien zu greifen und psychische Erkrankungen zu entwickeln.

In dem vorliegenden Artikel wird ausgehend von diesen Annahmen anhand von Einzelfallbeispielen der Zusammenhang zwischen einer exzessiven oder suchtartigen Computerspiele-Nutzung, den familialen Bedingungen und jugendtypischen Entwicklungsprozessen dargelegt.

2 Forschungsdesign

Bei den Fallbeispielen handelt es sich um ausgewählte Ergebnisse einer größer angelegten Studie (vgl. Rosenkranz 2017). In Anlehnung an das Verfahren der Grounded Theory nach Strauss und Corbin (1996) wurden zehn leitfadengestützte Interviews mit betroffenen männlichen Jugendlichen zwischen 15 bis 22 Jahren und ihren Müttern durchgeführt und ausgewertet. Ein besonderes Merkmal des Studiendesigns ist, dass entsprechende Probleme aus der Perspektive der Jugendlichen *und* ihrer Mütter betrachtet werden. So können Beschreibungen und Verhaltensweisen der Mütter denen der Jugendlichen gegenübergestellt werden. Es wurden sowohl Heranwachsende befragt, die eine mehrjährige Phase der zeitintensiven Nutzung beendet haben, als auch Jugendliche bzw. junge Erwachsene, die weiterhin intensiv online spielen. Ein Jahr nach der ersten Befragung wurde ein telefonisches Nachinterview mit den Familien durchgeführt, um langfristige Entwicklungen in den Blick nehmen zu können. Entlang der Prinzipien einer Grounded Theory erfolgten mehrere Phasen der Datenerhebung und -auswertung in induktiver und deduktiver Form. Die Auswahl der Familien für den vorliegenden Artikel erfolgte, um ein möglichst kontrastreiches Bild der problematischen Online-Spielenutzung vermitteln zu können. Der Kontrast besteht zum einen in der Problemtiefe, zum anderen in der Heterogenität der familialen Bedingungen. Die Fallbeispiele stellen kein vollständiges Bild der Zusammenhänge zwischen der exzessiven bzw. suchtartigen Onlinespiele-Nutzung, der familialen Bedingungen und der entwicklungsbedingten Einflüsse dar. Die Analyse weiterer Familien verspricht weiterführende Erkenntnisse. [1]

3 Fallbeispiele zum Zusammenhang von Autonomie, Verbundenheit und suchtartigem Online-Spielen

Während der Auswertung der empirischen Daten wurde deutlich, dass der adoleszenztypische Prozess der Individuation eine zentrale Rolle bei Problemen mit der exzessiven oder suchtartigen Onlinespiele-Nutzung spielt. In der Literatur wird Individuation definiert als Zunahme von Autonomie aufseiten der Jugendlichen und die gleichzeitige Loslösung von den Eltern, wobei ein stabiles Gefühl der Verbundenheit zu ihnen bestehen bleiben sollte (vgl. Gerhard 2005, S. 29 f.). In diesem mehr oder weniger bewussten Prozess liegt die Chance, sich einerseits neu zu definieren, die wachsende Selbstbestimmung geltend zu machen sowie eigene Relevanzsetzungen umsetzen zu können und andererseits die Möglichkeit, sich zu entscheiden, welche bisherigen elterlich geprägten Lebensinhalte und -vorstellungen eine Konstanz haben sollen. Prozesse der Distanzierung von den Eltern sowie ihre De-Idealisierung werden mit dem Jugendalter genuin verbunden, weil die adoleszenztypischen kognitiven Reifungsprozesse diese Schritte erst möglich machen. Individuation steht dabei im Zeichen der Interaktion. Sie wird nicht nur durch den Jugendlichen, sondern im besonderen Maße auch durch die Beziehungsqualität zu den Eltern und deren erzieherisches Handeln beeinflusst. Die Aushandlungsprozesse um das Verhältnis von Autonomie und die Beziehungsqualität lassen sich mit der Entstehung, dem Verlauf und dem Ausklang der problematischen Computernutzung in Verbindung bringen.

In diesem Artikel erfolgt zunächst eine kurze Beschreibung des Jugendlichen und der Problemwahrnehmung in der Familie. Darauf aufbauend werden die Art der Autonomiegewährung der Eltern und die Beziehungsqualität in der Familie skizziert und ihr Zusammenhang mit der problematischen Mediennutzung herausgestellt.

3.1 Fallbeispiel Familie Böhm[2]

Michael besitzt seit er zwölf Jahre alt ist, seinen eigenen Computer und nutzt ihn seit dieser Zeit, seit sechs Jahren, intensiv. Zu Beginn der exzessiven Nutzungsphase stand der Chat *Knuddels* im Vordergrund, seit viereinhalb Jahren konzentriert er sich auf das Spiel *RuneScape*. Seine Nutzungszeiten belaufen sich auf zehn bis zwölf Stunden am Tag. Als er noch zur Schule ging, spielte er teils die Nächte durch. In dieser Zeit wechselte er von einer Gesamtschule auf eine Haupt- und Realschule und schaffte dort – obwohl er zu besseren Leistungen fähig gewesen wäre, so er selbst und seine Mutter – nur mit Mühe den Hauptschulabschluss. Nach seinem Schulabschluss begann er ein Praktikum, das er aber nur wenige Tage besuchte, und beendete eine berufsvorbereitende Maßnahme mit hohen Fehlzeiten. Seit einem Dreivierteljahr verfolgt er keine beruflichen Bildungsmaßnahmen mehr, sondern spielt vorrangig *RuneScape*.

Michael: „Ich mach' ja auch nichts. Es kommt kein Sonnenlicht rein, immer Jalousien unten, ich bin fast immer nur im Dunkeln, hab' meine Lampe an, wo draußen das Sonnenlicht ist und, ja, bin auch sonst nicht an der frischen Luft. Es gibt wirklich Tage, da bin ich vier, drei, vier, fünf Tage zu Hause und so. Das ist für mich keine Seltenheit, wo ich dann ja, nur dann zu meinen Gesprächen dann 'rausgehe, hol' dann mein Eistee von Aldi und das war's."[3]

Früher sei Michael integriert gewesen, habe immer draußen gespielt und schnell Kontakt zu Gleichaltrigen geknüpft. Ein „lebenslustiger Mensch" (Michael) sei er gewesen. Mit den ansteigenden Computerspielezeiten habe er den Kontakt zu Gleichaltrigen aber drastisch reduziert. Seit einiger Zeit ist er in therapeutischer Behandlung und nimmt weitere Beratungsangebote wahr.

3.1.1 Mangelnde Grenzsetzung – zur Autonomiegewährung bei Familie Böhm

Schaut man sich den Entwicklungsverlauf von Michaels Mediennutzung an, wird erkennbar, dass er sehr früh einen Zugang zu Computerspielen bekam. Der Vater ließ Michael mit fünf Jahren *Resident Evil*, ein Spiel mit einer empfohlenen Altersfreigabe von 16 bzw. 18 Jahren, spielen. Darüber hinaus ist bezeichnend, dass der Vater nicht nur seine (medien-)erzieherischen Pflichten versäumte, sondern seinen Sohn in seinen Fähigkeiten am Computer noch bestärkte, um selbst davon zu profitieren.

Michael: „Mein Vater hat mich auch schon mit FÜNF Jahren Resident Evil spielen lassen und hat gesagt: ,Hier mein Junge, ich komm' da nicht weiter, die ganzen Zombies fressen mich immer auf, (LACHEND) eh, mach ma' bitte für mich.' Da hab' ich schon mit fünf Jahren, hab' ich ihm dann immer geholfen und das ja, wurd' mir 'n bisschen schon irgendwie in die Wiege gelegt, das alles – mit so Spielen und all so was."

Das Spielen am Computer, so kann vermutet werden, erhält für Michael infolge dieser bestärkenden Situationen von Beginn an eine positive Konnotation. In den Interviews ist zudem erkennbar, dass Medienerziehung in der Familie Böhm nicht als eigener Erziehungsbereich definiert ist. Es bestehen zu keiner Zeit feste Regeln bezüglich der altersgemäßen Nutzung von Computerspielen und der Nutzungszeiten. Der Junge erhielt mit zwölf Jahren seinen eigenen Computer und konnte in seinem Zimmer frei über die Nutzungszeiten bestimmen. Sogar nachts konnte er ohne große Einschränkungen weiterspielen. Michael bekommt ein sehr hohes Maß an Freiheiten zugesprochen.

Frau Böhm: „#Also, am Anfang hab' ich [auf die Mediennutzung] geachtet# und irgendwann hab' ich dann gesagt: ,Ja, okay'. Um// ehrlich gesagt, um Streit zu vermeiden, (SCHNELL) [...] Ich war vielleicht auch etwas bequem. Hab dann gesagt: ,Na ja gut, dann lass ihn halt, und Hauptsache er steht dann am nächsten Morgen auf, geht zur Schule.' Und ja, hätt' ich wahrscheinlich härter, härter durchgreifen müssen, ne, also konsequenter sein."

Um ein konfliktfreies Zusammenleben zu ermöglichen, verzichtete die Mutter darauf, die exzessive Mediennutzung ihres Sohnes zu regulieren. Sie schreckte vor den anstrengenden, diskussionsreichen Aushandlungen der Begrenzungen zurück und zog das bequemere Gewähren-lassen vor. Die einzige Grenze, die Frau Böhm formulierte, bestand darin, dass Michael am nächsten

Morgen in die Schule gehen solle. Aber auch hier berichtet sie von Inkonsequenzen.

„[Er] hatte immer schon mal paar Tage, wo er dann einfach: ‚Ahhh, ich hab' heute absolut keine Lust, mir geht's nicht so gut.' Und dann hab' ich gesagt: ‚Ja, dann bleib ma' zu Hause.' Ja."

Michael habe in Konfliktsituationen seine Freiheiten eingefordert, indem er „*FRECH*" und „*LAUT*" (Frau Böhm) geworden sei. Er trat mit seinen Forderungen – im Gegensatz zu seiner Mutter – so konsequent auf, dass er sich mit seinen Meinungen und Autonomieansprüchen gegenüber seiner Mutter ohne großen Widerstand durchsetzen konnte. Michael bestätigt: „… im Endeffekt hab' ich nicht viel sagen müssen und die Dinge sind trotzdem so geblieben."

Da der Sohn sich gegenüber seiner Mutter leicht durchsetzen kann, zeichnet sich die Mutter-Kind-Beziehung in der Familie Böhm durch eine für das Jugendalter atypische Asymmetrie, hier bezeichnet als Dyssymmetrie, aus. Der Begriff verweist auf eine atypische Hierarchie in der Eltern-Kind-Beziehung. In diesen Familien treten nicht die Eltern, sondern das Kind bestimmend auf.

Frau Böhm übernimmt sämtliche Pflichten im Haushalt. Sie wäscht für Michael, geht einkaufen, kocht und räumt sein Zimmer auf. Ihr Engagement geht so weit, dass sie ihm regelmäßig das Essen an den Computer bringt. Muss Michael noch sein Spiel beenden und das Essen ist bereits fertig, wird sie aktiv: „‚Ja, dann ist das [Essen] doch kalt.' […] Und dann sag' ich na ja: ‚Soll ich dir das dann bringen?' ‚JAA, mach das, Mama.' Ja, dann bring ich ihm das dann dahin, dass er dann wenigstens was isst." (Frau Böhm) Michael genießt diese Bequemlichkeit, ist sich ihrer bewusst und fordert sie von seiner Mutter ein: „… dann sag' ich hier: ‚Mudder, bitte bring mir ma' irgendwie was zu essen!' […] ‚Bring mir ma', ja weiß nicht, 'n Burger mit oder so.' Und das macht sie dann auch meistens und so ja, ist das ziemlich leicht dann einfach auch viele Stunden am Tag zu sitzen, weil man einfach keine Pflichten hat und so ist das eigentlich ganz entspannt so." Wieder bemerkt die Mutter in der Interviewsituation selbst, dass sie ihren Sohn „verwöhnt" hat und dies „wahrscheinlich" als ungünstig zu bewerten sei. Auch in Bezug auf den Aspekt der Verantwortungsübernahme und Pflichterfüllung kann Michael ein großes Maß an Autonomie in Anspruch nehmen.

3.1.2 Abrupter Bruch in der Mutter-Kind-Beziehung – Beziehungsqualität bei Familie Böhm

Erklärungsansätze für die suchtartige Mediennutzung von Michael lassen sich aber nicht nur in dem ungünstigen Erziehungshandeln der Mutter finden, sondern auch in einer fundamentalen Veränderung der Beziehungsqualität zwischen Mutter und Sohn. Zwei Jahre nach der Trennung seiner Eltern, vor circa neun Jahren, zog der neue Partner der Mutter in die Wohnung der Familie ein. Vorher habe Michael viel Zeit mit seiner Mutter verbracht und sie habe ihm einfach „Liebe gegeben". Er sei ein „Mutterkind" gewesen, ihr „kleiner Prinz". „…Und irgendwie seit ER da ist und so, nicht mehr so. […] Und ja, dann auf einmal hat das aufgehört, das war ein ziemlicher Schlag für mich." (Michael) Von einer innigen, vertrauensvollen Beziehung veränderte sich die Beziehung zur Mutter aus der Sicht des Sohnes plötzlich zu einem distanzierten Zusammenleben. Der neue Lebensgefährte fordere von der Mutter, so sie selbst, aufgrund seiner Alkoholsucht viel Aufmerksamkeit. Später habe die gemeinsame Tochter, Michaels Halbschwester, ihre Aufmerksamkeit beansprucht. Durch diese Veränderung in der Familie erlebte Michael eine abrupte Beziehungsveränderung. Es handelte sich nicht um eine selbst gewählte und sukzessiv zunehmende Distanz, wie sie im Jugendalter typisch ist, sondern Michael wurde die sichere Basis, die starke emotionale Nähe zu seiner Mutter plötzlich entzogen.

Michael kämpfte ausdauernd um die Aufmerksamkeit seiner Mutter und wollte, „dass es wieder wird wie früher" (Michael). Er provozierte nicht nur Konflikte mit der jüngeren Halbschwester, sondern auch über die exzessive Onlinespiele-Nutzung. Diese Provokationen können als Versuch gewertet werden, die mütterliche Aufmerksamkeit zu erregen und Zuwendung zu erhalten. Frau Böhm reagierte, wie bereits beschrieben, jedoch mit Nachgiebigkeit und Distanz, um ihre Ruhe zu haben und sich ihrer neuen Familie widmen zu können. Die Passivität der Mutter gegenüber Michaels exzessiver Onlinespiele-Nutzung, ihr permissives Erziehungsverhalten und ihre Nachgiebigkeit verstärkten Michaels Gefühl der unzureichenden mütterlichen Zuwendung.[4] Dem Heranwachsenden gelang es über mehrere Jahre nicht, die Aufmerksamkeit seiner Mutter zurückzubekommen, er habe „noch so lange versucht, dass es wieder so wird wie früher und so, das hat nicht geklappt und daran bin ich einfach auch verzweifelt" (Michael).

Michael besucht seit einiger Zeit wöchentlich eine Jugendberatung und nimmt Therapiesitzungen wahr. Durch die Beratungs- und Therapiestunden wurde für Michael die emotionale Distanzierung von seiner Mutter möglich. Nachdem er „viele Jahre vergebens gewartet" habe, dass seine Mutter ihr Verhalten noch einmal ändert, habe er die Veränderung akzeptiert und sie würden nun „getrennte Wege" gehen. Er habe sich „daran gekettet, dass sie sich vielleicht doch noch mal ändert", heute sei er aber an einer „freundschaftlichen Basis" interessiert.

Der Loslösungsprozess von der Mutter hat durch die Vorgeschichte jedoch eine sehr starke Dynamik entwickelt. Die Aussagen im Interview zeigen, dass die abrupte Beziehungsveränderung sowie der aussichtslose Kampf um Nähe zu einer übermäßigen Abgrenzung geführt haben. Es sind nicht nur die negativen Attribute wie „kalt" und „egoistisch", mit denen er seine Mutter beschreibt, sondern auch die klare Abgrenzung gegenüber ihrem Lebensstil, die eine übermäßige Abgrenzung symbolisieren: „... ich will das komplette Gegenteil werden wie sie." (Michael) Im telefonischen Nachgespräch ein Jahr später wird deutlich, dass Michael durch die verlässliche Unterstützung des Therapeuten an Verantwortungsbewusstsein und Handlungsfähigkeit gewonnen hat. Michael habe nach einem Jahr sein favorisiertes Spiel aufgegeben. Er versuche, seinen Konsum insgesamt zu kontrollieren und die Spielzeiten auf einem niedrigen Niveau zu halten. Die Aufgabe seines Onlinespiels ging einher mit einem erfolgreich absolvierten Praktikum als Maler und Lackierer im Rahmen eines Qualifizierungsangebots der Beratungsstelle.

3.2 Fallbeispiel Familie Weber

Martin ist 20 Jahre alt und spielt seit circa fünf Jahren intensiv Onlinespiele. Aktuell spielt er *Battlefield 3*, *Mass Effect 3* und *League of Legends* mit seinen Freunden. Er selbst schätzt, dass er derzeit vier Stunden am Tag spielt. Seine Mutter spricht hingegen von zwölf bis 16 Stunden. Wahrnehmungsdifferenzen dieser Art setzen sich bei der Bewertung des Computerspielverhaltens fort. Die Mutter spricht von Computersucht. Martin selbst bezeichnet sein Nutzungsverhalten nicht als Sucht und setzt seine Onlinespiele-Nutzung mit sportlichen Aktivitäten gleich, in denen im Team kognitiv anspruchsvolle Aufgaben gelöst werden. Er bewertet sein Spielen am Computer als Überbrückung in einer beruflichen Orientierungsphase und argumentiert, er würde nicht mehr am Computer spielen, wenn er einen Plan hätte, was er später einmal beruflich machen möchte. Im Verlauf der als problematisch bewerteten Onlinespiele-Nutzung musste Martin zweimal die neunte Klasse wiederholen und verbrachte einige Zeit in einem Internat, das er wegen Drogenmissbrauchs wieder verlassen musste. Er absolvierte dann auf einer weiteren Schule die mittlere Reife. Daran anschließend besuchte er eine berufsvorbereitende Maßnahme, die er aber aufgrund zahlreicher Fehlzeiten abbrechen musste. Zur Zeit des Interviews sucht er nach einem Nebenjob oder einem Ausbildungsplatz, was sich jedoch schwierig gestaltet. Analysiert man seine Darstellungen, wird deutlich, dass die berufliche Orientierungslosigkeit mit sozialen Ängsten und einem geringen Selbstbewusstsein im Zusammenhang stehen. Erklärungsansätze für Letzteres sowie für die Konflikte in der Familie lassen sich konkretisieren, wenn man die Diskussionskultur und die Qualität der Mutter-Kind-Beziehung genauer betrachtet.

3.2.1 Rigide Grenzsetzung – zur Autonomiegewährung bei Familie Weber

Die Fernseh- und Computernutzung von Martin wurde von Beginn an streng reguliert. Martin nutzte zunächst den Computer im Büro seiner Eltern. Dabei achteten die Eltern auf die Intensität der Nutzung und regulierten den Zugang zum Raum situativ.

Frau Weber erzählt: „... [E]r ist HIER in DIESEM Raum an einen Computer gegangen und konnte nur spielen, wenn wir ihn hier reingelassen haben." Frau Weber stellte außerdem von Anfang an Zeitbegrenzungen für die Mediennutzung auf. Zu Beginn durfte Martin eine halbe Stunde, später dann eine Stunde spielen. Zur Kontrolle der Einhaltung der Regeln installierten die Eltern eine Kindersicherung in den Endgeräten, sodass nur sie selbst die Geräte an- und ausschalten konnten. Für die Inhalte der Computerspiele gab es außerdem altersgemäße Grenzen. Bei der Durchsetzung der Regeln beschreibt sich Frau Weber als konsequent: „... ich bin kein Wörterbuch, sondern bei mir ist ein Wort ein Wort. Und wenn ich was sage, dann mache ich's auch. [...] Also das heißt, ich bin sehr zuverlässig, der weiß dann auch ganz genau, wenn ich sagen würde, morgen um zwölf Uhr mache ich den Internetanschluss weg, dann weiß der auch, dass ich das MACHE."

Im medienerzieherischen Handeln von Frau Weber werden die asymmetrische Mutter-Kind-Beziehung sowie ein autoritärer Erziehungsstil erkennbar. Frau Weber konkretisiert ihre führende Rolle im Familiensystem – sie sei der „Dirigent" (Frau Weber) ihrer Familienmitglieder.

Aus der Perspektive von Martin treten die Eltern in Diskussionen rigide, uneinsichtig und streng auf. Sie würden sich seiner Argumente und Sichtweisen nicht annehmen und beharrten auf ihrer Perspektive. „Und die ham halt IHRE SICHTweise und die is' so. (LACHT VERZWEIFELT). Braucht man gar nicht drüber reden, die ist einfach so. Das ist eben das Problem, die haben ihre Einstellung dazu, was weiß ich wo immer her, und geben halt allen die Schuld dazu und fertig."

Auch in den Aussagen der Mutter spiegelt sich diese unnachgiebige Haltung wider: „...[J]e je weniger man *1* ihnen [den Kindern] die Möglichkeit lässt, zu verhandeln, umso weniger verhandeln die auch. Ja?"

Martin fühlt sich ungerecht behandelt. Das Gefühl, um seine Selbstbestimmungsrechte und Freiheiten beraubt zu sein, sowie der unerfüllte Wunsch, das begehrte Spiel zu spielen und dabei gleichberechtigter Teamplayer zu sein, wecken in Martin Aggressionen und Wut. Die Rebellion gegen seine Eltern endet vor diesem Hintergrund häufig in aggressionsgeladenen Grenzüberschreitungen. Insbesondere Konflikte zwischen Martin und seinem Vater eskalieren laut Frau Weber oft bis hin zu aggressiven Auseinandersetzungen. „Dann kam es teilweise zu gefährlichen Situationen. Grenzwertigen Situationen, wo man an sich hätte damit rechnen müssen, dass entweder dem einen oder dem anderen was passiert. Also der hat etliche Sachen hier kaputt gemacht: Schränke, Gegenstände, Glasspiegel."

Die Autorität und Rigidität der Eltern, so kann interpretiert werden, engen den Handlungsspielraum von Martin so weit ein, dass er auf die Ebene aggressiver Auseinandersetzungen ausweichen muss, um seine Autonomieansprüche einzufordern.

Neben der aggressiven Reaktion von Martin erhöhe das autoritäre Auftreten der Eltern den „Druck", den Computer nach eigenem Belieben nutzen zu müssen: „... weil meine Eltern auch immer diejenigen sind, die damit drohen: ‚Oh wir nehmen's dir weg! Du kriegst es abgenommen.' Was ich halt so komplett nicht nachvollziehen kann, was es für mich dann auch so schlimm macht und was für mich dann auch so diesen Druck auslöst, das machen zu MÜSSen ..." (Martin)

3.2.2 Vermisste Nähe, Abwertung und übermäßiges Engagement – zur Beziehungsqualität bei Familie Weber

Sowohl Frau Weber als auch ihr Sohn beschreiben, dass zwischen ihnen schon immer Konflikte und Probleme bestanden. Die Mutter beschreibt, dass es von Martins Geburt an über die Zeit im Kindergarten, in der Schule bis heute Szenarien und Probleme mit ihrem Sohn gab, die sie als bedrückend empfand. Frau Weber war angestrengt von den Aufgaben, die die Kindererziehung mit sich bringt, sie zerrten an ihrer Geduld und sie empfand die Zeit als „GRÄSSlich" und „FURCHTbar". Sie habe auch eigentlich „noch nie so irgendwie so=n extremen KINDERwunsch" empfunden. Immer wieder wird in ih-

ren Beschreibungen erkennbar, dass Frau Weber ein starkes Bedürfnis nach Distanz und Ruhe hat, sie jedoch von erzieherischen Herausforderungen und Schwierigkeiten eingenommen war. In den Beschreibungen der Mutter sind häufig abwertende Kommentare gegenüber ihrem Sohn zu finden: „Also er macht offensichtlich NICHTS und ist auch zu BLÖD des zu vertuschen. Also für mich ist das eindeutig klar."
Auch vom Vater erfährt Martin ständig Zurechtweisungen: „Ich mein, wenn mein Vater hier sitzen würde, würde er die ganze Zeit sagen: 'Setz dich ma' grade hin, mach des ma' so und so. Mach ma' des und des.' Und das ist halt einfach viel zu viel für mich."
In den zitierten Interviewpassagen wird die abwertende Haltung der Eltern gegenüber ihrem Sohn deutlich. Die Distanziertheit und Unzufriedenheit nimmt Martin in den täglichen Interaktionen wahr und empfindet das Verhalten als verletzend: „Ich wurde auch immer ziemlich selten gelobt von meinen Eltern, eher Kritik. Also in Kritik sind die gut. Und die ham halt auch so 'ne Arrrt, die is' halt für mich nicht ganz richtig. Sag' ich mal, also ich find' die halt nicht so passend. *2* Die können einen verletzen."
Ein förderliches Erziehungsverhalten wie Loben habe Martin kaum erfahren. In der Eltern-Kind-Beziehung herrscht ein offenes Misstrauen. Martin macht die Erfahrung: „#Ach, die vertrauen mir nicht.# Die vertrauen mir nicht, die denken doch, ich mach' alles kaputt. Ich verbrenn' alles und keine Ahnung und bring's zum Explodieren." Seine Mutter bestätigt diese Einschätzung: „Also ER ist mein Risikofaktor. Ich kann auch nicht in' Urlaub fahren und den hierlassen. Der ist nicht in der Lage, Herdplatten auszuschalten, Backöfen auszuschalten und so weiter."
Um den Konflikten aus dem Weg zu gehen, versucht Martin, seinen Eltern auszuweichen. Dabei wird deutlich, dass das Computerspielen in seinem Zimmer auch eine Rückzugsmöglichkeit darstellt: „[W]enn ich mich streite, dann bin ich damals so geflohen. Da konnt' ich halt in mein Zimmer gehen und mich da zurückziehen und da hatt ich nun mal mein' Computer und damit konnt' man sich nun mal beschäftigen so als Jugendlicher. Und dann war das halt viel einfacher, wenn man dann halt ZUmacht und sich halt ABlenkt, so." (Martin)

In den Interviewpassagen ist erkennbar, dass fehlendes Vertrauen und fehlende Anerkennung in der Eltern-Kind-Beziehung schon vor den Problemen mit der exzessiven Computernutzung das Familienklima bestimmten. Ein bestärkendes Erziehungsverhalten, ist nicht zu erkennen. Um das Bild der Beziehungsqualität zu vervollständigen, muss die Ambivalenz in dem Verhalten der Mutter ergänzend dargestellt werden. Der Wunsch der Mutter nach Distanz und Ruhe steht einem übermäßigen Engagement, Martin in seiner Entwicklung zu begleiten, gegenüber. Frau Weber beschreibt sich selbst als „sehr hilfsbereit, mütterlich und aufopfernd".

Das Engagement von Frau Weber besteht unter anderem darin, Martin durch pragmatische Hilfen bei der Bewältigung von schulischen oder ausbildungsbedingten Aufgaben zu unterstützen.

Außerdem nimmt sie schon seit Martins Kindheit institutionelle Unterstützung in Anspruch: „Das heißt, ich komme mir vor wie jemand, der immer jemand auf einem goldenen Tablett einen goldenen, glitzernden Edelstein hinlegt und der wird jedes Mal auf 'n Boden geworfen, kaPUTT getreten und dann komm' ich wieder mit 'm nächsten Tablett. Und ich KANN des auf die Dauer nicht mehr." (Frau Weber)

Für die weitere Analyse ist besonders bemerkenswert, dass Frau Weber in einigen Passagen des Interviews auch Empathie für Martins Situation zeigt. So sagt sie explizit, dass der Computer nur ein Symptom für andere Probleme ist. Als zentrales Erklärungsmuster für die problematische Mediennutzung zieht sie Martins mangelndes Selbstwertgefühl heran und erkennt, dass es ihm aus diesem Grund schwerfalle, in die Öffentlichkeit zu treten, um nach einem Nebenjob oder einem Aushilfsjob zu suchen. Sie vermutet, dass die aktuelle Situation seine „Minderwertigkeitskomplexe" verstärkt und er sich in einem „Teufelskreis" befindet.

Bei der Auswertung des Interviews fällt weiter auf, dass ihre unterstützenden Verhaltensweisen jedoch nicht auf dieser verständnisvollen Haltung aufbauen. Auf der einen Seite konzentriert sie ihre Hilfen auf die Bewältigung von schulischen und beruflichen Herausforderungen in Martins Leben. Auf der anderen Seite reagiert Frau Weber auf die aktuelle berufliche Situation ihres Sohnes mit Druck und Drohungen. Die Unterstützung der Mutter zielt demnach nicht auf die ursächlichen Probleme wie das mangelnde Selbstbewusstsein ab, sondern im Vordergrund steht die Sorge der Mutter um den schulischen und aktuell den beruflichen Werdegang ihres Sohnes. Ihr Beziehungsangebot reduziert sich auf pragmatische Unterstützungsleistungen, ist durch eine emotionale Distanz und eine kritische Haltung ihrem Sohn gegenüber gekennzeichnet.

Die Streitigkeiten über die exzessive Computernutzung resultieren vor diesem Hintergrund nicht in erster Linie daraus, dass Martin mehr Zeit für das Spielen erkämpfen möchte. Martin schreit danach, als individuelle Person mit einer eigenen Meinung anerkannt zu werden. Er kämpft um Nähe, Anerkennung und Zueignung. Da jegliche Versuche, Kontakt aufzunehmen, Nähe und Verständnis herzustellen, scheitern, entwickeln sich in ihm Aggressionen und Konflikte eskalieren. Die Lösung der Konflikte sowie der ursprünglichen Probleme und die Reduktion der exzessiven Computernutzung rücken aufgrund der festgefahrenen Interaktionsmuster zwischen Eltern und Kind in die Ferne. Das belastete Familienklima, die bestehenden Verletzungen verschärfen die Art der Auseinandersetzung zwischen den Familienmitgliedern.

Ein Jahr nach der Befragung fand ein Nachgespräch mit der Mutter statt. Martin wurde stationär in eine Psychiatrie mit dem Schwerpunkt Depression aufgenommen. Seit seiner Zeit in der Psychiatrie gehe er in eine Schule, die auf die Integration von Drogenabhängigen spezialisiert ist, und strebe es an, dort sein Abitur zu machen. Er spiele aber weiterhin und schwänze zeitweise den Unterricht.

3.3 Fallbeispiel Familie Hartmann

Zur Zeit der Interviewerhebung ist Daniel 22 Jahre alt. Die Phase des intensiven Computerspielens dauerte von der neunten bis zur zwölften Klasse, begann bei Daniel demnach im Alter von 14 Jahren. Zu dieser Zeit wurde das Spiel *World of Warcraft* veröffentlicht und Daniel investierte einen Großteil seiner Zeit in die Aufgaben des Spiels: Nach der Schule, circa von 15:30 bis 22 Uhr, sowie die Zeit am Wochenende, von morgens bis abends – „dann hab' ich schon meistens so * ja durchgezockt (LACHT)". Obwohl Daniel nebenbei noch Sport machte und sich gelegentlich mit Freunden traf, habe er seine „gesamte Freizeit da so reininvestiert"

Seine Eltern machten sich aufgrund der Fokussierung auf das Spiel große Sorgen um ihn. Die Mutter befürchtete, dass seine Entwicklung darunter leidet: „Ich dachte immer nur, das kann nicht gesund sein. Da fehlte mir so 'n bisschen das andere. Dies' Teilnehmen am richtigen Leben war also stundenmäßig dann doch wieder geringer und das hat mir einfach Sorge gemacht."

Als Sucht habe Daniel selbst sein Verhalten nie empfunden. Er zieht in erster Linie den großen Spielspaß heran, um seine exzessive Computernutzung zu erklären. Das Spiel sei damals „sehr, sehr, sehr=sehr, ** catchy" und „supersupersuperinteressant" gewesen. Er sei „Perfektionist" und mit dem hohen zeitlichen Engagement konnte er zu den Besten gehören, das habe ihn so empfänglich für dieses Spielprinzip gemacht. Er erklärt: „... wenn ich in der serverbesten Gilde war und wir die Ersten waren auf dem Server, die so den großen// die großen Drachen erlegt haben, dann war das schon so'n Erfolgserlebnis."

Es wird deutlich, dass die Anforderungen des Spiels zu den Persönlichkeitseigenschaften von Daniel passten und es so zu Momenten der Selbstverwirklichung und Identitätsbildung kommen konnte.

Daniel betont explizit, sein exzessives Spielen sei kein Weg des Rückzugs gewesen, mit seiner Familie verstehe er sich bestens und in der Schule hätte er keinerlei soziale oder leistungsbezogene Probleme gehabt: „Mit meiner Mutter, also mit meinen Eltern hatt' ich sonst 'n super Verhältnis. Auch heute noch. Mit meiner Schwester auch. In der Schule * bin ich immer gut zurechtgekommen, also * hatte keine schlechten Noten und hatte da meine Freunde. * Es war jetzt nicht so, dass das so für mich mein kleines Häuschen war, wo ich mich versteckt hab (SCHMUNZELT)." (Daniel)

Auch die Beschreibungen seiner Mutter bestätigen das Bild, Daniel sei „ein sehr guter Schüler" gewesen. Seine Lehrerinnen hätten von einem „bezaubernden Jungen" gesprochen, der sich mündlich rege beteiligte.

World of Warcraft war eine lange Zeit der Lebensmittelpunkt von Daniel, dennoch kam es nicht zu einem uferlosen Versinken in das Spiel. Die Schule wurde weiterhin besucht und die Leistungen dort blieben gut. Auf Basis der Interviews können in Daniels Biografie keine tiefgreifenden Einschnitte zur Erklärung seiner zeitintensiven Onlinespiele-Nutzung gefunden werden. Die Auswertung des Autonomieerlebens gibt jedoch Aufschluss über die Genese und den Verlauf des exzessiven Spielverhaltens.

3.3.1 Erfolglose Grenzsetzung – zur Autonomiegewährung bei Familie Hartmann

Daniels Eltern mussten in Bezug auf die Exzessivität zunächst ein Problembewusstsein entwickeln, um einen zuvor selbstbestimmten Bereich als erzieherische Aufgabe wahrzunehmen. Insbesondere Daniels Vater unternahm infolgedessen verschiedene Regulierungsversuche, die zunächst auf autoritativen Erziehungsprinzipien beruhten, hierunter zum Beispiel das vertragliche Vereinbaren von Spielzeiten oder die Empfehlung, ein Computerspieltagebuch zu führen. Die Appelle des Vaters fruchteten jedoch nicht. Daniel bewertete seine Computernutzung nicht als problematisch und wehrte sich ausgehend von seiner eigenen Meinung gegen die Vorschläge seines Vaters. Daniel: „... ich konnt' nie verstehen, warum er das alles so schlecht fand, so verteufelt hat. Ich hab's halt klar selber geseh'n, dass ich da viel Zeit reingesteckt hatte, aber ich fand's halt nicht unbedingt schlecht."

Der eigenen Bewertung der Computernutzung als exzessiv, aber nicht dysfunktional maß Daniel mehr Bedeutung bei als der Bewertung seines Vaters. Die Strategie des Sohnes bestand vor diesem Hintergrund darin, seinem Vater weitestgehend die Aufmerksamkeit zu entziehen und dessen Vorschläge zu ignorieren: „Aber das hab' ich halt einfach konsequent ignoriert, weil ich das doof fand so. (SCHMUNZELT.)" (Daniel) Der Jugendliche verfolgte diese Strategie konsequent und nahm somit seinen Eltern ihre erzieherischen Einflussmöglichkeiten. Durch sein Handeln hob Daniel die Asymmetrie in der Vater-Kind-Beziehung auf. Sein Vater akzeptierte das neue Hierarchieverhältnis jedoch nicht und provozierte Aushandlungsprozesse. Vor dem Hintergrund erfolgloser autoritativer Erziehungsmethoden setzte Herr Hartmann auch restriktive Mittel ein, um die Computernutzung seines Sohnes zu begrenzen, zum Beispiel schaltete er den Router ab:

Daniel: „#Es ist schon häufiger passiert, dass er in' Keller gegangen ist# und einfach den Router ausgestellt hat. Und DANN (LACHT) muss es ja 'ne Reaktion von mir geben. Und dann hat er sich freudig in die Küche gestellt und gewartet, bis ich runtergestampft bin. [...] [Dann] ... hat er gefragt, was da los ist, und das war dann meistens für ihn nur so der Aufhänger * um * mit mir * 'n bisschen zu streiten so (LACHT), weil dann musst ich mich ja mit ihm abgeben quasi."

Der Vater provozierte Auseinandersetzungen über die exzessive Onlinespiele-Nutzung und versuchte, die Aufmerksamkeit für seine Person als Erzieher zu wecken. Daniel musste infolge der Provokationen auf seinen Vater reagieren. Trotzdem führten diese Maßnahmen nicht zu einer Verbesserung der Situation. Das konsequente und selbstüberzeugte Auftreten von Daniel ließ seine Eltern an ihre erzieherischen Grenzen kommen. Er selbst betont: „... das hat mich auch ÜBERhaupt nicht tangiert, was so meine Eltern dazu gesagt haben, was sie dazu gemeint haben, es war, glaub' ich, voll egal gewesen, ob sie da gar nichts zu gesagt hätten, oder ob sie jetzt da gestresst hätten, oder ob sie noch mehr gestresst hätten."

In den Auseinandersetzungen nutzte Daniel seine guten schulischen Leistungen als Legitimationsgrundlage für eine selbstbestimmte Computernutzung. Er hätte seinen Verantwortungsbereich, seine schulischen Verpflichtungen, wahrgenommen und könne auf dieser Basis in seiner Freizeitgestaltung Selbstbestimmung einfordern.

Daniel: „… so mein Job ist Schule und solange mein Job Schule okay ist, kann ich machen, was ich möchte. […] Und das war meistens das ultimative Argument, um alles, * was sie tun wollten, 'n bisschen totzuschlagen."

3.3.2 Nähe durch Akzeptanz und Fürsorge – zur Beziehungsqualität bei Familie Hartmann

Frau Hartmann beschreibt anhand von Alltagsbeispielen einen sehr fürsorglichen Umgang mit ihren Kindern. Sie ist stets darum bemüht, dass es ihren Kindern gut geht und sie jegliche Unterstützung bekommen, die sie für ihr Wohlbefinden brauchen. Diese fürsorgliche Art schätzt Daniel an seiner Mutter und berichtet auch von einer sicheren emotionalen Unterstützung: „… [Meine Mutter] war immer da und wenn ich traurig war, konnt' ich zu ihr, also. Ich meine, was macht denn sonst gute Eltern aus?"

In den Reaktionen der Mutter auf die exzessive Computernutzung ist zu erkennen, wie sie ihre fürsorgliche Art im Umgang mit der exzessiven Computernutzung fortführte. Trotz einer Antipathie gegenüber den Spielen zeigt sie Interesse an dem Hobby ihres Sohnes: „Ich hab' mich da manchmal einfach hingesetzt und es mir angeguckt, so lange, bis er nervös wurde. (MIT VERSTELLTER, ABGEHACKTER STIMME) ‚Was willst'n du eigentlich hier? Was machst'n da?' (LACHT) Ich sach: ‚Ich guck ma', womit du deine Zeit verbringst, ne?'"

Frau Hartmann beobachtete Daniel beim Spielen am Computer und versuchte, auf diese Weise Verständnis für seine Vorliebe aufzubringen und Verbundenheit zu sichern. Diese Ziele verfolgte sie auch, indem sie Informationen über das Hobby ihres Sohnes einholte: „Ich hab' mich da auch eingearbeitet, ich konnte 'ne Zeit lang sogar 'n paar Begrifflichkeiten, konnte mitreden, ne? Um überhaupt mal mit ihm reden zu können (LACHT)."

In den Beschreibungen der Mutter wird ersichtlich, dass ihr Leiden nicht nur mit den Sorgen um die exzessive Computernutzung zusammenhing, sondern auch durch eine Beziehungsveränderung zu ihrem Sohn ausgelöst wurde. Eine typische Interaktion zwischen Mutter und Sohn beschreibt sie wie folgt: „(SIE IMITIERT MIT VERSTELLTER, ABGEHACKTER STIMME IHREN SOHN) ‚Was willst du? Was willste? Häh?' So ganz kurz angebunden, und das war nicht mehr so mein Junge, mit dem ich reden konnte, wo ich mal sagen konnte: ‚Kommst mal runter, hilfst du mir mal oder wollen wir mal zusammen in die Stadt gehen?' Oder so. ‚Keine Zeit, keine Zeit. NEE, kommt gar nicht in die Tü//.' Also er wurde immer abweisender, immer verschlossener."

Das Computerspiel erscheint auch in dieser Familie als Mittel zur adoleszenztypischen Distanzierung von den Eltern. Die abweisende Haltung von Daniel zeigt, dass er sich durch das Spielen am Computer zurückzog, seine Ruhe haben wollte und vor diesem Hintergrund die Beziehung zu seiner Mutter distanzierter wurde. Frau Hartmann sei sich wie ein „Störfaktor" vorgekommen, und stets „abgewimmelt" worden.

Sowohl die erzieherischen Maßnahmen des Vaters als auch die Ratschläge der Mutter blieben über lange Zeit unwirksam, sodass es zu einer Resignation der Eltern kam.

Frau Hartmann erklärt: „… irgendwann ham wir auch so 'n bisschen resigniert, haben ihn machen lassen."

Daniels Willensstärke, die er unter anderem bei der Durchsetzung seines Hobbys zeigt, erweist sich für den Prozess der Loslösung vom Computerspiel als entscheidend. Ungefähr mit 18 Jahren reduzierte Daniel seinen Medienkonsum „aus 'ner spontanen Laune". Der Reiz des Spiels ging für ihn verloren, weil er nun seinen Ehrgeiz befriedigt hatte und „schon mal ganz oben" war. Die Ambitionen zu spielen hätten sich „ausgewachsen" und es sei nur eine „Phase" gewesen. Dabei betont er, dass er nicht aufgehört habe, weil seine Eltern ihn nervten.

Durch die Zeit des intensiven Spielens wurde sein hohes Selbstvertrauen nicht geschwächt, sondern es half ihm sogar, die Computernutzung selbstbestimmt zu reduzieren. Dabei spielt es sicherlich eine entscheidende Rolle, dass die Mutter und auch der Vater durch ihren Erziehungsstil seine Autonomieentwicklung stets förderten und trotz einer Problemwahrnehmung dem geliebten Computerspiel mit Interesse und einer gewissen Akzeptanz begegneten.

4 Folgerungen für die pädagogische und psychologische Praxis

Bei dem Vergleich der Fallbeispiele fällt auf, dass in der Familie mit einer intakten Eltern-Kind-Beziehung zunächst sehr ähnliche, langandauernde Probleme mit der exzessiven oder suchtartigen Onlinespiele-Nutzung auftauchen wie in den Familien mit einer belasteten Eltern-Kind-Beziehung. Erst durch die Betrachtung langfristiger Entwicklungsprozesse werden Unterschiede sichtbar. Dabei zeigen die Fallbeispiele, dass adoleszenztypische Veränderungen in dem Beziehungsverhältnis zwischen Eltern und Kind einen Teil der Problematik erklären können. Zunächst ist für die Heranwachsenden das Spielen am Computer besonders attraktiv, weil es vor dem Hintergrund adoleszenztypischer Distanzierungsversuche eine Möglichkeit darstellt, elternunabhängige Lebensräume zu schaffen und so Autonomie zu erleben. Die befragten Jugendlichen haben durch die Spielerlebnisse Spaß und können Identitätsarbeit darüber leisten. Das zugestandene Ausmaß an Autonomie seitens der Eltern erklärt aber darüber hinaus, einen Teil der Ursache und auch der Verläufe einer Problematik. Die (medien-)erzieherischen Verhaltensweisen der befragten Eltern sind geradezu kontrovers: Erstens eskalieren Konflikte, weil Räume für Autonomie – und dies betrifft nicht nur die selbstbestimmte Computernutzung, sondern auch eine selbstbestimmte Entwicklung der Persönlichkeit – durch die Rigidität der Eltern sehr klein gehalten und entsprechend rebellierende Verhaltensweisen des Jugendlichen herausgefordert werden. Zweitens können Räume für Autonomie durch ein nachgiebiges Erziehungshandeln der Eltern auch zu groß sein, sodass ein Verantwortungsgefühl auf Seiten des Jugendlichen nicht wachsen und eine dysfunktionale Mediennutzung fast ohne Konflikte ausgelebt werden kann. Drittens kann ein eher balanciertes Verhältnis von Autonomiegewährung und Grenzsetzung, wie es durch einen autoritativen Erziehungsstil vorgegeben wird, langfristig zu einer selbstbestimmten Loslösung vom geliebten Spiel führen. Als Rahmenbedingung für diese Prozesse gibt die Beziehungsqualität in den Familien Aufschluss über positive sowie negative Problemverläufe. Gerade der Kampf um Nähe, Verständnis, emotionale Bindung und Geborgenheit spielt bei den befragten Jugendlichen mit langfristig negativen Verläufen eine entscheidende Rolle. Um dem wachsenden Wunsch nach Autonomie nachzugehen und einer zunehmenden Selbstverantwortung gerecht zu werden, bedürfen die Heranwachsenden einer stabilen emotionalen Basis. Fehlt diese grundlegende Sicherheit, gestaltet sich die adoleszenztypische Distanzierung von den Eltern schwierig. Die exzessive Onlinespiele-Nutzung wird in den Fallbeispielen zum Symptom dessen. Interessant ist dabei, dass alle interviewten Jugendlichen den Computer zu Hause nutzen – dies gilt im Übrigen für mehr als 90 Prozent der Online-Spielerinnen und Online-Spieler (vgl. Brasch/Siwek 2010, S. 5). Als Besonderheit der suchtartigen Internetnutzung kann im Vergleich zu substanzgebundenen Süchten demnach nicht unbedingt ein Streben nach außen, ein Entfernen von der Familie, sondern ein Verweilen in der Nähe beobachtet werden. In den Fallbeispielen deutet sich an, dass dies unter anderem durch die Sehnsucht der Jugendlichen nach emotionaler Zuwendung und Sicherheit zu erklären ist. Das Auftreten von sozialen Ängsten, einem geringen Selbstwertgefühl oder sogar Depressionen – Symptome, die vermehrt bei betroffen Jugendlichen festgestellt werden – können vermutlich mit eben diesen Defiziten in der Eltern-Kind-Beziehung in Zusammenhang gebracht werden.

Vor diesem Hintergrund bieten die gefundenen Erklärungsansätze für eine exzessive oder suchtartige Computerspiele-Nutzung Anknüpfungspunkte für die pädagogische Praxis. Die Fallbeispiele zeigen deutlich, dass bei einer problematischen Computernutzung möglichst nicht nur die Jugendlichen, sondern ebenso die Eltern beteiligt werden sollten, um eine Verbesserung der Situation zu erreichen. Ein systemischer Beratungsansatz scheint gerade für dieses Problemfeld empfehlenswert. Entlang der Qualität der Eltern-Kind-Beziehung und der Art der Autonomiegewährung lassen sich dann Ursachen für die genannten Probleme erkennen und entsprechende Lösungsmöglichkeiten entwerfen.

Die Erzählungen des Heranwachsenden, bei dem eine Loslösung vom Computerspiel bereits stattgefunden hat (Daniel Hartmann), unterstreichen zudem, dass es nicht ausreicht, das Phänomen der exzessiven oder suchtartigen Computernutzung aus klinischer Perspektive zu betrachten. In Beratungskontexten gilt es zu unterscheiden, ob es sich um ein tieferliegendes Problem oder um ein transitorisches Phänomen als Ausdruck adoleszenztypischer Entwicklungsprozesse handelt. Hierfür müssen den Expertinnen und Experten dringend wissenschaftlich fundierte diagnostische Kriterien an die Hand gegeben werden. Die Kriterien der APA dienen bislang als Richtlinien, müssen aber validiert werden.

Die steigenden Prävalenzen unterstreichen zudem den pädagogischen Handlungsbedarf. Entlang der vorliegenden Ergebnisse wird deutlich, welchen Einfluss Eltern auf den Verlauf einer Problematik nehmen können. Mit (medien-)erzieherischen Beratungs- und Informationsangeboten könnte einer Problementwicklung (frühzeitig) entgegen gewirkt werden.

Anmerkungen

[1] Weitere Ergebnisse und Fallbeispiele sowie weitere Informationen über das methodische Vorgehen sind in meiner Dissertation nachzulesen (vgl. Rosenkranz 2017).
[2] Die Namen der Interviewten wurden anonymisiert und durch fiktive ersetzt.
[3] Die Transkriptionsregeln sind unter Legewie/Paetzold-Teske (1996) zu finden.
[4] Vor dem Hintergrund der räumlichen Trennung von seinem Vater ist bemerkenswert, dass die Vater-Sohn-Beziehung ebenfalls durch einen Mangel an Nähe gekennzeichnet ist, Michael sich mehr Nähe wünscht, diese aber aus „Angst vor der Abweisung" nicht einfordert (Michael).

Literatur

American Psychiatric Association (2013). Diagnostic and statistical manual of mental disorders. DSM-5 (5. Aufl.). Washington, D.C: American Psychiatric Association.

Baumgärtner, Theo/Hiller, Philipp (2016). Suchtmittelgebrauch, Computerspiel- und Internetnutzung, Glücksspielerfahrungen und Essverhalten von 14- bis 17-jährigen Jugendlichen 2015. Deskriptive Ergebnisse der SCHULBUS-Untersuchung in Hamburg sowie in drei Grenzregionen Bayerns, Sachsens und Nordrhein-Westfalens. www.sucht-hamburg.de/uploads/docs/745.pdf [Zugriff: 14.07.2016]

Brasch, Thomas/Siwek, Christiane (2010). Online Games-Report. www.bvdw.org/pressesever/online_games_report_2010/bvdw_online_games_report_2010_exs_final.pdf. [Zugriff: 14.07.2016]

Caillois, Roger (1982). Die Spiele und die Menschen. Maske u. Rausch (Ungekürzte Ausg.). Frankfurt/M, Berlin, Wien: Ullstein.

Elze, Michael (2014). Internetabhängigkeit: DSM-5. http://dr-elze.com/internetabhaengigkeit-dsm-5 [Zugriff: 14.07.2016]

Ganguin, Sonja (2010). Computerspiele und Lebenslanges Lernen. Eine Synthese von Gegensätzen: VS Verl. für Sozialwiss.

Gerhard, Anna-Katharina (Hrsg.) (2005). Autonomie und Nähe. Individuationsentwicklung Jugendlicher im Spiegel familiärer Interaktion. Weinheim und München: Juventa Verlag.

Geserick, Christine (2005). Neue Medien im familialen Kontext. Eine Recherche zu Studienergebnissen im Zusammenhang mit Nutzung, Chancen und Herausforderungen im Familienalltag. WORKING PAPERS Nr. 47. http://leavenetwork.univie.ac.at/fileadmin/OEIF/Working_Paper/wp_47_neuemedien_und_familie.pdf [Zugriff: 26.09.2016]

Hirschhäuser, L. (2012). Onlinerollenspiele als Raum für Identitätsentwicklung. TV Diskurs, 16 (1), S. 66-69.

Huizinga, Johan (1994). Homo ludens. Vom Ursprung der Kultur im Spiel. Reinbek bei Hamburg: Rowohlt Taschenbuch Verlag.

Kammerl, Rudolf (2005). Internetbasierte Kommunikation und Identitätskonstruktion. Selbstdarstellungen und Regelorientierungen 14- bis 16-jähriger Jugendlicher. Habilitationsschrift Passau, 2004. Hamburg: Kova.

Kammerl, Rudolf/Hirschhäuser, Lena/Rosenkranz, Moritz/Schwinge, Christiane/Hein, Sandra/Wartberg, Lutz/Petersen, Kay Uwe (Hrsg.) (2012). EXIF – Exzessive Internetnutzung in Familien. Zusammenhänge zwischen der exzessiven Computer- und Internetnutzung Jugendlicher und dem (medien-)erzieherischen Handeln in den Familien. Berlin: Bundesministerium für Familie, Senioren Frauen und Jugend.

König, Dominik von (1977). Lesesucht und Lesewut. In: Göpfert, Herbert G. (Hrsg.), Schriften des Wolfenbütteler Arbeitskreises für Geschichte des Buchwesens. Bd. 1: Buch und Leser. Vorträge d. 1. Jahrestreffens d. Wolfenbütteler Arbeitskreises für Geschichte d. Buchwesens, 13. u. 14. Mai 1976 (1. Aufl.). Hamburg: Hauswedel.

Krotz, Friedrich (2008). Computerspiele als neuer Kommunikationstypus. In: Quandt, Thorsten/Wimmer, Jeffrey/Wolling, Jens (Hrsg.), Die Computerspieler. Studien zur Nutzung von Computergames; Wiesbaden: VS Verlag für Sozialwissenschaften, S. 25-40.

Lampert, Claudia/Schwinge, Christiane/Kammerl, Rudolf/Hirschhäuser, Lena (2012). LfM-Dokumentation. Bd. 47: Computerspiele(n) in der Familie. Computerspielesozialisation von Heranwachsenden unter Berücksichtigung genderspezifischer Aspekte. Berlin: Vistas.

Legewie, Heiner & Paetzold-Teske, Elke (1996). Transkriptionsempfehlungen und Formatierungsangaben. http://web.qualitative-forschung.de/publikationen/postpartale-depressionen/ Transkription.pdf [Zugriff: 14.07.2016]

Rosenkranz, Lena (2017). Exzessive Nutzung von Onlinespielen im Jugendalter. Dissertation an der Universität Hamburg, 2015. Wiesbaden: Springer VS.

Rumpf, Hans-Jürgen/Meyer, Christian/Bischof, Gallus/Bischof, Anja/John, Ulrich (2013). Prävalenz der Internetabhängigkeit – Diagnostik und Risikoprofile (PINTA-DIARI). Kompaktbericht an das Bundesministerium für Gesundheit. Lübeck. http://drogenbeauftragte.de/fileadmin/dateien-dba/DrogenundSucht/Computerspiele_Internetsucht/Downloads/PINTA-DIARI-2013-Kompaktbericht.pdf [Zugriff: 02.02.2016]

Siomos, Konstantinos/Floros, Georgios/Fisoun, Virginia/Evaggelia, Dafouli/Farkonas, Nikiforos/Sergentani, Elena/Lamprou, Maria/Geroukalis, Dimitrios (2012). Evolution of Internet addiction in Greek adolescent students over a two-year period: the impact of parental bonding. In: European Child & Adolescent Psychiatry, S. 1-9.

Smith, R. (1986). Television addiction. In: Bryan, Jennings/Anderson, D. (Hrsg.), Perspectives on media effects. Hillsdale; New Jersey: Lawrence Erlbaum, S. 109-128.

Strauss, Anselm L./Corbin, Juliet M. (1996). Grounded theory. Grundlagen qualitativer Sozialforschung. Weinheim: Beltz, PsychologieVerlagsUnion.

van Eimeren, Birgit/Frees, Beate (2015). Ergebnisse der ARD/ZDF-Onlinestudie 2015. Internetnutzung: Frequenz und Vielfalt nehmen in allen Altersgruppen zu. Media Perspektiven(9), S. 366-377.

Wagner, Ulrike/Gebel, Christa/Lampert, Claudia (2013). Medienerziehung zwischen Anspruch und Alltagsbewältigung. Zusammenführung und Fazit. In: Wagner, Ulrike/Gebel, Christa/Lampert, Claudia (Hrsg.), Zwischen Anspruch und Alltagsbewältigung: Medienerziehung in der Familie. LfM-Schriftenreihe Medienforschung. Bd. 72, Berlin: Vistas.

Young, Kimberly S. (1998). Caught in the net. How to recognize the signs of Internet addiction – and a winning strategy for recovery. New York: Wiley.

Der Beitrag behandelt den Umgang mit Konflikten in leistungsorientierten MMORPG-Gruppen auf Basis einer Untersuchung in dem Online-Rollenspiel World of Warcraft. Die Ergebnisse zeigen, dass Konflikte eher als Störungen behandelt werden, die es während des gemeinsamen Spiels gering zu halten gilt. Obwohl dieses Vorgehen im Widerspruch zum Cohn'schen Störungspostulat steht, erweist es sich in diesem speziellen Kontext als effektiv und auch förderlich für die Spielgruppen.

This paper is about dealing with conflicts in achievement-oriented groups in MMORPGs. The results of a survey in the online role-playing game World of Warcraft show that those groups try to minimise efforts concerning conflicts and handle them like perturbances. Though this kind of approach is contradictory to the statement of Cohn, that "disturbances take precedence", it proves to be effective and beneficial for the playing groups in this special context.

Störungen haben Vorrang?
Das Störungspostulat im Kontext von Interaktionsräumen digitaler Spielwelten und dem Umgang mit Konflikten in leistungsorientierten MMORPG-Gruppen

Kerstin Raudonat

1 Einführung

‚Massively Multiplayer Online Role-Playing Games' (MMORPGs) bieten zahlreiche Möglichkeiten für gemeinsames Spielen und die Bewältigung spielerischer Herausforderungen in Gruppen (Bardzell et al. 2012; Lin/Sun 2015). So gibt es beispielsweise in dem bekannten MMORPG *World of Warcraft* spezielle Spielbereiche wie Raidinstanzen mit Spielinhalten, die nur in Gruppen zu bewältigen sind und besonders hohe Anforderungen an das gemeinsame Spielen stellen. Um in diesen Bereichen erfolgreich zu sein, müssen Gruppen sowohl spielerische als auch kommunikative Herausforderungen meistern, für die unter anderem sozial-kommunikative Kompetenzen relevant sind. Hierbei können wie in allen sozialen Gruppen Störungen oder Konflikte auftreten, mit denen die Gruppe umgehen muss. Wie sie dies handhabt, hängt von zahlreichen Bedingungen ab, nicht zuletzt von der (geteilten) Definition der

Situation, zumal wenn die Gruppe unter hohem Druck interagiert, wie dies Spielende tun, die in einer konzertierten Aktion einen gemeinsamen Gegner angreifen. Konzepte zur Arbeit in Gruppen thematisieren in unterschiedlicher Weise den Umgang mit Störungen und Konflikten. So postuliert Cohn (1975) im Rahmen der Themenzentrierten Interaktion (TZI): Störungen haben Vorrang. Sie verweist darauf, „dass Störungen und leidenschaftliche Gefühle den Vorrang haben, bedeutet, dass wir die Wirklichkeit des Menschen anerkennen; und diese enthält die Tatsache, dass unsere lebendigen, gefühlsbewegten Körper und Seelen Träger unserer Gedanken und Handlungen sind" (Cohn 1975, S. 122). Störungen in sozialen Situationen den Vorrang zu geben, bedeutet letztlich anzuerkennen, dass sie sich diesen nehmen, indem sie bei Nichtbeachtung in der Situation stattfindende Prozesse wie beispielsweise Arbeits- und Lernprozesse beeinträchtigen können. In diesem Kontext sind Konflikte unter Störungen zu subsumieren. Dies wird in der Kritik am Störungspostulat beispielsweise durch Vopel aufgegriffen, der eine Aktualisierung und Erweiterung des Postulats vorschlägt: „Störungen und Konflikte haben Vorrang" (Vopel 2000, S. 81). Der Kontext, in dem die Spielenden, die sich zur Bewältigung von Raidinstanzen zu einer Raidgruppe zusammengeschlossen haben, mit Störungen und Konflikten umgehen müssen, unterliegt speziellen Rahmenbedingungen. So schaffen sich Raidgruppen beispielsweise gezielt Räume für das gemeinsame Spielen (Raiden[1]) mit der klaren Zielorientierung, spielerische Erfolge zu erringen. Um möglichst viel erreichen zu können, ist die effektive Nutzung der begrenzten Raidzeit von Bedeutung. Es stellt sich diesen Gruppen also die Frage, wie sie mit Störungen und Konflikten in der begrenzten Raidzeit umgehen.

Im Folgenden wird der Frage nachgegangen, welche Wertigkeit Konflikte in leistungsorientierten Raidgruppen haben und wie in diesen Gruppen mit Konflikten umgegangen wird. In diesem Zusammenhang wird zudem die Frage nach dem Geltungsanspruch des klassischen Störungspostulats in medialen Interaktionsräumen digitaler Spielwelten aufgeworfen, insbesondere im Zusammenhang mit Leistungsorientierung. Hierfür wird zunächst auf die grundlegenden Rahmenbedingungen für Gruppen im Spielbereich Raid eingegangen. Im Anschluss werden Formen von Konflikten sowie Umgangsweisen mit Konflikten in Raidgruppen dargestellt. Des Weiteren wird das Cohn'sche Störungspostulat im Hinblick auf seine Geltung im Kontext leistungsorientierter Raidgruppen in MMORPGs diskutiert. Die nachfolgenden Ausführungen basieren auf einer exemplarischen Untersuchung zu sozial orientierten Handlungen und Handlungsmustern in leistungsorientierten Raidgruppen. Hierbei werden Online-Rollenspielwelten im Allgemeinen und Raids im Speziellen als eigene Interaktionsräume im Rahmen von digitalen Spielwelten begriffen. Diese Untersuchung ist Teil einer umfassenderen Untersuchung, in der Kommunikation und Interaktion im Rahmen von Spielhandlungen in dem MMORPG *World of Warcraft* analysiert werden, um entsprechende Handlungsmuster und -strategien zu identifizieren und Rückschlüsse auf etablierte Normen und Konventionen zu ziehen. Methodisch folgt die Untersuchung dem Vorgehen des Grounded Theory-Ansatzes (Glaser/Strauss 1967, Strauss/Corbin 1996, Böhm 2008). Unterschieden werden die Komponenten einer Situation diesem Ansatz folgend in Handlungsstrategien und Bedingungen, die diese Strategien beeinflussen (intervenierende Bedingungen), sowie Konsequenzen, die sich aus den jeweiligen Handlungen ergeben. Diese Unterteilung zeigt sich auch in den nachfolgenden Ausführungen, in denen Umgangsweisen als Handlungsstrategien und deren unterschiedliche Ausprägungen verstanden werden.

Die Untersuchung integriert verschiedene Formen von Datenmaterial; so umfasst das Datenmaterial Spielvideos, Memos und Screenshots aus teilnehmender Beobachtung in leistungsorientierten Raidgruppen, wobei sich der Erhebungszeitraum über die Jahre 2011 bis 2015 erstreckt. Die Beobachtungsdaten entstammen den regulären, wöchentlichen Raids verschiedener Gruppen, wobei eine Session durchschnittlich drei Stunden umfasst. Jede Gruppe wurde über einen längeren Zeitraum begleitet, in dem jeweils in Abständen aufgenommen wurde, um einen langfristigen Eindruck der sozialen Prozesse und nicht nur Momentaufnahmen erhalten zu können. Insgesamt wurden mehr als fünfzig Sessions aufgezeichnet. Zudem wurden weitere interessante Situationen und Aussagen in Form von zahlreichen Screenshots und Memos nachgehalten. Für die Analyse wurden einige Datensätze beispielsweise aufgrund der Reflexion der Forscherrolle ausgeschlossen. Zudem umfasst das Datenmaterial sechs Interviews mit Langzeitspielerinnen und -spielern. Gemäß dem Vorgehen des Grounded Theory-Ansatzes wurden die Interviews zu unterschiedlichen Zeitpunkten im verschränkten Prozess der Datenerhebung und -auswertung durchgeführt und fokussieren – angestoßen durch die Beobachtungsdaten – je unterschiedliche Aspekte des Raidens und zugehöriger sozialer Prozesse. Thematisiert wurden beispielsweise Regeln und Normen, Umgang mit hierarchischen Strukturen, Umgang mit Störungen und Konflikten sowie Fragen bezüglich Erfolg und Misserfolg. Dem spezifischen Kontext entsprechend wurden die Interviews großteilig mittels der Sprachkonferenzsoftware *TeamSpeak* durchgeführt. Während die teilnehmende Beobachtung in durchschnittlichen, leistungsorientierten Raidgruppen stattfand, unterscheiden sich die Interviewten hinsichtlich der Leistungs- und Erfolgsorientierung ihrer Raidgruppen sowie in Bezug auf ihre Position in der Gruppe (drei Raidleitungen und drei Teilnehmende). Zudem wurde ein Interview mit einer Raidleitung aus einem anderen MMORPG geführt, um mögliche Unterschiede erkennen zu können. Des Weiteren wurden die Interviewten hinsichtlich ihres Geschlechts ausgewählt (zwei Frauen und vier Männer). Diese Verteilung entspricht Untersuchungen zu Rahmendaten von MMORPG-Spielenden (vergleiche dazu zum Beispiel Quandt/Wimmer 2009). Im Folgenden werden allgemeine Rahmenbedingungen, die für das Verständnis des Spielbereichs Raid grundlegend sind, und intervenierende Bedingungen speziell für den Umgang mit Konflikten beim Raiden differenziert.

2 Basale Rahmenbedingungen für Gruppen im Spielbereich Raid

Raidinstanzen in dem MMORPG *World of Warcraft* sind von der Spielwelt abgetrennte Spielbereiche, die mittels temporärer Kopien des Spielbereichs für einzelne Spielergruppen mit einer bestimmten Spieleranzahl ermöglichen, dass verschiedene Gruppen unabhängig voneinander die Spielinhalte dieser Bereiche angehen können. Ausgelegt sind die Inhalte aktuell für Gruppen mit zehn bis dreißig Spielenden, wobei es unterschiedliche Schwierigkeitsstufen gibt und sich die Schwierigkeit zudem an die Teilnehmerzahl anpasst. Raids repräsentieren im Bereich des ‚Player-vs.-Environment' (PvE) die höchste Schwierigkeitsstufe des jeweils aktuellen Spielcontents und stellen besonders hohe Anforderungen an das Spielen in Gruppen. Um erfolgreich zu sein, müssen Raidgruppen sowohl spielerische als auch kommunikative Herausforderungen bewältigen. Erfolg zu haben, bedeutet im Spielbereich Raid in aller Regel das Bewältigen von ‚Boss Encountern'; dies sind besonders schwierige Gegner oder Gegnergruppen, die einer Spielmechanik mit gescripteten Ereignissen folgen. Um die Gegner zu besiegen, müssen sich die Gruppenmitglieder auf eine Taktik einigen, verschiedene Aufgaben verteilen, die es während des Bosskampfes zu erfüllen gilt, und das gemeinsame Spiel koordinieren. Ein zentrales Element beim Raiden ist das Prinzip des ‚wipe and recover'. Dahinter steht das beim Raiden typische Vorgehen, dass Gruppen Boss Encounter immer wieder angehen, dabei eine Niederlage im Sinne eines ‚Wipes' (alle Spielcharaktere in der Gruppe sind tot) erleiden, die Spielcharaktere der Teilnehmenden wiederbeleben und den Gegner abermals angreifen. Solche Niederlagen werden von Spielenden als Teil des Raidens und des notwendigen Lernprozesses auf dem Weg zum Erfolg verstanden.

Raidgruppen sind in der Regel relativ langfristige Zusammenschlüsse von Spielenden, die regelmäßig gemeinsam Raids angehen und im Laufe der Zeit eigene Konventionen für das gemeinsame Spielen und Kommunizieren etablieren. Raidgruppen setzen sich oftmals aus den Mitgliedern fester Spielgemeinschaften, den Gilden, zusammen. So kennen sich die Teilnehmenden zumeist untereinander. Sollten Spielende fehlen, füllen Raidgruppen die Plätze beispielsweise mit Spielern oder Spielerinnen aus den jeweiligen Freundeslisten oder über eine eher zufällige Suche im

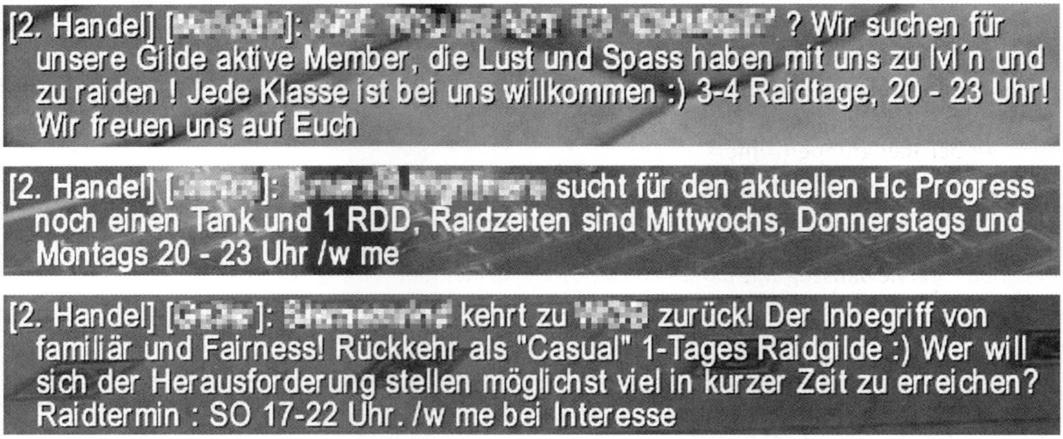

merz wissenschaft

Abb. 1: Chatbeispiele für feste Raidzeiten von Gilden aus World of Warcraft (eigene Screenshots)

Spiel auf. Solche zufällig ausgewählten Zusatzspielenden werden als Randoms bezeichnet. Die Qualität und Verbindlichkeit von Beziehungen in Gilden und Raidgruppen kann unterschiedlich ausgeprägt sein; so gibt beispielsweise ein interviewter Spieler an, „dass unsere Gilde eigentlich nur aus Freunden besteht". Raidgruppen haben in aller Regel eine hierarchische Struktur, in der zumindest die Position der Raidleitung im Sinne eines Spielführers oder einer Spielführerin fest besetzt ist. Aufgaben bzw. Erwartungen, die mit dieser Position verbunden sind, können je nach Gruppe oder Spielgemeinschaft unterschiedlich sein, umfassen aber insbesondere das Treffen von Entscheidungen beispielsweise bezüglich des spielerischen Vorgehens, der Aufgabenverteilung, der Gruppenzusammensetzung sowie die Sicherung eines weitgehend ungestörten Spielverlaufs. Raidgruppen haben zumeist festgelegte wöchentliche Termine, an denen sich die Spielenden zum Raid treffen (vgl. Abbildung 1). Die Spielzeit dieser sogenannten Raidtage ist begrenzt, wodurch eine effektive Nutzung der Raidzeit von Bedeutung ist. Störungen und Konflikte während der Raidzeit sind folglich der Effektivität und somit dem Erfolg der Gruppe abträglich.

Raidgruppen können sich im Hinblick auf die Leistungs- und Erfolgsorientierung unterscheiden. Diese hängt insbesondere mit den Spielzielen und Spielmotiven der jeweiligen Gruppenmitglieder zusammen. Es ist davon auszugehen, dass schon beim Zusammenschließen von Spielenden zu Gilden und Raidgruppen entsprechende Ziele und Motive von Bedeutung für die Auswahl bestimmter Gruppen bzw. neuer Mitglieder von Bedeutung sind. Die individuellen Spielmotive und Spielziele beziehen sich auf persönliche Motive und Bedürfnisse, Wünsche und Zielvorstellungen von Spielenden, die grundlegend wichtig für das Spielen und Spielerleben des oder der Einzelnen sind. Solche Motive und Ziele können unterschiedlicher Natur sein bzw. sich auf unterschiedliche Aspekte des Spiels oder Spielens beziehen und so zum Beispiel die Fokussierung bestimmter Spielinhalte oder die Auswahl einer bestimmten Gruppe bedingen. Die zentralen Spielmotive und Spielziele betreffen gemäß dem Datenmaterial der Untersuchung die Aspekte Erfolg, Gemeinschaft und Spaß. Dies bestätigt sich beispielsweise in der Untersuchung von Yee (2005), der den Aspekt der Immersion ergänzt. Raidgruppen, in denen sich Spielende zusammenschließen, die besonders hohen Wert auf Erfolg und Fortschritt im Spiel legen, sind als Gruppen mit höherer Leistungs- und Erfolgsorientierung einzuordnen als Raidgruppen, die insbesondere den Spaß am gemeinsamen Spiel und die Befriedigung sozialer Motive suchen. Der Aspekt der Leistungs- und Erfolgsorientierung steht auch in

Zusammenhang mit dem Prinzip des ‚wipe and recover': Lernen durch Wiederholen impliziert Leistungssteigerungen und das Ziel ist letztlich das erfolgreiche Bewältigen von Boss Encountern, wobei Raidgruppen unterschiedlich hohe Ansprüche und Ziele haben können, die auf unterschiedlich stark ausgeprägter Leistungs- und Erfolgsorientierung basieren. Dies illustriert der folgende Interviewauszug mit einem Spieler aus einer Raidgruppe mit mittlerer Leistungsorientierung: „Klar, wir wollen schon Bosse legen und so und wir steigern uns da auch. Natürlich, wir wollen schon Bosse liegen sehen, aber wir sind jetzt halt keine, die sagen: Oh, wir müssen diesen Raid innerhalb von der und der Zeit auf mythisch [höchster Schwierigkeitsgrad einer Raidinstanz] schaffen [...] oder so".

Ein wichtiges Spielziel im Bereich Raid ist die Verbesserung der Ausrüstung der Spielcharaktere der Teilnehmenden. Dies ist einerseits Teil der Charakterentwicklung als grundlegendes Ziel von Online-Rollenspielen (vgl. beispielsweise Ducheneaut et al. 2006) und andererseits notwendig, um die Boss Encounter der Raidinstanzen zu besiegen. Diese werden mit Voranschreiten in den Inhalten der Raidinstanzen immer schwieriger und erfordern so mehr Leistung von den Gruppen. Bessere Ausrüstungsgegenstände erhalten die Spielenden von den Boss Encountern, die nach einem Sieg der Gruppe Beute (‚Loot') hinterlassen. Boss Encounter haben ein bestimmtes Set an Loot-Gegenständen, das sie hinterlassen (auch: ‚droppen') können. Wird der Boss besiegt, hinterlässt er eine kleine Anzahl von Items aus diesem Set, wobei die Zusammenstellung variieren kann. Diese begrenzten Ressourcen gilt es unter den Gruppenmitgliedern zu verteilen.

Da Raidgruppen zumeist langfristige Zusammenschlüsse von Spielenden sind, etablieren sich in solchen Gruppen im Laufe der Zeit Regeln und Konventionen für das gemeinsame Spielen. Diese können beispielsweise die Kommunikation und das Verhalten beim Raiden und die Verteilung von Loot-Gegenständen betreffen. Regeln dienen einerseits der Vorbeugung von Konflikten und können andererseits zur Basis von Konflikten werden, wenn einer Regel zuwidergehandelt wird. Folglich sind Regeln als Aspekt des Umgangs mit Konflikten in leistungsorientierten Raidgruppen zu betrachten, der im Folgenden thematisiert wird.

3 Umgang mit Konflikten in leistungsorientierten Raidgruppen

Ausgangspunkt für eine genaue Betrachtung des Umgangs mit Konflikten in leistungsorientierten Raidgruppen sowie deren Bewertung von Konfliktsituationen ist folgende Beobachtung im Rahmen der Untersuchung: Das Datenmaterial enthält zwar sehr unterschiedliche Beispiele für Konflikte in Raidgruppen, allerdings keine Situation, in der während eines Raids eine ausführliche oder diskursive Lösung eines Konflikts unter Beteiligung der Gruppenmitglieder bzw. Konfliktparteien angestrebt oder durchgeführt wird. So stellt sich die Frage, welche Wertigkeit Konflikte in leistungsorientierten Raidgruppen haben und wie in diesen Gruppen mit Konflikten umgegangen wird. Im Folgenden werden diesbezüglich Formen von Konflikten und Umgangsformen mit Konflikten dargestellt und an Beispielen aus dem Datenmaterial veranschaulicht.

3.1 Konflikttypen und Konfliktgegenstände beim Raiden

Für den Umgang mit Konflikten ist unter anderem der Typ entstehender Konflikte von Bedeutung. In der Konfliktforschung gibt es vielfältige Ansätze und Typologien, die typische Konfliktgegenstände beschreiben und kategorisieren; im Rahmen dieser Arbeit werden die Konflikt-Grundtypen nach Gourmelon und Blasweiler (2014) zu Grunde gelegt: Sachverhalts-/Informationskonflikte, Werte-/Normkonflikte, Strategiekonflikte, Verteilungskonflikte, Strukturkonflikte und Beziehungskonflikte. Gemäß dem Datenmaterial sind typische Gegenstände von Konflikten im Raid Themen wie die Loot-Verteilung (Verteilungskonflikt), das Einhalten von Regeln bzw. Verhaltenserwartungen (Normkonflikt), die Richtigkeit von Informationen (Informationskonflikt) oder die Effektivität von

Strategien (Strategiekonflikt) sowie beziehungsorientierte Konflikte zwischen Gruppenmitgliedern (Beziehungskonflikt). Dies zeigen beispielsweise die nachfolgend dargestellten Aussagen aus den Interviews mit Spielerinnen und Spielern zu typischen Konfliktsituationen beim Raiden. So berichtet ein Spieler von Beziehungskonflikten: „Ansonsten, viel Konfliktpotenzial gibt es natürlich untereinander teilweise, wenn man sich nicht wirklich riechen kann". Eine andere Spielerin erzählt von Verteilungskonflikten: „Oder auch untereinander, wenn der eine meint: Hallo, der hat schon was bekommen, aber ich noch nicht, wenn Loot-Vergabe ist. Das kann auch ein Konflikt sein". Eine weitere Spielerin verweist wiederum auf Konflikte, die sowohl beziehungsorientierte als auch wert- bzw. normbezogene Komponenten aufweisen: „So ganz typische Konfliktsituationen sind, wenn die Geduld halt einfach aufhört, sozusagen, also nach dem fünften oder sechsten Wipe [...], dass dann einfach, ja, der Respekt vor den anderen irgendwie verloren geht und man sich einfach nur noch auslässt. Das ist der größte Konflikt, also wenn irgendetwas nicht klappt". Von Strategiekonflikten berichtet ein Spieler: „Es gibt viele Taktiken und wenn mehrere Taktiken aufeinander kommen, die sich nicht, ja ergänzen, sage ich jetzt mal, und jeder die durchsetzen möchte, dann gibt es natürlich Konflikte. Und wenn der Raidlead sich nicht durchsetzen kann, ja, das ist schlecht für die Gruppe". Dieser Auszug verweist zugleich auf die zuvor thematisierte Position der Raidleitung, die für die Hierarchie in der Raidgruppe von Bedeutung ist. Ein weiterer typischer Konfliktgegenstand ist das Spielverhalten von Personen, wobei es darum gehen kann, ob ein bestimmtes Spielverhalten den Absprachen oder Leistungserwartungen entspricht.

Wie Raidgruppen in den jeweiligen Situationen mit Konflikten umgehen, hängt sowohl von der Art des auftretenden Konflikts als auch von weiteren Faktoren ab. Relevant sind hierbei insbesondere die Hierarchie der Gruppe, die Gruppenzusammensetzung, die Leistungs- und Erfolgsorientierung der Gruppe, die gruppenspezifischen Erwartungen an das Kommunikationsverhalten sowie die Bewusstheit der medialen Bedingungen als intervenierende Bedingungen. Diese Faktoren gestalten jenseits der zuvor beschriebenen basalen Bedingungen den Rahmen der Konfliktsituationen und bedingen die Umgangsweisen und Handlungsstrategien in den Raidgruppen. Im Folgenden werden zunächst Umgangsweisen dargestellt und an Beispielen illustriert. Im Anschluss werden die determinierenden Faktoren für den Umgang mit Konflikten ausgeführt.

3.2 Umgangsweisen und Handlungsstrategien in Bezug auf Konflikte beim Raiden

Umgangsweisen und Handlungsstrategien in Bezug auf Konflikte während des Raidens werden in diesem Kontext sowohl auf auftretende, sich anbahnende und potenzielle Konflikte bezogen als auch auf Handlungen, die zur Entstehung von Konflikten beitragen können und somit als konfliktträchtig einzuordnen sind. Die Ausführungen können sich dabei nur auf offene Konflikte beziehen, da verdeckte Konflikte durch das Datenmaterial kaum, nur andeutungsweise oder nicht zugänglich sind. Es zeigt sich, dass in leistungsorientierten Raidgruppen drei zentrale Umgangsweisen mit Konflikten beim Raiden in Erscheinung treten: die Unterbindung von Konflikten, das Ignorieren von Konflikten und die Vermeidung von Konflikten.

3.2.1 Unterbindung von Konflikten
Eine häufige Form des Umgangs mit Konflikten in Raidgruppen ist die Unterbindung von Konflikten. Unterbunden werden können diese, indem sie unterbrochen werden – beispielsweise durch Ansagen anderer Gruppenmitglieder oder durch die Raidleitung. Zudem können Konflikte durch Hinweise oder Anweisungen unterbunden werden, den Konflikt an anderer Stelle, außerhalb des Raids beziehungsweise der Raidzeit zu klären. Ein typischer Konfliktfall – der auch von fast allen interviewten Spielerinnen und Spielern als solcher angeführt wird – ist, dass sich Personen wiederholt über Regeln hinwegsetzen, die die Einschränkung von Kommunikation in bestimmten Spielsituationen betreffen. So gibt es beispielsweise in vielen Raidgruppen die Regel, dass während herausfordernder Spielhandlungen, also insbe-

sondere Bosskämpfen, nicht situationsbezogene Kommunikation wie Smalltalk zu unterlassen ist. Auf Verstöße gegen diese Regel wird häufig mit der Handlungsstrategie ‚Konflikt unterbinden' reagiert. So berichtet beispielsweise ein Spieler einer stark leistungsorientierten Raidgruppe zu Regelerwartungen und Konsequenzen Folgendes: „Disziplin halt so, dass man es nicht übertreibt, zwischenquatscht und so […]. Es wird zwei-, dreimal toleriert, danach wird gemeckert und wenn es dann noch weitergeht, wird halt entfernt […]. Erst TS [TeamSpeak, parallel zum Spiel genutzte Sprachkonferenzsoftware] und wenn es weiter Rumgenerve gibt, dann natürlich auch aus dem Raid". Solche Konflikte sind also durchaus nicht selten und Raidgruppen entwickeln eine übliche Umgangsform damit, in diesem Fall das Unterbinden eines (sich abzeichnenden) Konflikts durch Ermahnen und letztlich Ausschluss von störenden Gruppenmitgliedern. Dies bestätigt eine andere Spielerin, die zugleich die gruppenspezifische Verschiedenheit im Umgang mit dieser Art Konflikt benennt: „Das ist von Gilde zu Gilde ein Unterschied. Bei den einen zahlt man irgendwann Strafe, wenn man das nicht einhält, bei den anderen kriegt man halt ein mahnendes Wort sozusagen. Bei den einen […] fliegt man halt für den einen Tag aus der Gruppe raus, dann kommt jemand anderes dafür rein". Entsprechend kann eine Form des Unterbindens sein, dass die störende Person – zumindest zeitweise – aus der Gruppe ausgeschlossen wird. In der Aussage deutet sich zugleich eine weitere Form des Umgangs an, nämlich das Vorbeugen von Konflikten durch Regeln, das an späterer Stelle ausgeführt wird.

3.2.2 Ignorieren von Konflikten

Eine weitere Form des Umgangs mit Konflikten in Raidgruppen ist das Ignorieren von Konflikten, wobei diese schwelen gelassen und letztlich ertragen werden. Der Konflikt kann somit keinen konkreten Endpunkt finden und das Risiko einer Eskalation kann zunehmen. Eine beispielhafte Situation für dieses Verhalten aus einem Raid mit 25 Personen: In einer relativ festen Raidgruppe spielt eine Person das erste Mal mit. Während des Bosskampfes hält sie sich nicht an die Absprachen und führt wiederholt für die Gruppe nachteilige Spielhandlungen aus. Sie wird immer wieder und von unterschiedlichen Personen gebeten und angewiesen, diese Handlungen zu unterlassen; die Person stellt diese allerdings nicht ein. Dies wird in der Folge während des Raids nicht weiter thematisiert. Nach Beendigung des Raids beschließt die Raidleitung, dass diese Person in Zukunft nicht wieder eingeladen wird. In diesem Fall wird der Konflikt zunächst versucht zu unterbinden und letztlich in der Situation ertragen. Erst nach dem Raid erfolgt der Beschluss, die störende Person in Zukunft nicht mehr mitzunehmen. Hierbei deutet sich wiederum das Vorbeugen von Konflikten als Umgangsweise an.

Eine anderes Beispiel aus einem Raid mit 25 Personen, in der ein Konflikt unter mehreren Gruppenmitgliedern entsteht, von den anderen jedoch ignoriert beziehungsweise für nicht bedeutsam erklärt und ertragen wird, stellt die folgende Situation aus dem Datenmaterial dar, bei der die Loot-Verteilung Anlass des Konfliktes ist: Die Raidgruppe hat einen Boss Encounter besiegt und die Beute verteilt, wobei ein Item versehentlich an eine Person gegeben wird, die von diesem Gegenstand nicht profitiert, während es für andere Spielcharaktere nützlich wäre. Diese Person gibt das Item an eine andere weiter, als sie bemerkt beziehungsweise darauf hingewiesen wird, dass sie auf ein unpassendes Item gewürfelt hat. Zugleich beginnt im Chatkanal des Raids – parallel zu weiteren Spielhandlungen – eine Diskussion darüber, wie unmöglich es einzelne Gruppenmitglieder finden, anderen Personen Items ‚wegzuwürfeln', wobei sie immer wieder darauf hingewiesen werden, dass der vermeintliche Missetäter das Item bereits weitergegeben hat und dass sie dieses Thema beenden sollen. Nachgehalten wurde diese Situation im Rahmen der Datenerhebung in Form von Screenshots des Chats und einem zugehörigen Memo, das andere Aspekte der Situation beschreibt. Zur Illustration des Verlaufs wird nachfolgend die Chatkommunikation aus dem Datenmaterial eins zu eins wiedergegeben. Einzelne Posts von Teilnehmenden (TN) werden als Zeilen dargestellt (Tab. 1).

TN 1:	aber was
	ist kacke sowas
	nix aber
	wenn du heal bist dann heal sachen
TN 2:	naja man braucht als diszi kein hit auf seinen items
	hit bekommt der diszi über wille
	[…]
TN 1:	was soll was sage dem doch
	soll hände abgeben [,hände' bezieht sich auf das verteilte Item]
TN 3:	hat ja schon
TN 4:	[TN 3] hat die hände jetzt heult nit rum
TN 5:	es langt jetzt mit den zeug das nervt
TN 1:	mich nervt es auch
	das leute equipt werden
	wenn ich mir den heal anschaue ist doch ein witz
TN 6:	jetzt is gut oder?
TN 7:	mimimi?
TN 5:	warum geht man hier rein? das leute equipt werden
TN 8:	ja was ist doch so erst wille dann auf dmg
TN 9:	was ist den ein witz am heal?
TN 4:	nochmal für dich zum MITSCHREIBEN die HÄNDE HAT [TN 3]^^
TN 9:	mEIN GOTT ER HAT SICH VERTAN HAT ES ABGEGEBEN UND GUT IST JETZT MACHT DOCH WEGEN EINEN TEIL KEIN SO AUFSTAND
TN 5:	wisst ihr was mit reicht es es wird jetzt nix mehr gemacht ich habe die schnauze voll jedes mal der kindergarten weil der eine den anderen den lutscher geklaut hat
TN 10:	macht nicht weiter muß mir Popcorn hohlen^^
TN 3:	:D
TN 10:	willst was ab?
TN 2:	ich nehm ne handvoll

Tab. 1: Posts von Teilnehmenden (TN)

Das Thema wird in der Folge immer wieder angesprochen und kann – trotz der Versuche Einzelner – letztlich nicht unterbrochen oder beendet werden. Im parallel stattfindenden Gespräch im TeamSpeak wird das Thema des Chatkanals nicht aufgenommen oder kommentiert. Ein Großteil der Gruppenmitglieder sowie die Raidleitung äußern sich also nicht dazu. Das Beispiel zeigt, wie sich ein Konflikt zwischen einzelnen Gruppenmitgliedern anbahnt und verstärkt, während einzelne andere der insgesamt 25 Raidmitglieder versuchen, dies zu unterbrechen. Letztlich wird der Konflikt von der Gruppe ignoriert und ertragen und schwelt über den Raidabend hinweg weiter, wobei er immer wieder zu Tage tritt. Angesprochen auf die Beobachtungen zu Konflikten in Bezug auf die Loot-Verteilung erklärt ein Spieler im Interview Folgendes: „Das hat es teilweise auch mal früher so manchmal […] gegeben, dass manche nicht mit allem so hundertprozentig einverstanden waren […]. Ich sage mal, WENN, dann war es bei Spielern, die über kurz oder lang NICHT lange bei uns waren. […] In den meisten Fällen war es dann halt so, dann wurde einfach auf Plünderregeln im Zweifelsfalle verwiesen. Die wurden auch eingehalten dann und wenn dann jemand was zu meckern hatte, ja, dann ist das eben so, PECH gehabt, sage ich mal". Hier zeigt sich einerseits die Relevanz der Gruppenzusammensetzung als bestimmender Faktor für den Umgang mit Konflikten und andererseits die Strategie, mittels Festlegung von Regeln Konflikten vorzubeugen. Der Ausdruck ‚Plünderregeln' bezieht sich darauf, dass die Gruppe festgelegte Regeln für die Loot-Verteilung hat.

3.2.3 Vermeidung von Konflikten

Eine weitere Form des Umgangs mit Konflikten in Raidgruppen ist die Vermeidung von Konflikten. Konflikte können vermieden werden, indem ihnen beispielsweise durch Regeln vorgebeugt wird oder indem konfliktträchtige Handlungen unterlassen oder unterbunden werden. Zu einer typischen Konfliktsituation im Rahmen seiner Raidgruppe berichtet ein Spieler von folgender Umgangsweise: „Was immer wieder auftritt, ist die Problematik, wer ist gut, wer ist nicht so gut beim Heilen. Es wird auch gekuckt, wer macht genug Schaden, wer macht nicht genug Schaden. Das ist natürlich Konfliktpotenzial für diejenigen, die schlichtweg nicht so gut spielen. [...] Interessant wird es dann halt, wenn man in schwierigeren Schwierigkeitsgraden ist, wo wirklich im Grunde jede Millisekunde zählt, die man eine Taste drückt oder eben auch nicht drückt. Und damit kommt es schon zu Auseinandersetzungen, zu Konflikten, zu Konfliktpotenzial sage ich mal, das dann allerdings so gelöst wird, dass einfach nochmal darauf Bezug genommen wird, nicht direkt auf die Person, sondern sozusagen auf den Raid, so: Wir brauchen noch etwas mehr Schaden". Die in der Aussage formulierte Strategie mit potenziellen Konflikten umzugehen und diese zu vermeiden, entspricht der des Unterlassens von Handlungen, die den entsprechenden Konflikt provozieren können. Vermieden werden können Konflikte zudem durch Vorbeugung, beispielsweise durch Regeln in Bezug auf die Loot-Verteilung oder das Kommunikationsverhalten. Bezüglich der Loot-Verteilung werden in den Raidgruppen gemeinhin Schatz- oder Plündermeister bestimmt, die die Verteilung gemäß den vereinbarten Regeln

nach einer bestimmten Systematik vornehmen. Regeln in Raidgruppen können darüber hinaus mit festgelegten Sanktionen verknüpft sein, wie der zuvor dargestellte Auszug aus einem Interview zeigt, der auf Strafzahlungen als Sanktion für die Nichteinhaltung kommunikativer Regeln verweist. Vorbeugende Maßnahmen zur Vermeidung von Konflikten können ferner die Zusammenstellung der Gruppe betreffen, indem beispielsweise Personen nicht (mehr) in die Raidgruppe aufgenommen werden, die bereits negativ aufgefallen sind und Konflikte angestoßen haben, wie in einem vorigen Beispiel geschildert ist.

3.2.4 Intervenierende Bedingungen für den Umgang mit Konflikten im Raid

Der Umgang mit Konflikten im Raid hängt unter anderem von verschiedenen, zuvor benannten Faktoren beziehungsweise Rahmenbedingungen (intervenierende Bedingungen) ab, deren Relevanz sich in den vorangegangen Beispielen bereits zum Teil andeutet. So ist im Hinblick auf die Hierarchie der Gruppe festzuhalten, dass gemäß dem Datenmaterial oftmals die Raidleitung für den Umgang mit Konflikten von entscheidender Bedeutung ist, insbesondere bezüglich des (zeitweiligen) Ausschlusses von Personen aus der Gruppe. In fast allen entsprechenden Fällen im Datenmaterial entscheidet dies die Raidleitung, wobei die anderen Gruppenmitglieder diese Entscheidungen explizit unterstützen oder zumindest stillschweigend dulden. Des Weiteren zeigt sich die Gruppenzusammensetzung als relevant; es lässt sich diesbezüglich zum Beispiel die Tendenz feststellen, dass Randoms eher aus der Gruppe ausgeschlossen werden als Spielerinnen oder Spieler, die zum Kern der Raidgruppe gehören und regelmäßig teilnehmen. In Bezug auf die Leistungs- und Erfolgsorientierung deutet sich die Tendenz an, dass sehr leistungsorientierte Gruppen restriktivere Regeln haben als wenig leistungsorientierte Gruppen.

Von Bedeutung ist zudem die Bewusstheit der medialen Bedingungen. Inwiefern sich Spielerinnen und Spieler dieser Bedingungen bewusst sind, kann ihr Kommunikationsverhalten, ihre Interpretationsleistungen und ihre Handlungsweisen beeinflussen. Dies kann im Kontext von

Konflikten beispielsweise relevant werden, wenn ein Spaß oder Witz einer Person von anderen nicht als solcher eingeordnet beziehungsweise verstanden wird. Eine zusätzliche Information, verbalisiert oder in Form eines Zeichens wie ^^, kann hierbei die Interpretation mitbestimmen. Zudem zeigt die parallele Nutzung verschiedener Kommunikationskanäle (zum Beispiel Chatkanal und TeamSpeak im Raid), dass die Gruppenmitglieder davon ausgehen, dass beide Kanäle wahrgenommen werden. Werden entsprechende Erwartungen enttäuscht, kann dies zu Konflikten führen oder auch eine mögliche Nichtwahrnehmung von Konflikten bedingen, wenn beispielsweise Gruppenmitglieder den Chatkanal nicht beachten. Dies ist jedoch als in der Regel eher unwahrscheinlich zu erachten, da sich Spielende über die Zeit an die zur Verfügung stehenden Kommunikationszusammenhänge gewöhnen und anpassen. Eine beispielhafte Situation, die auf die parallele Nutzung verschiedener Kommunikationskanäle verweist, stellt der zuvor beschriebene Konflikt dar, der sich im Chatkanal der Raidgruppe entfaltet und im TeamSpeak nicht thematisiert wird.

Relevant ist zudem die Art des Konflikts. Während sich anbahnende Konflikte basierend auf der Nichteinhaltung kommunikativer Regeln eher unterbunden bzw. durch Regeln vermieden werden, zeigt sich hinsichtlich beziehungsorientierter Konflikte eine Tendenz entweder zur Vermeidung oder zur Verschiebung bzw. Verlagerung der Thematik in einen Kontext außerhalb des Raids beziehungsweise der Raidzeit. Dies zeigt, dass sich die Raidgruppen der unterschiedlichen Qualität von Konfliktgegenständen bewusst sind, aber das Raiden nicht als angemessenen Rahmen für entsprechende Klärungen sehen. Abschließend ist auf die Bedeutung der gruppenspezifischen Erwartungen an das Kommunikationsverhalten zu verweisen; die jeweiligen Regeln sowie deren Verbindlichkeit sind Teil des normativen Rahmens der Gruppe und bilden so die Basis für den Umgang mit Regelverstößen. Dementsprechend sind sie als determinierender Faktor für den Umgang mit (potenziellen) Konflikten einzuordnen.

Die vorangegangenen Ausführungen basieren auf den im Rahmen der Untersuchung erhobenen und ausgewerteten Daten und sind gemäß dem Ansatz der Grounded Theory gegenstandsverankert. Dies bedeutet grundsätzlich, dass sie nur für diesen Bereich Geltung haben und durchaus weitere Aspekte (beispielsweise weitere Bedingungen oder Umgangsformen) möglich sind, die außerhalb des Erhebungsbereichs liegen.

3.3 Umgang mit Konflikten im Raid als Minimierung der Anstrengungen zur Konfliktbewältigung

Die dargestellten Umgangsweisen lassen sich unter dem übergeordneten Aspekt der Minimierung von Anstrengungen zur Konfliktbewältigung als zentrale Strategie im Umgang mit Konflikten beim Raiden zusammenfassen. Dies bedeutet, möglichst wenige Ressourcen in die Konfliktbewältigung während des laufenden Raids zu investieren. Diese Strategie verweist also auf die Zielorientierung, während des Raidens möglichst wenig Zeit auf Konflikte zu verwenden und zielt nicht vorrangig darauf ab, Konflikte inhaltlich zu lösen. So sind Konflikte in diesem spezifischen Rahmen als Störungen einzuordnen, die es während der Raidzeit zu minimieren gilt. Auf dieser Basis ist die Strategie als Minimierung von Anstrengungen zur Konfliktbewältigung zu begreifen. Vergleichbare Handlungsstrategien, die ebenfalls den Störungsgrad minimieren sollen, zeigen Raidgruppen unter anderem auch im Umgang mit technischen Störungen oder bei der Schaffung störungsfreier Räume für die Gruppenkommunikation.

Als Konsequenz aus den Handlungen im Rahmen der Minimierung von Störungen ergibt sich entsprechend ihrer Beschaffenheit und Wirksamkeit ein Beitrag zum störungsfreien gemeinsamen Spiel als positive Spielbedingung beim Raiden oder zum störungsbehafteten gemeinsamen Spiel als negative Spielbedingung. Eine zusätzliche mögliche Konsequenz ist der Verlust von Gruppenmitgliedern, die mit dem Störungsgrad unzufrieden sind und deswegen die Raidgruppe verlassen oder aufgrund von Störungen aus der Gruppe ausgeschlossen werden.

Im Datenmaterial zum Fokusbereich findet sich kein Beispiel dafür, dass sich eine Raidgruppe aus solchen Gründen gänzlich auflöst, obwohl dies natürlich möglich ist. Stattdessen beinhaltet das Material einzelne Fälle, in denen die Gruppe den Raid früher als geplant beendet, weil kurz vor Ende eine Person die Gruppe verlässt und es als unnötiger Aufwand betrachtet wird, für eine kurze Zeitspanne Ersatz zu suchen. Im Hinblick auf das langfristige Bestehen der Raidgruppen ist dabei zu unterscheiden, ob eine Person den Raid lediglich an dem einen Termin verlässt oder ob sie sich langfristig von der Raidgruppe trennt, wobei wiederum die unterschiedlichen Verbindlichkeiten der verschiedenen Spielergruppen von Bedeutung sind. So ist beispielsweise der Verlust von Kernspielerinnen und -spielern für die Gruppe auf Dauer schwerer auszugleichen als der Verlust eines Randoms. Umgekehrt ist davon auszugehen, dass Kernspielerinnen und -spieler ein dauerhaftes Verlassen der Gruppe gründlicher überdenken als andere Raidteilnehmende wie Randoms.

4 Geltungsanspruch des klassischen Störungspostulats in medialen Interaktionsräumen leistungsorientierter Raidgruppen

Auf Basis der vorangegangenen Ausführungen ist festzuhalten, dass im Kontext leistungsorientierter Raidgruppen Konflikte – entgegen dem erweiterten Störungspostulat, das Störungen und Konflikte differenziert – als Störungen zu bewerten sind. So werden Konflikte tendenziell wie andere Störungen behandelt und Raidgruppen versuchen, diese während des Raids möglichst gering zu halten. Dies bedeutet allerdings nicht, dass Konflikte gering geschätzt werden. Gerade bei als bedeutend eingeschätzten Konflikten, die einer Lösung bedürfen, werden entsprechende Bewältigungsversuche in der Regel gezielt auf Kontexte außerhalb des Raidens verlagert. Dies basiert einerseits darauf, dass Raids als Räume zu begreifen sind, die Raidgruppen gezielt schaffen, um gemeinsam spielerische Erfolge zu erzielen

und Boss Encounter zu bewältigen. Andererseits sind Raids durch ihre spezifischen Bedingungen nicht der geeignete Rahmen, um inhaltlich orientierte und diskursive Konfliktbewältigung unter Einbezug aller Betroffenen anzugehen. Die Raidzeit ist vereinbart und begrenzt und unterliegt einer klaren Zielorientierung. Um möglichst viel erreichen zu können, ist die effektive Nutzung der begrenzten Raidzeit von Bedeutung. So erklärt sich die im Datenmaterial vorzufindende Tendenz in Raidgruppen, Störungen auf ein Minimum zu reduzieren bzw. dies zu versuchen. Angesprochen auf die (mangelnde) Konfliktklärung während des gemeinsamen Spielens in Gruppen erläutert ein Spieler im Interview Folgendes: „Man muss auch an den Rest der Gruppe denken, die dann eben jetzt gemeinsam spielen will und der Boss, den kann man nicht einfach auf Pause stellen, ja, das muss dann eben in dem Moment Priorität haben [...], da konnten wir dann eben nicht die alle wegen der einen Person hintenanstellen. Das ist ganz wichtig, dass jeder dann eben weiß, ja, er wird ernst genommen, ABER man kann auch nicht die Gemeinschaft darunter leiden lassen". Ein relevanter Aspekt ist folglich auch, die Zufriedenheit der gesamten Raidgruppe im Auge zu haben und diese nicht dadurch zu beeinträchtigen, dass nichtbetroffene Gruppenmitglieder ihre Spielzeit – mehr oder weniger unbeteiligt – damit verbringen, eine Konfliktklärung abzuwarten. Ein anderer Spieler unterstreicht dies, indem er in Bezug auf Strategiekonflikte bei der Festlegung des Vorgehens bei Boss Encountern Folgendes ausführt: „Da gibt es mehrere unterschiedliche Boss-Taktiken [...], das muss er einteilen, weil ein demokratisches Verständnis bei solchen Bossen zu nichts führt, also es ist nicht [...] zielführend, erst eine demokratische Entscheidung herbeizuholen [...]. Das macht keinen Sinn, das kostet Zeit und niemand hat Lust, die ganze Zeit im TeamSpeak zu sitzen oder bei dem Spiel zu sitzen, wenn nichts passiert. Also man will ja spielen. Deshalb macht man das ganze ja, und (...) zusammen zu einem Erfolg kommen. Und umso länger das dauert, umso schwieriger ist es". Diese Aussage betont zugleich die Bedeutung der Raidleitung für einen störungsfreien Raidverlauf und die Relevanz der Nutzung von Spielzeit.

So ist für den speziellen Kontext des Raidens in leistungsorientierten Gruppen zu konstatieren, dass das klassische Störungspostulat für diesen Rahmen nur bedingt greift. Zwar ist der Umgang mit Störungen für die Performanz der Gruppe von Bedeutung, aber eine Auslagerung von Konfliktbewältigung auf Kontexte außerhalb des Raidens ist als effektiv und auch förderlich für die Gruppe zu begreifen. Die zum Teil gezielte Missachtung des Prinzips, Störungen den Vorrang zu geben, da sie sich diesen nehmen, beeinflusst unter den benannten Rahmenbedingungen die Gruppenprozesse also eher in positiver als in negativer Weise.

5 Fazit

Leistungsorientierte Raidgruppen agieren unter spezifischen Rahmenbedingungen und weisen in Bezug auf Störungen, zu denen auch Konflikte zu zählen sind, Handlungsstrategien auf, die insbesondere darauf abzielen, Störungen in der begrenzten Raidzeit zu minimieren. Dies unterliegt der Zielorientierung dieses speziellen Spielbereichs, nämlich innerhalb der in den Gruppen vereinbarten gemeinsamen Spielzeit möglichst gute Fortschritte im Spiel zu erzielen, wofür die effektive Nutzung der Raidzeit von Bedeutung ist. So werden Konflikte in der Regel unterbunden, ignoriert oder vermieden, wobei das Unterbinden die Auslagerung der Konfliktbewältigung auf Kontexte außerhalb der Raidzeit umfassen kann. Dieses Vorgehen steht im Widerspruch zu dem Störungspostulat, demzufolge Störungen (und Konflikte) Vorrang haben, da sie sich sonst negativ auf Gruppenprozesse auswirken können. In diesem konkreten Handlungszusammenhang erweist sich die Missachtung dieses Postulats allerdings eher als positiv für das Voranschreiten der Gruppe. Dies zeigt, dass die Geltung des klassischen Störungspostulats kontextgebunden zu betrachten ist und im Kontext von Interaktionsräumen digitaler Spielwelten und dem Umgang mit Konflikten in leistungsorientierten Raidgruppen in MMORPGs wie *World of Warcraft* nur bedingt greift.

Anmerkung

[1] In *World of Warcraft* werden Raidinstanz sowie Raidgruppe von Spielenden zumeist mit dem Begriff ‚Raid' und die zugehörige Aktivität als ‚Raiden' bezeichnet. Der Eindeutigkeit halber wird hier nur der gesamte Spielbereich, in dem Raidgruppen in Raidinstanzen raiden, als ‚Raid' benannt; die Begriffe Raidinstanz und Raidgruppe werden stets unterschieden.

Literatur

Bardzell, Jeffrey/Nichols, Jeffrey/Pace, Tyler/Bardzell, Shaowen (2012). Come Meet Me at Ulduar: Progression Raiding in World of Warcraft. In: Proceedings of the 2012 ACM conference on Computer Supported Cooperative Work (CSCW'12), Seattle, USA, S. 603-612.

Böhm, Andreas (2008). Theoretisches Codieren: Textanalyse in der Grounded Theory. In: Flick, Uwe/von Kardoff, Ernst/Steinke, Ines (Hrsg.), Qualitative Forschung. Ein Handbuch. Reinbek bei Hamburg: Rowohlt.

Cohn, Ruth (1975). Von der Psychoanalyse zur Themenzentrierten Interaktion. Stuttgart: Klett-Cotta.

Ducheneaut, Nicolas/Yee, Nick/Nickell, Eric/Moore, Robert J. (2006). Building an MMORPG with Mass Appeal: A Look at Gameplay in World of Warcraft. In: Games and Culture, 1 (4), S. 281-317.

Glaser, Barney G./Strauss, Anselm (1967). The discovery of grounded theory. Strategies for qualitative research. Chicago: Aldine.

Gourmelon, Andreas/Blasweiler, Karl Heinz (2014). Konfliktmanagement für Führungskräfte: Grundlagen, Strategien und Konzepte für die Praxis. Heidelberg: Rehm.

Lin, Holin/Sun, Chuen-Tsai (2015). Massively Multiplayer Online Role Playing Games (MMORPGs). In: Mansell, Robin/Ang, Peng Hwa (Hrsg.), The International Encyclopedia of Digital Communication and Society. New Jersey: John Wiley & Sons.

Quandt, Thorsten/Wimmer, Jeffrey/Wolling, Jens (2009). Die Computerspieler – Studien zur Nutzung von Computergames (2. Aufl.). Wiesbaden: VS Verlag für Sozialwissenschaften.

Strauss, Anselm/Corbin, Juliet (1996). Grounded Theory: Grundlagen Qualitativer Sozialforschung. Weinheim: Beltz.

Vopel, Klaus (2000). Ein Update für die TZI. In: Themenzentrierte Interaktion, 2 (2000), S. 69-83.

Yee, Nick (2005). Motivations of Play in MMORPGs. In: Proceedings of the 2005 DiGRA International Conference: Changing Views: Worlds in Play (DiGRA '05), Vancouver, Canada.

Gamifizierte Anwendungen besitzen trotz ihres extrinsischen Charakters das Potenzial intrinsisch zu motivieren und somit einen langfristig positiven Effekt auf schulische Leistungen auszuüben. Dies können sie erreichen, indem sie der nicht-spielerischen Situation den Anschein des Freiwilligen und mithin des Spielerischen verleihen. Kraft dieser Illusion werden im Grunde unfreiwillige Handlungen schließlich als Bestandteile des freiwillig aufgenommenen ‚Spiels' wahrgenommen.

Though gamified applications have an extrinsic nature, they also have the potential to motivate intrinsically and to have a positive impact on school performances on the long term. This may be achieved by giving a non-game context the appearance of being voluntary and therefore playful. By virtue of this illusion, the actual non-voluntary activity is perceived to be part of a voluntarily started game.

Gamifizierte Anwendungen zur Beeinflussung nicht freiwilliger Handlungen
Freiwilligkeit und Autonomie im Spannungsfeld institutionell sanktionierter Normen

René Barth

1 Einleitung

Die Erkenntnis, dass digitale Spiele unter anderem deswegen gespielt werden, weil sie Spaß machen, ist zwar wenig sensationell, wird jedoch immer häufiger auch bei der Entwicklung nicht vornehmlich spielerischer Software berücksichtigt. So wird aus dem Alltag mit seinen mehr oder weniger eintönigen Verpflichtungen ein spannendes Abenteuer, aus dem Wäschewaschen oder dem Wochenendeinkauf eine gefährliche Mission und aus einem selbst ein ruhmreicher Ritter. Zumindest in der Fantasie ist das durch Smartphone-Apps wie *EpicWin* längst möglich. Andere Anwendungen wie *Duolingo* bedienen sich zwar weniger des Fantastischen, genau wie *EpicWin* aber stellen sie den Nutzenden unter anderem Punkte und ‚Ehrentitel' für vergleichsweise unattraktive oder beschwerliche Tätigkeiten in Aussicht.

Gamification[1] nennt sich dieses Phänomen, bei dem Elemente digitaler Spiele aufgrund ihrer motivierenden Eigenschaften auf spielfremde Kontexte übertragen werden.

Im Zusammenhang mit dem Spaß, der potenziell mit digitalen Spielen einhergeht, wird in der Literatur nicht selten auf ihre Eigenschaft verwiesen, Autonomie- und Kompetenzbedürfnisse zu befriedigen. Vor allem hinsichtlich des Begriffs der Autonomie mag dies aber zunächst widersprüchlich erscheinen: So sind die meisten Videospiele qua Programmcode dem Typus des ludischen, also des strikt regelbasierten Spiels zuzuordnen.

Doch selbst wenn sich die Spielenden ihrer tatsächlichen Unfreiheit im virtuellen Raum gewahr werden, handelt es sich bei ihrer Beschäftigung mit dem Spiel im Normalfall um eine freiwillige Handlung. Im Unterschied dazu existieren jedoch vermehrt Anwendungen (zum Beispiel *Classcraft* oder *SAP Lead-in-One*), die gerade den Zweck haben, Handlungen zu beeinflussen, deren Ausführung keineswegs auf der Freiwilligkeit der jeweiligen Nutzerinnen und Nutzer – im Folgenden kurz ‚User' – basiert. Hierzu zählt bei bestehender Schulpflicht auch der Besuch der Schule: Schülerinnen und Schüler gehen schulischen Handlungen in den meisten Fällen nicht freiwillig nach, sondern haben im institutionellen Kontext existierende Normen zu berücksichtigen und ihre Handlungen an diesen auszurichten. Da aber unter anderem nach Huizinga lediglich eine solche Handlung oder Beschäftigung als spielerisch bzw. als Spiel bezeichnet werden kann, welche aus freien Stücken vollzogen wird, kann im Falle des Schulbesuchs und sämtlicher mit ihm verbundener und durch Sanktionen gestützter Handlungen per definitionem nicht von einem Spiel gesprochen werden (vgl. Huizinga 1956, S. 34).

Vor diesem Hintergrund und angesichts der häufig ohne hinreichende Begründung geäußerten Versprechungen hinsichtlich der Potenziale einer bis in die Klassenzimmer und Büros hineinreichenden Gamification stellen sich also vor allem folgende Fragen: Wie kann der ‚Zwangssituation' Schule mithilfe von Elementen digitaler Spiele zumindest der Anschein (!) des Spielerischen verliehen werden und inwiefern vermag Gamification Autonomie- und Kompetenzbedürfnisse zu befriedigen und mithin (intrinsisch) zu motivieren. Diesen Fragen soll im vorliegenden Artikel zunächst allein auf Basis theoretischer Überlegungen nachgegangen werden.

Hierfür erscheint es im ersten Schritt sinnvoll, den Gegenstand der Gamification mittels einer Begriffsbestimmung einer wissenschaftlichen Analyse zugänglich zu machen und zugleich von ähnlichen Begriffen wie denen des ‚Playful Design' oder der ‚Serious Games' abzugrenzen. Dabei bildet einer der ersten Definitionsvorschläge von Deterding, Khaled, Nacke und Dixon nachfolgend die Grundlage für die Herleitung einer erweiterten Definition von Gamification, die unter anderem dem Aspekt der (User-)Beeinflussung durch entsprechende Produkte Rechnung trägt.

Auf dieser erweiterten Definition aufbauend, wird der Entwurf einer Kategorisierung verschiedener Typen von Gamification vorgestellt, wobei der für Spiele wesentliche Aspekt der Freiwilligkeit im Spannungsfeld institutionell sanktionierter Normen von besonderem Interesse ist. So wird gezeigt, inwiefern gamifizierte Anwendungen auch im Kontext von Handlungen, welche aufgrund andernfalls drohender Sanktionen nicht freiwillig vollzogen werden, in zweifacher Hinsicht auf die Freiwilligkeit der User bauen. Denn von dieser Freiwilligkeit ist es letztlich abhängig, ob ein Szenario wie das des schulischen Unterrichts überhaupt als spielerisch wahrgenommen werden kann. Erst dann ist auch eine Diskussion über das eigentliche Motivationspotenzial von Gamification möglich.

2 Zum Begriff der ‚Gamification'

Der Begriff ‚Gamification' sowie dessen Verständnis gehen zurück auf einen Vorschlag des britischen Programmierers Nick Pelling (vgl. Freyermuth 2013, S. 19 f.).[2] Und obwohl die praktische Umsetzung der Idee, die positiven Eigenschaften von Spielen auch in spielfremden Zusammenhängen nutzbar zu machen, vor allem seit 2010 stark zugenommen hat, existierte bis 2011 „hardly any academic attempt at a definition of gamification." (Deterding et al. 2011, S. 1)

Aus diesem Grund schlugen Deterding et al. im Rahmen der CHI (Conference on Human Factors in Computing Systems) desselben Jahres folgende ‚working definition' für die wissenschaftliche Auseinandersetzung mit dem Phänomen der Gamification vor: „Gamification is the use of game design elements in non-game contexts." (Ebd., S. 2, im Original kursiv)

Dabei ist Folgendes zu beachten:
- Gamification bedient sich Elementen des Spiels im Sinne von ‚game' oder ‚ludus', nicht im Sinne von ‚play' oder ‚paidia' (vgl. Caillois 1982, S. 39). Diesbezüglich unterscheidet sich Gamification von Konzepten wie „playful interactions, playful design, or design for playfulness" (Deterding et al. 2011, S. 2).
- Trotz der Tatsache, dass ‚Spiel' und ‚Spiel-Design' transmediale Kategorien darstellen, handelt es sich bei den meisten der bisherigen Produkte angewandter Gamification um digitale Erzeugnisse (vgl. ebd.). Demgemäß spricht unter anderem auch Rapp durchgängig von ‚gamifizierten Anwendungen', das heißt von nicht-spielerischen Programmen, welche um Elemente des Spiels erweitert werden, und davon, dass diese Spielelemente dementsprechend ebenfalls aus dem Bereich des Digitalen stammen, nämlich aus dem des Computerspiels (vgl. Rapp 2014, S. 110).
- Für digitale Spiele charakteristische Elemente und Mechanismen, die auch bei Gamification Anwendung finden, lassen sich nach Rapp funktional den Kategorien ‚Feedback' ((Erfahrungs-)Punkte, Ranglisten, Auszeichnungen), ‚Herausforderungen' (übergeordnetes Spielziel (Epic Meaning I), Level, Quests) und ‚Community' (gemeinschaftliches Spielziel (Epic Meaning II), Community Collaboration) zuordnen (vgl. ebd., S. 114 ff.).
- Wie auch bei Serious Games handelt es sich bei gamifizierten Anwendungen aufgrund ihrer Zweckgebundenheit per definitionem nicht um ‚echte' Spiele (vgl. Huizinga 1956, S. 34). Während bei Gamification jedoch lediglich einzelne Elemente (und Mechanismen) eines (Computer-)Spiels „in Anwendungen mit spielfremdem Inhalt" (Rapp 2014, S. 113) implementiert werden, handelt es sich bei Serious Games im Grunde um vollständige (Computer-)Spiele, die „reale Fähigkeiten oder tatsächliches Wissen in einer virtuellen Spiel-Umgebung vermitteln" (ebd.).
- Freyermuth unterscheidet zwischen einer ‚invasiven', „ungesteuerte[n] und weitgehend unintentionale[n]" (Freyermuth 2013, S. 20) sowie einer ‚pervasiven', der gezielten Beeinflussung des Users dienenden Gamification. Im Folgenden wird Gamification ausschließlich im Sinne der pervasiven Form verstanden. Dieses Verständnis hat sich auch im akademischen Diskurs durchgesetzt (vgl. ebd., S. 19).

Abschließend kann somit folgende erweiterte Definition von Gamification festgehalten werden, an welcher sich die weiteren Ausführungen orientieren: Gamification meint die intentionale Übertragung von Videospielelementen und -mechanismen auf Anwendungen mit spielfremdem Inhalt, immer mit dem Ziel, die Handlungen des Users in bestimmter Weise zu beeinflussen.

3 Entwurf einer Klassifikation verschiedener Realisierungen von Gamification

Anhand von Beispielen wie *Digitalkoot* und *Zombies, Run!* wird deutlich, dass die nach der obigen Definition in den Bereich der Gamification fallenden Anwendungen, insbesondere hinsichtlich des situativen Kontextes, für den sie entworfen wurden, sowie der Art und Weise, wie sie sich in diesen Kontext fügen, zum Teil große Unterschiede aufweisen. Da sich aus Letzteren auch unterschiedliche theoretische und empirische Implikationen ergeben, ist es nötig, die vorgestellte Definition um einen Kategorisierungsvorschlag zu ergänzen.

Eine erste mögliche Dimension zur Unterscheidung verschiedener Kategorien gamifizierter Anwendungen wird dabei an den beiden genannten Beispielen sichtbar: Obgleich sowohl *Digitalkoot* als auch *Zombies, Run!* alle Definitionsmerkmale gamifizierter Programme aufweisen, sind die mit ihnen verbundenen User-Handlungen in unterschiedlichem Maße an die Interaktion mit der Software gebunden. In *Digitalkoot* ist es (bzw. war es: das zugehörige Projekt der finnischen Nationalbibliothek wurde im November 2012 erfolgreich beendet) die Aufgabe der User, eingescannte Lexeme mit den Ergebnissen ihrer Digitalisierung per Texterkennungssoftware abzugleichen und entweder zu vervollständigen oder zu korrigieren. Es handelt sich also im Grunde um eine Software zum Kollationieren (eine Abschrift mit dem Original zu vergleichen), bei der durch Spielelemente (wie Punkte und Level) der Anschein eines spielähnlichen Programms erweckt wird, um möglichst viele potenzielle User dazu zu veranlassen, sich freiwillig und ohne finanzielle Vergütung an der repetitiven Korrektur und Vervollständigung digitalisierter Lexeme zu beteiligen. Dieser nicht-spielerischen (weil zweckgebundenen) Handlung bzw. Tätigkeit gehen die User direkt ‚innerhalb' der Anwendung nach, indem sie mithilfe der Eingabegeräte ihres Computers und entsprechend der software-internen Regeln mit der Benutzeroberfläche des Programms interagieren. Entfällt die gamifizierte Software, so entfällt – zumindest für den jeweiligen User – auch die Handlung, die es durch die gamifizierte Anwendung zu beeinflussen bzw. (in diesem Fall) überhaupt erst hervorzurufen gilt.

Bei *Zombies, Run!* ist die nicht-spielerische Handlung hingegen nicht vom Vorliegen einer Software abhängig. Zwar bettet die App die sportliche Betätigung des Laufens in eine Geschichte um eine von ‚Untoten' bevölkerte Welt ein, in welcher der User nur überleben kann, wenn er, den Audio-Hinweisen der Software entsprechend, sein Laufverhalten den Gegebenheiten des fiktiven Szenarios anpasst. Aber auch ohne herausfordernde Anweisungen und Feedback durch eine solche Anwendung besitzt die oder der Einzelne die Möglichkeit zu laufen. Oder anders ausgedrückt: Die intendierte Handlung kann bei dieser Art von Programmen auch ohne die entsprechende Software als sinnvoll betrachtet werden. Während die vom Anbieter intendierte User-Handlung in *Digitalkoot* also im virtuellen Raum der gamifizierten Software verbleibt, beziehen sich Anwendungen wie *Zombies, Run!* auf software-externe Handlungen, die durch das Programm ‚virtuell erweitert' werden. Und diese Erweiterung geschieht nicht nur durch eine bloße nicht-spielerische Anwendung (in diesem Fall: durch ein unter anderem der Sammlung und Verarbeitung von Daten dienendes Programm), sondern durch eine mit Spielelementen versehene, nicht-spielerische Anwendung, die ihrerseits den software-externen, nicht-spielerischen Handlungen den Anschein des Spielerischen verleiht.

Während die Software in diesen ersten beiden Beispielen der Beeinflussung von Handlungen dient, deren Vollzug im Normalfall auf der Freiwilligkeit[3] des jeweiligen Users beruht, zählt das kanadische *Classcraft* – ein Programm, welches vornehmlich für den schulischen Unterricht entwickelt wurde[4] (vgl. Böhm 2013) – zu einer weiteren Gruppe gamifizierter Anwendungen, auf die das für Spiele wesentliche Merkmal der Freiwilligkeit (vgl. Huizinga 1956, S. 34) auf den ersten Blick nicht zuzutreffen scheint. Denn der Schulbesuch erfolgt bei bestehender Schulpflicht keineswegs aus freien Stücken. Darüber hinaus haben die Schülerinnen und Schüler gewisse Regeln einzuhalten und diversen Pflichten nachzukommen. Auch hierfür entscheiden sie sich nicht freiwillig. Vielmehr wird das im schulischen Rahmen von ihnen erwünschte bzw. erwartete Handeln durch Sanktionen gestützt. Zwar besitzen sie in vielen Fällen einen bestimmten Entscheidungsspielraum hinsichtlich ihrer aktiven Unterrichtsbeteiligung. Nicht erbrachte Leistungen unter Prüfungsbedingungen werden jedoch stets (in Form schlechter Noten) negativ sanktioniert und können ihrerseits weitere negative Folgen nach sich ziehen: von möglichen Bestrafungen durch die Eltern über die Aufforderung zur Wiederholung der Klassenstufe bis hin zu schlechten Chancen in Bezug auf weiterführende Bildung und Arbeitsmarkt.

Schülerinnen und Schüler gehen schulischen Handlungen in den meisten Fällen also nicht freiwillig nach, sondern haben im institutionellen Kontext existierende Normen zu berücksichtigen und ihre Handlungen an diesen auszurichten. Trotz dieser Ausgangslage jedoch bauen Anwendungen wie *Classcraft* in zweifacher Hinsicht auf die Freiwilligkeit ihrer User: Zum einen soll das spielerische Arrangement, welches mit ihrer Hilfe erzeugt wird, zusätzliche Anreize bieten, neben neu hinzukommenden, spieleigenen Regeln auch die bereits bestehenden einzuhalten – und das nicht primär

| | | Liegen für die Ausübung der nicht-spielerischen Handlung andere, institutionelle Anreizsysteme vor? ||
		Nein	Ja
Software-Bindung der zu beeinflussenden User-Handlung	User-Handlung fällt mit Software weg	Kategorie 1 Beispiele: EteRNA Digitalkoot Duolingo	Kategorie 3 Beispiel: SAP Lead-in-One
	User-Handlung bleibt ohne Software erhalten	Kategorie 2 Beispiele: EpicWin Zombies, Run! Foursquare	Kategorie 4 Beispiel: Classcraft

Tab. 1: Kategorien gamifizierter Anwendungen

aus Angst vor realweltlichen Strafen, sondern aus vermeintlich freien Stücken, als Teil des Spiels bzw. der Spielregeln. Dies aber setzt voraus, dass den potenziellen Usern die Teilnahme an diesem Spiel bzw. die Verwendung der gamifizierten Anwendung freigestellt wird. Andernfalls geht der Anschein des Spielerischen verloren und die Spielelemente der zum Einsatz kommenden Software werden obsolet. Zum anderen soll die Anwendung die Schülerinnen und Schüler auch dazu bewegen, mit ihrem Handeln über das zur Normkonformität Nötige hinauszugehen und beispielsweise eine aufgetragene Aufgabe nicht nur bis zu einem von der Lehrkraft vorgegebenen Zeitpunkt zu erledigen, sondern dies schneller und mit besserem Ergebnis zu tun und darüber hinaus bestenfalls noch weitere, nicht aufgetragene Aufgaben zu erfüllen. In diesem Zusammenhang geht derartigen Anwendungen voraus, verbliebene Freiräume innerhalb des jeweils existierenden institutionellen Gewebes aus Normen und Sanktionen zu lokalisieren, um diese anschließend zum Zweck einer Leistungs- bzw. Produktivitätssteigerung nutzbar machen zu können. Anders ausgedrückt, dient Gamification in diesen Fällen der Instrumentalisierung von Momenten der Freiwilligkeit innerhalb einer durch institutionell sanktionierte Normen strukturierten Situation, und zwar mithilfe einer mit Spielelementen ‚angereicherten' nicht-spielerischen Anwendung.

Vorerst aber bleibt festzuhalten, dass der Grad an Freiwilligkeit der zu beeinflussenden User-Handlung als weitere Dimension neben jene der Software-Bindung tritt und dass sich somit folgende vier Ideal-Kategorien gamifizierter Anwendungen ausmachen lassen (vgl. auch Tabelle 1):
1. Anwendungen zur Beeinflussung softwaregebundener freiwilliger Handlungen,
2. Anwendungen zur Beeinflussung nicht software-gebundener freiwilliger Handlungen,
3. Anwendungen zur Beeinflussung software-gebundener nicht freiwilliger Handlungen sowie
4. Anwendungen zur Beeinflussung nicht software-gebundener nicht freiwilliger Handlungen.

Da Anwendungen der Kategorie 4 die Wissensvermittlung durch die Lehrkraft nicht ‚digital ersetzen', sondern den größtenteils unveränderten Unterricht lediglich mit einem spielerischen Rahmen versehen, gegebenenfalls einhergehend mit einer begrifflichen ‚Re-Etikettierung' des nicht-spielerischen Kontextes, kommt der durch ihren Einsatz gamifizierte Unterricht dem heute üblichen Lehr-Lern-Arrangement des lehrerzentrierten Frontalunterrichts sehr nahe. Solche Anwendungen sollen im Folgenden im Fokus stehen. Anwendungen der Kategorie 3 sind bei Überlegungen zur Gamification schulischer Bildung zwar ebenfalls von Bedeutung, fallen als Beispiele gamifizierten Unterrichts am Computer jedoch in den Bereich des E-Learning und bedürfen daher einer gesonderten Betrachtung, die an dieser Stelle nicht geleistet werden kann.

4 Kompetenz, Autonomie und die Illusion des Unterrichts als Spiel

In der Forschung besteht weitestgehend Einigkeit darüber, dass Motivation, und ganz besonders intrinsische Motivation, für Lernprozesse von entscheidender Bedeutung ist (vgl. Rheinberg 1995, S. 11; Prensky 2003, S. 21).[5] Während Lehrkräfte wie der *Classcraft*-Erfinder Shawn Young zuweilen über die mangelnde Motivation ihrer Schüler klagen, sehen Forschende wie Christian Pfeiffer unter anderem in der mit hohem Engagement verfolgten Freizeitbeschäftigung des Computerspielens einen Grund für die vermeintlich immer stärker nachlassenden schulischen Leistungen. Zu viele Stunden verbrächten Kinder und Jugendliche heute mit Videospielen, zu unattraktiv wirkten dagegen Hausaufgaben und Unterrichtsalltag (vgl. Böhm 2013, Reger 2010, S. 145 f., Klimmt 2007, S. 53). Dabei ließen sich aber gerade die motivierenden Eigenschaften, welche einen großen Teil der Faszination digitaler Spiele ausmachen, auch in spielfremden Bereichen wie dem der Bildung zunutze machen. So konstatiert unter anderem Gee: „Motivation is the most important factor that drives learning. When motivation dies, learning dies and playing stops. [...] Since good games are highly motivating to a great many people, we can learn from them how motivation is created and sustained." (Gee 2003, S. 20) Und auch Prensky betont die Vorbildfunktion der Videospielbranche in Sachen Motivation: „Yet there is a place where *motivation itself* is the expertise, and is, in fact the *sine qua non* – the $30 billion worldwide computer and video games industry." (Prensky 2003, S. 21, Hervorheb. im Orig.) Sich dieser Expertise zu bedienen und die motivierenden Eigenschaften von Videospielen zu nutzen, genau das ist die Idee hinter Gamification. Aber wie können nicht-spielerischen und gegebenenfalls wenig motivierenden Situationen oder Tätigkeiten ähnlich motivierende Qualitäten verliehen werden, wie sie für digitale Spiele charakteristisch sind? Um diese Frage beantworten zu können, ist es zunächst nötig zu verstehen, aufgrund welcher Eigenschaften Letztere wiederholt freiwillig und um ihrer selbst willen gespielt werden und auf welche Weise sich diese Eigenschaften auf spielfremde Kontexte übertragen lassen. Sodann kann entschieden werden, inwiefern man auch im Zusammenhang mit gamifizierten Anwendungen wie *SAP Lead-in-One* und *Classcraft* tatsächlich von intrinsischer Motivation sprechen kann.

Auf der Grundlage der ‚Theorie des Selbst' resp. der ‚Selbstbestimmungstheorie', kurz ‚SDT' (= ‚Self-Determination Theory'), von Deci und Ryan soll jedoch zunächst geklärt werden, welcher Bedingungen es bedarf, damit sich intrinsische Motivation überhaupt entwickeln kann.

4.1 Die Voraussetzungen für die Entwicklung intrinsischer Motivation

Deci und Ryan gehen nicht von einer statischen, sondern von einer variablen (‚organismischen') Beschaffenheit menschlicher Motivation aus, deren Entwicklung sich (‚dialektisch') in einem Prozess des ‚permanenten' wechselseitigen Austauschs des Individuums mit dessen sozialer Umwelt vollzieht (vgl. Deci/Ryan 1993, S. 223; für eine detaillierte Darstellung der SDT sowie der ‚organismischen Dialektik des Selbst' vgl. Deci/Ryan 1985). Während die Motivation allgemein die Basis zielgerichteten, ‚intentionalen' Handelns darstellt (vgl. Kirchler/Walenta 2010, S. 11, Deci/Ryan 1993, S. 224), verweist die Kennzeichnung als intrinsische oder extrinsische Motivation auf den ‚Ort' des durch die Handlung angestrebten Zwecks.

Letzterer kann in der Tätigkeit selbst liegen oder auch in „eng damit zusammenhängende[n] Zielzustände[n]" (Kirchler/Walenta 2010, S. 12), zum Beispiel in einem Endprodukt künstlerisch-kreativer Betätigung, etwa einem Gemälde oder einem Textstück. In diesem Fall ist die Handlung „nicht bloßes Mittel zu einem andersartigen Zweck" (ebd.) und gilt als intrinsisch motiviert. „Intrinsisch motivierte Tätigkeiten machen Spaß, sie binden uns – auch wenn niemand anderes davon Notiz nimmt – und man möchte das Ende eher hinauszögern, der Prozess selbst ist befriedigend. Liegt der Anreiz hingegen erst im Ergebnis der Tätigkeit, [...] so möchte man die Tätigkeit zu Ende bringen, um in den Genuss der Belohnung, der guten Note oder der Anerkennung zu kommen" (Schlag 2013, S. 21).

Ist Letzteres der Fall, so spricht man von extrinsischer Motivation. Hierbei liegt der Zweck der Handlung in einer weiteren, über das Handlungsziel hinausgehenden Konsequenz: „Extrinsisch motiviertes Verhalten erfolgt, weil die Realisierung eines Handlungsziels gratifiziert wird, also das Handlungsziel eine gewünschte weitere Konsequenz mit sich zieht" (Kirchler/Walenta 2010, S. 12), zum Beispiel ein Lob, eine finanzielle Belohnung oder eine Beförderung, oder weil damit negative Konsequenzen vermieden werden sollen (vgl. Schlag 2013, S. 21).

Laut Deci und Ryan spielen für die Entwicklung intrinsischer Motivation vor allem angeborene, oft unbewusste psychologische Grundbedürfnisse eine Rolle, von denen die Autoren insgesamt drei identifizieren: das „Bedürfnis nach *Kompetenz* oder *Wirksamkeit* [...], [das Bedürfnis nach] *Autonomie* oder Selbstbestimmung [...] und [das Bedürfnis nach] *soziale[r] Eingebundenheit* [...] oder soziale[r] Zugehörigkeit" (Deci/Ryan 1993, S. 229, Hervorheb. im Orig.; vgl. Schlütz 2002, S. 92).[6] Kann das Individuum diese Bedürfnisse durch eine Tätigkeit befriedigen, erlebt es diese als lustvoll: Sie hat den im Zusammenhang mit intrinsischer Motivation charakteristischen Spaß an der Tätigkeit (selbst) (vgl. Schneider/Schmalt 2000, S. 91). Dieses Erlebnis ist sodann die Voraussetzung für zukünftige „intrinsisch motivierte Verhaltensweisen" (Deci/Ryan 1993, S. 230) respektive für die Wiederholung der Tätigkeit oder aber das Aufsuchen ähnlicher Situationen und Tätigkeiten, ohne dass es dafür einer zusätzlichen Gratifikation bedürfte (vgl. Ryan et al. 2006, S. 350). Für die Entwicklung intrinsischer Motivation sind laut Deci und Ryan jedoch nur die auf Kompetenz und Autonomie abzielenden Bedürfnisbefriedigungsangebote zwingend erforderlich (vgl. Deci/Ryan 1993, S. 229): „Intrinsische Verhaltensweisen sind auf die Gefühle der Kompetenzerfahrung und Autonomie angewiesen [...]. Die soziale Umgebung fördert somit das Auftreten intrinsischer Motivation insoweit, als sie die Bedürfnisse nach Kompetenz und Autonomie unterstützt." (Ebd., S. 230) „Soziale Umweltfaktoren, die die Befriedigung dieser Bedürfnisse behindern" (ebd.), wirken indessen hemmend auf die Entwicklung intrinsischer Motivation.

4.2 Videospiele als besonders bedürfnisbefriedigende Tätigkeitsangebot

Dass – neben sportlicher Betätigung und anderen – besonders der Aktivität des Computerspielens in hohem Maße intrinsisch motiviert nachgegangen wird, haben Ryan, Rigby und Przybylski schließlich zum Anlass genommen, diese empirisch näher zu beleuchten (vgl. Ryan et al. 2006, S. 349). Viele vorherige Studien erschöpfen sich „in der Feststellung [...], daß solche Spiele deshalb gespielt werden, weil sie [unter anderem] Spaß bringen" (Wegge et al. 1995, S. 72); „wahrlich keine Sensation" (Kunczik/Zipfel 2010, S. 43), so Kunczik und Zipfel. Letztere sehen schließlich auch in den Ergebnissen von Ryan, Rigby und Przybylski „nichts anderes als [eine weitere Bestätigung der] [...] banale[n] Aussage, intrinsische Motivation stelle den für das Spielen zentralen Antrieb dar." (Ebd.) So banal, wie Kunczik und Zipfel behaupten, sind diese Ergebnisse jedoch nicht. Denn Ziel der Arbeit war es nicht, Belege dafür zu finden, dass die Tätigkeit des Computerspielens Spaß macht, sondern – auf Basis ihrer Theorie des Selbst – zu klären, warum sie Spaß macht: nämlich aufgrund ihrer, der Befriedigung von Autonomie- und Kompetenzbedürfnissen entgegenkommenden Eigenschaften (vgl. Ryan et al. 2006, S. 348 f., 361). Ganz ähnlich identifizierte auch Oerter bereits 1997 Videospiele im Anschluss an Deci und Ryan als hinsichtlich Autonomie- und Kompetenzbedürfnissen besonders befriedigende und dadurch lustvolle Tätigkeitsangebote, die das Individuum mit der (auf Erfahrung fußenden) Erwartung erneuter Befriedigung immer wieder ins Spiel zurückkehren lassen (vgl. Oerter 1997, S. 62 f.). Auch das Bedürfnis der sozialen Eingebundenheit, von Oerter als ‚Bezogenheit' bezeichnet, findet hier Erwähnung. Dieses scheint, wie auch Ryan, Rigby und Przybylski folgern, vor allem im Zusammenhang mit Mehrspieler-Spielen

merz wissenschaft

von Bedeutung zu sein (vgl. Ryan et al. 2006, S. 361, Schlütz 2002, S. 92, weitere Studien stützen diese Annahmen; für eine Zusammenfassung der diesbezüglichen Forschungsergebnisse siehe Ladas 2002, S. 98 ff.).

Dabei ist die besonders bedürfnisbefriedigende Beschaffenheit grundsätzlich allen digitalen Spielen zu eigen, unabhängig von zum Beispiel Genre oder thematischer Ausrichtung und auch unabhängig davon, wer das jeweilige Spiel spielt (vgl. Ryan et al. 2006, S. 348 f., 361, Ladas 2002, S. 98).

Aber welche Eigenschaften sind es, die den Spielenden das Gefühl verschaffen, beim Agieren in virtuellen Welten in einem hohen Maße autonom und kompetent zu handeln? Während Kompetenz oder (Selbst-)Wirksamkeit, als „Fähigkeit, ein Handlungsergebnis kontrollieren zu können" (Deci/Ryan 1993, S. 231), ohne weiteres mit digitalen Spielen in Verbindung gebracht werden kann, wirkt die Rede von ‚Autonomie' oder gar von ‚Kontrolle', wie sie sich beispielsweise bei Fritz oder Hornung und Lukesch findet, zunächst widersprüchlich (vgl. Fritz 2005, S. 63; Hornung/Lukesch 2009, S. 107). Denn Videospiele besitzen als Paradebeispiele des Ludischen im Normalfall explizite, in der Programmstruktur festgelegte und daher unhintergehbare Regeln.

„So erweist sich die informatische Grundlage von Computerspielen in Form von Programmcodes meist als strikt genug, um die Spieler von Computerspielen dazu zu bringen, regelkonform zu spielen. Das Brechen der Regel führt entweder zum Ausschluss aus dem Spiel oder wird selbst wieder zu einem (anderen) Spiel, dem Spiel mit den Spielregeln" (Harth 2014, S. 48).

So sind es letztlich nicht die Spielenden, die das Spiel und die darin sich sukzessive manifestierende virtuelle Welt kontrollieren und nach freien Stücken formen, wie es beispielsweise Schlütz behauptet (vgl. Schlütz 2002, S. 92). Stattdessen bestimmt vielmehr das Spiel – bzw. die durch die Programmiererinnen und Programmierer angelegte Struktur desselben –, welche Möglichkeiten den Spielenden auf ihrem ‚Weg' durch die virtuelle Welt zur Verfügung stehen. Und doch bieten digitale Spiele dem User gerade aufgrund des hohen Maßes an Rigidität und Explikation ihrer Spielregeln (vgl. Harth 2014, S. 48) einen ‚Ort', an welchem es ihm möglich ist, sich kontrolliert und autonom zu ‚bewegen'. Denn Autonomie bedeutet nicht die Abwesenheit von Regeln, sondern ihre genaue Kenntnis und das Vermögen, innerhalb der durch sie aufgewiesenen Grenzen Entscheidungen treffen und ihnen entsprechend handeln zu können. So definiert auch Reimann (personale) Autonomie als „die Chance eines Individuums, im Rahmen bestimmter kultureller und rechtlicher Schranken bestimmte Orientierungs- und Verhaltensmuster aus einem Repertoire von Werten und Verhaltensmustern auszuwählen." (Reimann 2011, S. 73)

Die Eindeutigkeit, Transparenz und Unhintergehbarkeit der Regeln des Videospiels und des auf diesen Regeln beruhenden (regelhaften) Spielablaufs schaffen eine Situation, deren Vorherseh- und Beherrschbarkeit gegenüber der Realität um ein Vielfaches gesteigert erscheinen (vgl. Beranek et al. 2009, S. 82). Während die Regeln jenseits des digitalen – und in gewisser Hinsicht auch des analogen (vgl. Harth 2014, S. 48) – Spiels oft mehrdeutig und ebenso unüberschaubar sind wie die in Orientierung an ihnen vollzogenen Handlungen und deren Konsequenzen, „vermitteln [Computerspiele] das Gefühl von [...] Kontrolle in einer miniaturisierten und auf wenige Grundelemente reduzierten Welt" (Fritz 2005, S. 63), deren (auch bei komplexeren Spielen) vergleichsweise transparenten Ursache-Wirkungs-Verhältnisse zugleich dem Bedürfnis der Kompetenz entgegenkommen: Führe ich Handlung/Aktion X aus (if X ...), folgt Ergebnis/Reaktion Y (... then Y ...), andernfalls folgt Ergebnis/Reaktion Z (... else Z) (vgl. Harth 2014, S. 49). Die Gefühle von Autonomie und Kompetenz treten letztlich jedoch nur deshalb in Erscheinung, weil die Spielregeln zwar den Rahmen möglicher Handlungen vorgeben und diese mithin limitieren, Letztere aber nicht vorwegnehmen: „[D]ie binäre Maschinenlogik von Programmcodes lässt nur das Ja oder Nein von Regelkonformität zu und so wird es zur Taktik des Spielers, innerhalb der vorgegebenen und unveränderlichen Regeln das Spiel zu spielen bzw. zu gewinnen. Denn auch wenn Spielregeln noch so strikt sind, geben sie die

Art und Weise ihrer *konkreten* Anwendung nicht vor" (ebd., S. 48, Hervorheb. im Orig.)

Somit obliegt es den Spielenden, entsprechend der jeweiligen Spielsituation zwischen vorgegebenen Handlungsalternativen frei zu wählen und auf diese Weise zu „aktiven ‚Autoren'" (ebd., S. 51) des – in allen möglichen Handlungsverläufen bereits vorgeschriebenen – Videospiels zu werden. Auf diese Weise bietet ihnen Letzteres die Möglichkeit, „sich als ‚*sehr mächtige[] und erfolgreiche[] Verursacher*' des Spielgeschehens erleben zu können" (Wegge et al. 1995, S. 57, Hervorheb. im Orig.), und das trotz – oder gerade wegen – dessen ludischer Beschaffenheit.

Ruft man sich erneut die für Videospiele charakteristischen Spielelemente und deren Kategorisierung nach Rapp ins Gedächtnis, so fällt auf, dass diese mit den obengenannten Eigenschaften digitaler Spiele korrelieren respektive diese überhaupt erst konstituieren. Darüber hinaus lassen sich direkte Parallelen zwischen den Kategorien ‚Feedback', ‚Herausforderungen' und ‚Community' auf der einen und den psychologischen Bedürfnissen nach Autonomie, Kompetenz und sozialer Eingebundenheit auf der anderen Seite ziehen.

So sind Feedback-Elemente – neben eventuellen Spielanleitungen und sogenannten Tutorials – von wesentlicher Bedeutung für die Transparenz der Spielregeln sowie der auf ihnen beruhenden Regelhaftigkeit des Spielgeschehens und ermöglichen mithin ein kontrolliertes und autonomes Handeln der Spielenden. Darüber hinaus geben sie eine schnelle und eindeutige Rückmeldung über Erfolg oder Misserfolg von Aktionen und die Konsequenzen von spielerischen Entscheidungen (vgl. Klimmt 2007, S. 55). Viele Spiele informieren den User zudem sehr detailliert über seine Leistungen im Spiel, etwa in Form von Punkten, Abzeichen oder der erreichten Spielstufe (vgl. Wegge et al. 1995, S. 57). So sind Punkte und ähnliche Mittel extrinsischer Motivation nicht per se der intrinsischen Motivation abträglich. Vielmehr fungieren sie als probates Mittel zur Visualisierung von Erfolgen und spielerischem Fortschritt, solange sie informativen statt kontrollierenden Charakter besitzen, nicht zum Selbstzweck verkommen und sich stattdessen als integraler Bestandteil des Spiels auszeichnen (vgl. Deci/Ryan 1993, S. 231, Egenfeldt-Nielsen 2013, S. 153, Stampfl 2012b, S. 116). Gemeinsam mit Elementen der Kategorie ‚Herausforderungen', also klar definierten Zielen und Hindernissen, tragen Feedback-Elemente zum Gefühl der Kompetenz während des Spielens bei (vgl. Beranek et al. 2009, S. 73 f.). Dem Bedürfnis nach sozialer Eingebundenheit entsprechen indessen die Community-Elemente im Mehrspieler-Spiel. Durch sie kann sich der User schließlich als ‚Teil von etwas Großem' fühlen, von einer Gemeinschaft, auf die er für spielerischen Erfolg ebenso angewiesen ist wie sie auf ihn.

4.3 Die Gamification des Klassenzimmers: Das Paradox der als freiwillig wahrgenommenen Unfreiheit

Im Rahmen von Gamification werden nun diese Autonomie-, Kompetenz-, und gegebenenfalls auch Eingebundenheitsbedürfnissen entgegenkommenden Elemente digitaler Spiele auf spielfremde Kontexte übertragen, um Letzteren ähnlich bedürfnisbefriedigende Eigenschaften zu verleihen und mithin die Voraussetzung für die Entwicklung intrinsischer Motivation zu schaffen bzw. diese gegenüber der sie unterminierenden Wirkung extrinsischer Motivatoren zu stärken (vgl. Deci/Ryan 1993, S. 226).

Im Falle von *Classcraft* etwa finden sich Elemente aller drei von Rapp benannten Kategorien, festgeschrieben in Form eindeutiger und jederzeit – auch unabhängig von den Taten der Lehrkraft – einsehbarer Regeln. Diese geben nicht nur den Rahmen der Handlungsalternativen vor, welche den Schülerinnen und Schülern zur Verfügung stehen, sondern bestimmen auch die jeweils zu erwartenden Konsequenzen (Sanktionen) ihrer Handlungen. Zwar hat die Lehrkraft als Spielleitung weiterhin grundsätzlich „das letzte Wort" (Classcraft Studios o. J., S. 8), wenn es um die Umsetzung dieser Regeln geht. Weisen ihre diesbezüglichen Entscheidungen jedoch Inkonsistenzen auf und lassen sie die Schülerinnen und Schüler an der Sicherheit stiftenden Unhintergehbarkeit dieser Regeln zweifeln, so ist anzunehmen, dass die Illusion des Spielerischen erlischt und *Classcraft* seine motivierende Wirkung verliert (vgl. ebd.).

Denn genau darum handelt es sich letztlich bei jeder Form von Gamification: um eine Illusion, um eine Art Maskerade nicht-spielerischer Tätigkeiten und Situationen, bei der durch das Hinzufügen von Elementen digitaler Spiele der Anschein entstehen soll, tatsächlich ein Spiel zu spielen, statt beispielsweise zu lernen.

Intrinsische Motivation ist letzten Endes jedoch stets an die Freiwilligkeit einer Handlung bzw. Tätigkeit gebunden. Sieht sich das Individuum hierzu durch ihm äußerliche Determinanten gezwungen, handelt es per definitionem nicht intrinsisch motiviert: Es handelt primär, um negative Sanktionen zu vermeiden. In Gegenwart allgemeingültiger und verbindlicher, durch die Institution und ihre weisungs- und sanktionsbefugten Akteure getragener Normen, wie sie unter anderem im Kontext schulischer Bildung exisitieren, stellt dies ein auf den ersten Blick unlösbares Problem dar. Denn die Handlungen, die es in diesem Zusammenhang zu gamifizieren gilt, sind insofern nicht freiwillig, als sich die ‚Spielenden' nicht straffrei gegen sie entscheiden können. Wie der institutionelle Kontext der Schule haben jedoch auch Spiele (im Sinne von ludus) Regeln, die bestimmen, welche Handlungen möglich bzw. erlaubt sind und unter welchen Bedingungen Sieg und Niederlage eintreten bzw. das Spiel erfolgreich gespielt werden kann. Im Unterschied zur Schule aber findet die Aufnahme eines Spiels stets – soll es seinen Spielcharakter bewahren – aus freien Stücken statt. Den Schülerinnen und Schülern muss also die Möglichkeit gegeben werden, sich auch gegen die Teilnahme an ‚Spielen' wie *Classcraft* zu entscheiden. Nur so wird die Grundlage dafür geschaffen, die durch institutionell sanktionierte Normen strukturierte Schulsituation ebenfalls als freiwillig aufgenommenes Spiel zu betrachten. Auf diese Weise werden schließlich nicht nur die neu hinzukommenden, sondern auch die im institutionellen Kontext bereits vorhandenen ‚Spielregeln' (Normen) zu einem Bestandteil des ‚Spiels' Schule.

5 Fazit

Während Kritiker gamifizierter Anwendungen diese aufgrund ihrer vermeintlich rein extrinsischen Beschaffenheit als ungeeignet für die Steigerung der Lernleistung ablehnen, berufen sich ihre Befürworter, in Anlehnung an motivations- und medienpsychologische Erkenntnisse über die motivierenden Eigenschaften von Videospielen, auf die Möglichkeit, diese auch im Zusammenhang mit nicht-spielerischen Kontexten nutzbar zu machen. So konnte herausgestellt werden, dass digitale Spiele unter anderem aufgrund der Eindeutigkeit, Transparenz und Unhintergehbarkeit der ihnen zugrundeliegenden und im Programmcode festgeschriebenen Regeln sowie der auf diesen beruhenden Feedback- und Herausforderungs-Mechanismen den idealen ‚Ort' für die Befriedigung angeborener psychologischer Grundbedürfnisse darstellen. Diese Befriedigung schließlich sei nach Deci und Ryan die Voraussetzung für die Entwicklung intrinsischer Motivation. Im Kontext der Gamification werden diese, an spezifische Elemente gebundenen bedürfnisbefriedigenden Eigenschaften von Videospielen schließlich auf spielfremde Situationen und Tätigkeiten übertragen. Somit kann im Zusammenhang mit gamifizierten Anwendungen wie *Classcraft* tatsächlich von einer intrinsischen Motivation der User – in dem Fall der Schülerinnen und Schüler – gesprochen werden. Allerdings nur, wenn man nach der Motivation für das gesamte, spielähnliche bzw. per Gamification spielähnlich gestaltete Arrangement fragt. Denn die schulischen Handlungen erscheinen in diesem Zusammenhang als integraler Bestandteil des ‚Spiels'. Sie besitzen ihren Reiz nur solange, bis die Entfernung der Spielelemente oder die Zerstörung der Illusion ihren wahren, extrinsisch forcierten Charakter enthüllen. Interesse am eigentlichen Unterrichtsstoff vermag Gamification indessen nicht zu wecken. Demnach sind schließlich beide Seiten – sowohl Kritiker als auch Befürworter von Gamification – aus je unterschiedlicher Perspektive im Recht, wenn sie behaupten, es handle sich hierbei um ein Mittel der extrinsischen oder aber der intrinsischen Motivation.

Anmerkungen

[1] Auch Gamifizierung, seltener Gamifikation, Spieli(/e)-fizierung oder Spielifikation.

[2] Die Überlegungen, auf denen Gamification beruht, sind jedoch keineswegs neu, sondern stammen aus dem Behaviorismus. So gab es bereits in den 1920er Jahren, vor allem aber seit den 1950er und 1960er Jahren vermehrt Versuche, mittels sogenannter Lehrmaschinen das Auftreten erwünschten Verhaltens im Bildungskontext durch automatisiert gesteuerte selektive Belohnung zu forcieren und unerwünschtes Verhalten durch ebenso automatisierte Bestrafung zu unterdrücken (vgl. Aufenanger 2005, S. 59, Pias 2013). Auch die Verhaltenstherapie kennt und nutzt seit den 1960er Jahren mit der ‚Token Economy', bei der beispielsweise Patienten psychiatrischer Anstalten Tauschgegenstände (‚Token') zum Tausch gegen begehrte Güter oder Aktivitäten erhalten, das Prinzip systematischer Belohnung zum Verhaltensaufbau (vgl. Stampfl 2012a).

[3] Im Sinne eines psychologischen Determinismus ließe sich eine Handlung auch insofern als unfreiwillig verstehen, als sich ihre Ausführung beispielsweise aus dem mehr oder minder bewussten Streben nach der Befriedigung zugrundeliegender psychischer Bedürfnisse ableiten ließe. Demzufolge müsste jede Art des Spiels ebenfalls als unfreiwillig aufgefasst werden. Im Gegensatz dazu aber soll eine Handlung hier und im Folgenden dann als freiwillig verstanden werden, wenn sie unter Abwesenheit dem Individuum äußerlichen Drucks in Form direkter Handlungsaufforderungen durch Dritte und/oder die Handlung explizit fordernder sozialer Normen vollzogen wird.

[4] *Classcraft* ersetzt den eigentlichen Unterricht (oder Teile davon) nicht durch eine Lernsoftware. Stattdessen verleiht es diesem durch Spielelemente und -mechanismen sowie durch ein eindeutiges, jederzeit einsehbares und auch von der Lehrkraft unhintergehbares Regelwerk einen spielerischen Rahmen, der den Unterricht selbst weitestgehend unangetastet lässt: Der Unterricht wird normal erteilt, während sich die schulbezogenen Handlungen der Schülerinnen und Schüler auf die Statuswerte ihrer Avatare auswirken. Eine positive Unterrichtsbeteiligung wird durch Erfahrungspunkte, Levelaufstiege und Ingame-Währung belohnt, mit welcher rein optische Avatar-Items freigeschaltet werden können. Störendes Verhalten, vergessene Hausaufgaben und andere Vorkommnisse werden indessen durch den Verlust von Gesundheitspunkten geahndet; fallen Letztere auf 0, muss die Schülerin oder der Schüler mit einer vom Programm zufällig ausgewählten realweltlichen Strafe wie zusätzlichen Aufgaben oder Nachsitzen rechnen. Da es sich bei *Classcraft* um eines der wenigen marktreifen, öffentlich zugänglichen und für den schulischen Betrieb konzipierten Produkte dieser Art von Gamification handelt, wird diese Anwendung im Folgenden noch häufiger als Beispiel herangezogen werden.

[5] Aktuelle Befunde einer Studie von Garon-Carrier et al. (2016) stellen den kausalen Zusammenhang von intrinsischer Motivation und schulischer Leistung (zumindest für das Fach Mathematik) zwar infrage, werden von den Autoren mit Verweis unter anderem auf die Problematik der Messbarkeit intrinsischer Motivation jedoch selbst relativiert (vgl. Garon-Carrier et al. 2016, S. 171 f.).

[6] Auch nach Kirchler und Walenta werden Handlungsmotive durch grundlegende Bedürfnisse definiert, wobei „ein Bedürfnis (need) als ein interner Mangelzustand verstanden werden kann, der Kognitionen und Verhalten insofern steuert, dass [sic!] damit eine Bedürfnisbefriedigung erreichbar erscheint. Motive sind immer handlungsrelevante und zielbezogene Beweggründe (oder Handlungsantriebe)" (Kirchler/Walenta 2010, S. 17, Hervorheb.im Orig.).

Literatur

Aufenanger, Stefan (2005). Computer. In: Hüther, Jürgen/Schorb, Bernd (Hrsg.), Grundbegriffe Medienpädagogik. München: kopaed, S. 55-61.

Beranek, Angelika/Cramer-Düncher, Uta/Baier, Stefan (2009). Das Online-Rollenspiel „World of Warcraft" aus subjektiver Sicht jugendlicher Spieler. In: Hardt, Jürgen/Cramer-Düncher, Uta/Ochs, Matthias (Hrsg.), Verloren in virtuellen Welten. Computerspielsucht im Spannungsfeld von Psychotherapie und Pädagogik. Göttingen: Vandenhoeck & Ruprecht, S. 68-86.

Böhm, Markus (2013). Schule als Fantasy-Spiel: „Es unterhält die Schüler, was spricht dagegen?" [Interview mit Shawn Young.] www.spiegel.de/schulspiegel/wissen/world-of-classcraft-shawn-young-motiviert-schueler-durch-rollenspiel-a-890961.html [Zugriff: 18.09.2016]

Caillois, Roger (1982). Die Spiele und die Menschen. Maske und Rausch. Frankfurt a. M.: Ullstein.

Classcraft Studios (Hrsg.) (o. J.). Lehreranleitung. https://d3hz9u6nma34yy.cloudfront.net/game/pdf/93ec8b63-8b17-41f3-86ca-04860149f721.pdf [Zugriff: 18.09.2016]

Deci, Edward L./Ryan, Richard M. (1985). Intrinsic Motivation and Self-Determination in Human Behavior. New York u. a.: Plenum Press.

Deci, Edward L./Ryan, Richard M. (1993). Die Selbstbestimmungstheorie der Motivation und ihre Bedeutung für die Pädagogik. In: Zeitschrift für Pädagogik, 39 (2), S. 223-238.

Deterding, Sebastian/Khaled, Rilla/Nacke, Lennart E./Dixon, Dan (2011). Gamification: Toward a Definition. Paper presented to CHI, Vancouver, BC, Canada, May, 7-12, 2011. http://gamification-research.org/wp-content/uploads/2011/04/02-Deterding-Khaled-Nacke-Dixon.pdf [Zugriff: 18.09.2016]

Egenfeldt-Nielsen, Simon (2013). Die ersten zehn Jahre der Serious Games-Bewegung. Zehn Lektionen. In: Freyermuth, Gundolf S./Gotto, Lisa/Wallenfels, Fabian (Hrsg.), Serious Games, Exergames, Exerlearning. Zur Transmedialisierung und Gamification des Wissenstransfers. Bielefeld: transcript, S. 145-163.

Freyermuth, Gundolf S. (2013). Einleitung. In: Freyermuth, Gundolf S./Gotto, Lisa/Wallenfels, Fabian (Hrsg.), Serious Games, Exergames, Exerlearning. Zur Transmedialisierung und Gamification des Wissenstransfers. Bielefeld: transcript, S. 15-22.

Fritz, Jürgen (2005). Computerspiele. In: Hüther, Jürgen/Schorb, Bernd (Hrsg.), Grundbegriffe Medienpädagogik. München: kopaed, S. 62-69.

Garon-Carrier, Gabrielle/Boivin, Michel/Guay, Frédéric/Kovas, Yulia/Dionne, Ginette/Lemelin, Jean-Pascal/Séguin, Jean R./Vitaro, Frank/Tremblay, Richard E. (2016). Intrinsic Motivation and Achievement in Mathematics in Elementary School: A Longitudinal Investigation of Their Association. In: Child Development, 87 (1), S. 165-175.

merz wissenschaft

Gee, James Paul (2003). What Video Games Have to Teach Us About Learning and Literacy. In: ACM Computers in Entertainment, 1 (1), S. 20.

Harth, Jonathan (2014). Computergesteuerte Spielpartner. Formen der Medienpraxis zwischen Trivialität und Personalität. Wiesbaden: Springer VS.

Hornung, Antje/Lukesch, Helmut (2009). Die unheimlichen Miterzieher – Internet und Computerspiele und ihre Wirkungen auf Kinder und Jugendliche. In: Hardt, Jürgen/Cramer-Düncher, Uta/Ochs, Matthias (Hrsg.), Verloren in virtuellen Welten. Computerspielsucht im Spannungsfeld von Psychotherapie und Pädagogik. Göttingen: Vandenhoeck & Ruprecht, S. 87-113.

Huizinga, Johan (1956). Homo Ludens. Vom Ursprung der Kultur im Spiel. Hamburg: Rowohlt.

Kirchler, Erich/Walenta, Christa (2010). Motivation. Wien: UTB/Facultas.

Klimmt, Christoph (2007). Positive Wirkungen von Computerspielen. In: Frölich, Margrit/Grunewald, Michael/Taplik, Ursula (Hrsg.), Computerspiele. Faszination und Irritation. Frankfurt a. M.: Brandes & Apsel, S. 53-66.

Kunczik, Michael/Zipfel, Astrid (2010). Computerspielsucht: Befunde der Forschung. Bericht für das Bundesministerium für Familie, Senioren, Frauen und Jugend. www.bmfsfj.de/RedaktionBMFSFJ/Broschuerenstelle/Pdf-Anlagen/Computerspielsucht-Befunde-der-Forschung-Langfassung,property=pdf,bereich=bmfsfj,sprache=de,rwb=true.pdf [Zugriff: 18.09.2016]

Ladas, Manuel (2002). Brutale Spiele(r)? Wirkung und Nutzung von Gewalt in Computerspielen. Frankfurt a. M. u. a.: Lang.

Oerter, Rolf (1997). Lebensthematik und Computerspiel. In: Fritz, Jürgen/Fehr, Wolfgang (Hrsg.), Handbuch Medien: Computerspiele. Theorie, Forschung, Praxis. Bonn: Bundeszentrale für politische Bildung, S. 59-65.

Pias, Claus (2013). Automatisierung der Lehre. Eine kurze Geschichte der Unterrichtsmaschinen. www.faz.net/aktuell/feuilleton/forschung-und-lehre/automatisierung-der-lehre-eine-kurze-geschichte-der-unterrichtsmaschinen-12692010.html?printPagedArticle=true#pageIndex_2 [Zugriff: 18.09.2016]

Prensky, Marc (2003). Digital game-based learning. In: ACM Computers in Entertainment, 1 (1), S. 21.

Rapp, Friedemann (2014). Gamification – Neue Lösung für alte Probleme? In: Schwarzer Bettina/Spitzer, Sarah (Hrsg.), Digitale Spiele im interdisziplinären Diskurs. Entwicklungen und Perspektiven der Alltagskultur, Technologie und Wirtschaft. Baden-Baden: Nomos, S. 107-136.

Reger, Stefanie (2010). „Onlinespiele haben einen massiven Suchtfaktor". Interview mit Prof. Dr. Christian Pfeiffer. In: KJM (Hrsg.), Umstritten und umworben: Computerspiele – eine Herausforderung für die Gesellschaft (KJM-Schriftenreihe, Band 2). Berlin: Vistas, S. 145-149.

Reimann, Bruno W. (2011). Autonomie, personale. In: Fuchs-Heinritz, Werner/Klimke, Daniela/Lautmann, Rüdiger/Rammstedt, Otthein/Stäheli, Urs/Weischer, Christoph/Wienold, Hanns (Hrsg.), Lexikon zur Soziologie. Wiesbaden: VS Verlag für Sozialwissenschaften, S. 73.

Rheinberg, Falko (1995). Motivationsforschung im Anwendungsfeld von Lehren und Lernen. In: Bräuer, Klaus (Hrsg.), Psychische Potenziale für eine interdisziplinäre Lehrerausbildung: Motivation – Kognition – Entwicklung. Tagungsbericht des 1. Dortmunder Symposions für Pädagogische Psychologie. Essen: Die Blaue Eule, S. 11-27.

Ryan, Richard M./Rigby, C. Scott/Przybylski, Andrew (2006). The Motivational Pull of Video Games: A Self-Determination Theory Approach. In: Motivation and Emotion, 30 (4), S. 347-363.

Schlag, Bernhard (2013). Lern- und Leistungsmotivation. Wiesbaden: Springer VS.

Schlütz, Daniela (2002). Bildschirmspiele und ihre Faszination. Zuwendungsmotive, Gratifikationen und Erleben interaktiver Medienangebote. München: Verlag Reinhard Fischer.

Schneider, Klaus/Schmalt, Heinz-Dieter (2000). Motivation. Stuttgart u. a.: Verlag W. Kohlhammer.

Stampfl, Nora S. (2012a). Gamification: Die Welt wird zum Spielfeld. www.spiegel.de/netzwelt/games/gamification-wie-spiele-das-leben-leichter-machen-a-844328.html [Zugriff: 18.09.2016]

Stampfl, Nora S. (2012b). Die verspielte Gesellschaft. Gamification oder Leben im Zeitalter des Computerspiels. Hannover: Heise.

Wegge, Jürgen/Quäck, Almut/Kleinbeck, Uwe (1995). Zur Faszination von Video- und Computerspielen bei Studenten. Welche Motive befriedigt die „bunte Welt am Draht"? In: Bräuer, Klaus (Hrsg.), Psychische Potenziale für eine interdisziplinäre Lehrerausbildung: Motivation – Kognition – Entwicklung. Tagungsbericht des 1. Dortmunder Symposions für Pädagogische Psychologie. Essen: Die Blaue Eule, S. 51-76.

Software

Carnegie Mellon University/Stanford University (Hrsg.), 2010. EteRNA.

Classcraft Studios (Hrsg.), 2014. Classcraft.

Duolingo (Hrsg.), 2012. Duolingo.

Finnische Nationalbibliothek (Hrsg.), 2011. Digitalkoot.

Foursquare Labs (Hrsg.), 2009. Foursquare.

Rexbox/Supermono Studios (Hrsg.), 2010. EpicWin.

SAP (Hrsg.), o. J. SAP Lead-in-One.

Six to Start (Hrsg.), 2012. Zombies, Run!

Apps bieten ein hohes Potenzial für die Sprachförderung, wenn die Verbindung von sprachförderdidaktischen Prinzipien und Gamification-Elementen gelingt. Die Software der untersuchten, kostenlos verfügbaren Software mit Sprachausgabe (n=4) überzeugt aber noch nicht. Anhand einer Beobachtungsstudie (n=36) konnte jedoch gezeigt werden, dass kürzlich zugewanderte Grundschulkinder über die nötige Medienkompetenz verfügen, um Apps intuitiv bedienen zu können, und die Attraktivität der Hardware (Tablets) hoch ist.

Apps unfold a huge potenzial for language learning if principles of language didactics and gamification are successfully blended. Analyses of free available software with language output (n=4) indicates that these Apps do not yet fulfill the expectations. However, systematic observations of recently immigrated elementary children (n=36) confirm sufficient media competence for intuitive control and high appeal of the hardware (tablets) in the target group.

Digitale Applikationen in der (Zweit-)Sprachförderung von Grundschulkindern: Möglichkeiten und Grenzen

Ute Ritterfeld, Anja Starke und Juliane Mühlhaus

1 Einführung

Smartphones und Tablets sind aus dem Alltag von Kindern heutzutage kaum noch wegzudenken. Fast die Hälfte aller sechs- bis 13-Jährigen besaß bereits 2014 (KIM-Studie 2014, Feierabend et al. 2015) ein eigenes Handy oder Smartphone, 20 Prozent einen eigenen Computer oder Laptop — die Tendenz ist steigend. Nahezu 100 Prozent der Haushalte mit Kindern haben einen Internetzugang und nutzen diesen größtenteils über tragbare Computer, worunter auch Tablets fallen (Statistisches Bundesamt 2014). Während mobile Geräte im häuslichen Alltag und in der Freizeit der Kinder bereits eine große Rolle spielen, sind sie im deutschen Lernalltag hingegen noch unterrepräsentiert. In den Klassenstufen 1 bis 4 nutzen nur etwa 13 bis 40 Prozent der Kinder auch innerhalb der Schule Computer. In höheren Klassenstufen sind es immerhin 62 Prozent, wobei sich die Nutzung vor allem auf spezifische Computerbildungskurse beschränkt (Feierabend et al. 2015). Eine Verbindung digitaler Medien mit inhaltlichen Lernangeboten findet nur selten statt. Dabei bieten gerade mobile, digitale Medien ein hohes Potenzial, das sowohl im Unterricht als auch außerhalb der Schule genutzt werden könnte. Im idealen Fall ist das Medienangebot dann so attraktiv, dass die Kinder es freiwillig und gerne nutzen, auch wenn sie dabei nicht pädagogisch begleitet werden. Eine hohe Nutzungsintensität würde, so lässt sich vermuten, mit einer höheren Wirksamkeit einhergehen, weil die Lerninhalte wiederholt und tiefgehender (*deeper learning*) verarbeitet werden können als durch einen einmaligen Gebrauch. Mittlerweile gibt es eine Fülle von sogenannten Apps (Applikationen), die oftmals kostenfrei herunterzuladen sind und einen Lernerfolg versprechen. Belastbare empirische Befunde zur Wirksamkeit von Apps in den unterschiedlichen Lernbereichen gibt es allerdings bislang nur wenige (Krotz/Rösch 2014).

Mit diesem Beitrag möchten wir deshalb beschreiben, welche Voraussetzungen eine App erfüllen müsste, damit sich die erwünschte Wirksamkeit einstellen könnte. Das Erfüllen dieser Voraussetzungen stellt eine notwendige, wenngleich noch keine hinreichende Bedingung für die intendierte Wirkung dar. Mediencharakteristika beeinflussen zwar die Funktionalität und Nutzbarkeit sowie die Attraktivität des Mediums und das Lernpotenzial, das Eintreten der intendierten Wirkung hängt jedoch von der tatsächlichen Art und Häufigkeit der Nutzung ab.

Wir beziehen uns hier auf Applikationen, die zur Sprachförderung im Grundschulalter genutzt werden können. Im Folgenden fassen wir zunächst Erkenntnisse aus der Sprachförderdidaktik wie auch der Medienpsychologie zusammen, um daraus konzeptionelle Hinweise auf die Anforderungen an die Art des Lernangebots als auch an motivationale Aspekte der App-Nutzung ableiten zu können. Danach betrachten wir fünf Apps, die für die Sprachförderung Einsatz finden, im Hinblick auf diese konzeptionellen Funktionsmerkmale. Abschließend berichten wir von einer Beobachtungsstudie, die Aufschluss über das Nutzungsverhalten von Kindern geben soll, die einen besonders drängenden Sprachförderbedarf haben, weil sie kürzlich nach Deutschland eingewandert sind.

2 Anforderungen an wirksame Sprachförderung

Sprachförderung zielt auf eine Verbesserung der allgemeinen sprachlichen Fähigkeiten (z. B. Wortschatz und Grammatik) von Kindern ab. Zielgruppen sind dabei solche Kinder, die entweder kein ausreichendes sprachliches Angebot erhalten (Kucharz et al. 2014) oder die ein intensiviertes Sprachangebot benötigen, weil ihnen der Spracherwerb besonders schwer fällt. In die erste Gruppe fallen vor allem Kinder, die Deutsch als Zweitsprache primär außerhalb der Familie lernen sowie Kinder aus bildungsbenachteiligten Familien. Grundsätzlich sollte eine Sprachförderung daran ansetzen, die handlungsbezogenen Fähigkeiten Sprechen, Zuhören, Lesen und Schreiben zu fördern, anstatt nur isolierte sprachliche Strukturen in den Mittelpunkt zu stellen (Schneider et al. 2013). Das Üben einer grammatischen Form ohne Kommunikationsbezug reicht nicht aus, um Kinder für das sprachliche Lernen zu motivieren. Vor allem im Elementarbereich haben sich Fördermethoden als wirksam erwiesen, die in den Alltag eingebettet sind und sich Prinzipien des frühen Spracherwerbs zunutze machen. Die Qualität von Eltern-Kind-Interaktionen hat sich als einer der bedeutsamsten Einflussfaktoren im frühen Spracherwerb von Kindern erwiesen (Weisleder/Fernald 2013). Eltern nutzen intuitiv interaktive Verhaltensweisen wie zum Beispiel das Reformulieren und Erweitern kindlicher Äußerungen, um implizites sprachliches Lernen bei ihren Kindern zu fördern (Ritterfeld 2000). Dabei profitieren Kinder vor allem dann, wenn die Eltern ihr interaktives Verhalten an den Entwicklungsstand der Kinder anpassen (Tamis-LeMonda et al. 2014). Das Prinzip der Anpassung der Instruktion an den Lernstand des Kindes wird ebenso für Sprachförderprogramme im Grundschulbereich genutzt. Beim interaktiven Schreiben zum Beispiel arbeiten Kinder und Lehrkraft gemeinsam an einem Text. Innerhalb der Interaktion passt die Lehrkraft ihre Hilfestellung direkt an den aktuellen Bedarf des jeweiligen Kindes in dieser Lernsituation an und modelliert die Ideen der Kinder hin zum nächsten Entwicklungsschritt (Roth/Guinee 2011). Deshalb beinhalten wirksame Sprachförderprogramme in der Regel auch diagnostische Elemente, welche eine Anpassung der Intervention an den Lernstand des Kindes ermöglichen (Schwab/Gasteiger-Klicpera 2014). Neben solch implizitem, in der direkten Interaktion stattfindenden sprachlichen Lernen sind jedoch auch explizite Strategien wirksam, um die sprachlichen Kompetenzen von Kindern zu fördern. So wird im Rahmen der Sprachförderung beispielsweise im Würzburger Trainingsprogramm relativ direkt und explizit an der Verbesserung der sogenannten phonologischen Bewusstheit, einer Vorläuferfähigkeit für den Schriftspracherwerb, gearbeitet (Schneider/Küspert 2003). Ebenso erweist sich vor allem bei Schulkindern für den Bereich Wortschatz eine Vermittlung von Lernstrategien als wirksam, mit denen Kinder ihre eigenen Wortschatzlücken erkennen und gezielt Lernstrategien einsetzen (Motsch/Marks 2015). Auch das Prinzip der Wahlfreiheit der Kinder im Rahmen einer Intervention ist häufig Bestandteil wirksamer Förderprogramme. So entscheiden die Kinder beispielsweise anhand eines selbstgewählten Themas, welche spezifischen sprachlichen Strukturen oder Strategien sie üben möchten (siehe dazu etwa Roth/Guinee 2011, Schwab/Gasteiger-Klicpera 2014).

Neben den genannten Prinzipien ist für eine wirksame Sprachförderung vor allem die Passung von Maßnahmen zur Zielgruppe bedeutsam. Jüngere Kinder lernen Sprache eher implizit in sozialen Interaktionen mit kompetenten Sprecherinnen oder Sprechern. Ältere Kinder können zusätzlich auch explizite Lernstrategien nutzen, um eigene Wissenslücken selbstregulativ zu schließen. Kinder mit Deutsch als Zweitsprache wiederum können auf bereits vorhandenes sprachliches und konzeptionelles Wissen zurückgreifen. Haben sie ein Wort bereits in ihrer Erstsprache erworben, steht ihnen dazu das Konzept, das heißt das Wissen um die Bedeutung des Wortes, zur Verfügung. Im Gegensatz zum Wortschatzerwerb in der Erstsprache muss im Zweitspracherwerb lediglich die sprachliche Form des Wortes mit dem entsprechenden Konzept verknüpft werden. Kinder mit Spracherwerbsstörungen hingegen benötigen ein quantitativ und qualitativ angereichertes Sprachangebot, um ihre Barrieren bei der Sprachaneignung zu kompensieren (Weinert/Lockl 2007).

Aufgrund des schlechten Abschneidens deutscher Schülerinnen und Schüler in der PISA-Studie wurden in den vergangenen Jahren auch in Deutschland zahlreiche Programme zur Sprachförderung von Kindern im Elementar- und beginnenden Grundschulalter konzipiert (Jungmann/Fuchs 2009). Diese Förderprogramme unterscheiden sich mitunter stark hinsichtlich Inhalten, Zielgruppe und Strukturiertheit (Lisker 2011). Bislang liegen jedoch nur wenige belastbare Befunde zu ihrer differentiellen Wirksamkeit vor. Für den Elementarbereich konnten in den wenigen vorhandenen Studien keine Effekte auf die sprachliche Entwicklung der geförderten Kinder gefunden werden (im Überblick: Paetsch et al. 2014). Als Erklärung für diesen Misserfolg werden die mangelhafte Umsetzungstreue sowie eine nicht ausreichende Intensität der Förderung diskutiert. An dieser Stelle könnte der Einsatz von digitalen Medien ansetzen, indem einerseits techikgesteuert die Interventionsschritte vorgegeben werden und damit eine höhere Umsetzungstreue von effektiven Förderprinzipien erreicht wird, und andererseits motivierende Elemente zu einer ausreichenden Nutzungsfrequenz führen. Leider stehen im deutschsprachigen Raum noch keine Studien zur Verfügung, die das Wirkpotenzial von Apps für Kinder mit sprachlichem Förderbedarf untersuchen. Solche Erkenntnisse liegen bisher lediglich für Kinder mit starken Kommunikationsbeeinträchtigungen wie etwa Autismus-Spektrum-Störungen vor (Grace et al. 2014, King et al. 2014, Pinto/Gardner 2014). Hier zeigt sich, dass Apps, die auf Tablets laufen, vor allem aufgrund der Möglichkeit häuslicher Übungen und der damit verbundenen erhöhten Übungsfrequenz nicht nur wirksam, sondern sogar im Vorteil gegenüber traditionellen Therapieformen sind (des Roches et al. 2014). Sprachförder-Apps könnten also ein erhebliches Wirkungspotenzial entfalten, wenn es gelingt, wirksame Sprachlernstrategien mit einer geeigneten Spieltechnologie zu verbinden, sodass daraus eine freiwillige und nachhaltige Nutzung des Lernmediums erfolgt (Ritterfeld 2011).

3 Anforderungen an nachhaltige Nutzung

Der große Vorteil digitaler Medien ist ihr Potenzial, durch unterhaltsame Elemente die Motivation der Kinder zu erhöhen und sogar über lange Zeit aufrechtzuerhalten. Nicht selten erlebt man Kinder, die eine hohe Frustrationstoleranz bei ihren Explorationen in virtuellen Spielen entfalten, die sie im Schulalltag vermissen lassen. Die motivationalen Mechanismen sind in der Computerspielforschung und auch für das Genre der Lernspiele inzwischen recht gut erforscht (Girard et al. 2013, Ritterfeld/Weber 2006, im Überblick: Ritterfeld/Cody et al. 2009). Dem sogenannten *game-based learning* oder den *serious games* ist die Intention gemeinsam, das inhärente Unterhaltungspotenzial von Spieltechnologie zu nutzen, um damit die nachhaltige Verarbeitung edukativer Inhalte zu erzielen (*Entertainment-Education*). Allerdings scheitern viele Anwendungen daran, dass die Verbindung des Unterhaltungspotenzials mit den Lerninhalten nicht wirklich gelingt (Ritterfeld/Cody et al. 2009). Stattdessen fallen die beiden Elemente auseinander und werden nachgeordnet realisiert. Die Spielelemente werden dann zwar als Motivatoren oder Gratifikatoren eingesetzt, begleiten aber nicht den eigentlichen Lernprozess. Die Auseinandersetzung mit den Lerninhalten ist dann kaum attraktiver als eine gewöhnliche Übungsaufgabe und der Nutzungsabbruch ist vorprogrammiert. Doch erst wenn Kinder sich länger und intensiver mit den Lerninhalten auseinandersetzen, wird auch nachhaltig gelernt. Deshalb ist es notwendig, bei der Entwicklung von Apps theoretische Modelle zu Grunde zu legen, die psychologische Wirkmechanismen berücksichtigen. Kernelement einer wirksamen Medienerfahrung ist die Immersion, ein intensives Eintauchen in das Nutzungserleben (Ritterfeld/Weber 2006), das gleichzeitig kognitive und affektive Verarbeitungsprozesse aktiviert (Ritterfeld 2009). Voraussetzung für Immersion ist die Passung der Anforderungen mit den Möglichkeiten der Nutzerin oder des Nutzers, das sogenannte ‚Goldlöckchen-Prinzip'. Wenn ein Kind weder über- noch unterfordert ist, kann ein optimaler Lernerfolg erreicht werden (Kerr/Feldman 2003). Gelingt die Immersion, ist schließlich nicht nur eine anhaltende (persistente) Nutzung wahrscheinlich, sondern auch, dass das Medienangebot wiederholt genutzt wird (Selektion) und damit über die Zeit gelernt werden kann (Wirkung). In der Medienpsychologie ist gut belegt, dass die Verbindung von Unterhaltungselementen mit ernsthaften Inhalten durch eine immersive Erfahrung erhebliche Wirksamkeit entfalten kann (Singhal/Rogers 1999). Für den Bereich digitaler Spielformate werden diese Erkenntnisse genutzt und erweitert (Ritterfeld 2011). Die Verbindung spielerischer, sogenannter Gamification-Elemente — wie etwa Wettbewerb, eine kohärente und spannende Narration, unmittelbares informatives Feedback oder Belohnung — mit Lerninhalten wird intensiv sowohl für den Bildungs- als auch den Gesundheitssektor erforscht (Deterding et al. 2013). Das Problem dabei ist allerdings, dass zwar für einzelne Anwendungen die Wirksamkeit nachgewiesen werden kann (vgl. die Metaanalyse von DeSmet et al. 2014, Kato 2012), die wirksamen Mechanismen hingegen nur sehr mühsam zu identifizieren sind (Ritterfeld/Shen et al. 2009). So kann auch nicht allgemein von der Wirksamkeit eines Mediums (hier: Apps) gesprochen werden, sondern im besten Fall von der Wirkung einer bestimmten App. Hinzu kommt, dass auch ein spezifisches Medienangebot von verschiedenen Personen unterschiedlich (intensiv) genutzt werden kann (Klimmt et al. 2007), sodass bei Evaluation einer Sprachförder-App immer auch die Zielgruppe mit betrachtet werden muss. Im Folgenden werden wir uns deshalb einer ausgewählten Zielgruppe von Sprachförder-Apps zuwenden: Grundschulkinder, die gerade damit beginnen, Deutsch als Zweit- (oder Dritt-)sprache zu erlernen.

4 Beispiele: Apps für Deutsch als Zweitsprache

Das didaktische Potenzial von Apps wird bereits für die Sprachförderung von Kindern, Jugendlichen oder Erwachsenen genutzt, die kürzlich ihre Heimat verlassen mussten und nun mit der vordringlichen Aufgabe konfrontiert sind, Deutsch zu lernen. Mancher Verlag oder auch das Goethe-Institut haben die Entwicklung von Sprachförder-Apps in die Wege geleitet und stellen diese oft kostenfrei über Google Play Store oder Apple App-Store zur Verfügung. In unserer Arbeitsgruppe haben wir uns gefragt, ob diese Apps von Kindern im Grundschulalter genutzt werden können und ob sie attraktiv genug sind, um auch tatsächlich genutzt zu werden. Prinzipiell sind Grundschulkinder durchaus in der Lage, selbständig mit dieser Technologie umzugehen (Feierabend et al. 2015) und sie somit auch außerhalb des Unterrichts zu nutzen. Wenn eine App in der Schule eingeführt, dann aber von dem Kind zuhause weiter genutzt wird, lässt sich eine Brücke zwischen der deutschsprachigen Schulumwelt und der nicht-deutschsprachigen Familienumwelt bilden. Insbesondere Apps mit einer Sprachausgabe könnten einen wichtigen sprachlichen Input liefern, der auch nach Unterrichtsende genutzt werden könnte. Voraussetzung hierfür sind aber zum einen die Funktionalität und Attraktivität der Apps und zum anderen die Medienkompetenz der Kinder. Wir haben deshalb ein zweistufiges Vorgehen realisiert, um Erkenntnisse über diese Voraussetzungen bei Kindern aus Flüchtlingsfamilien zu gewinnen. Bei dem ersten Schritt handelt es sich um eine systematische Analyse von kostenfrei verfügbaren Apps hinsichtlich ihrer *Funktionalität*. Mit dem zweiten Schritt führten wie eine empirische Studie zur *Medienkompetenz* der Zielgruppe und *Attraktivität* digitaler Medien an Grundschulen durch, die kürzlich zugewanderte Kinder in Vorbereitungsklassen unterrichten.

4.1 Funktionalität von Apps

Wir haben oben darauf verwiesen, dass erst das erfolgreiche Zusammenwirken von Gamification-Elementen mit Sprachförderangeboten eine funktionale App auszeichnet, die zum einen eine persistente Nutzung verspricht und zum anderen eine spezifisch sprachförderliche Wirksamkeit entfaltet. Wir haben uns deshalb entschieden, zunächst eine systematische Analyse des Motivations- und Förderpotenzials von Apps auf der Grundlage der oben diskutierten theoretischen Konzepte aus den Bereichen Sprachförderung und der Medienpsychologie vorzunehmen. Gleichzeitig soll reflektiert werden, ob ein Zusammenspiel dieser beiden Elemente im Sinne einer *Entertainment-Education* erfolgt.

Voraussetzung für den Zweitspracherwerb ist vor allem der Input in dieser neuen Sprache. Dieser wird idealerweise in persönlichen Interaktionen mit dem Kind vermittelt. Daneben spielt aber auch das Zuhören, wenn andere sprechen, oder das Medienangebot eine wichtige Rolle. Im Wesentlichen funktionieren Sprachförder-Apps nach dem Prinzip, dass Bilder, Ereignisse oder Handlungen sprachlich benannt werden. Einfache Apps präsentieren den sprachlichen Input (technisch gesehen: Output) nur schriftsprachlich, komplexere Apps haben eine akustische Sprachausgabe und *highend* Apps verfügen über einen Spracherkenner. Letzterer nimmt die Sprache des Kindes auf, gibt sie im einfachen Fall wieder, so dass das Kind sich selbst hören und gegebenenfalls mit einer Zielstruktur vergleichen kann. Im Idealfall kann der Spracherkenner „verstehen", was das Kind sagt und adäquat reagieren. Diese dialogische Variante erfordert hohe künstliche Intelligenz und ist bei den kostenfreien Apps nicht zu erwarten. In der Spielzeugentwicklung finden sich jedoch bereits erste vielversprechende Innovationen (z. B. ein interaktives Plüschtier namens Lingufino, das die Firma Linguwerk in Dresden entwickelt hat), deren wissenschaftliche Bewertung bislang jedoch noch aussteht. Es ist zu vermuten, dass in einigen Jahren gut evaluierte interaktive und intelligente Technologie auch für die Sprachförderung zur Verfügung stehen wird.

Anfang 2016 waren im Google Play- oder Apple App-Store fünf zunächst vielversprechende Sprachförder-Apps für Deutsch mit einer Sprachausgabe kostenfrei verfügbar, die entweder auf einem Tablet oder einem Smartphone genutzt werden konnten: *Lernspiele für Kinder Deutsch* (PMQ Software 2015), *Hallo Deutsch Kinder* (phase-6 GmbH 2016), *Deutsch lernen 6000 Wörter* (Andrian Andronic 2016), *Lernabenteuer Deutsch* (Goethe Institut e. V. 2012) und *Lern Deutsch* (Goethe Institut e. V. 2016). Letztere erfordert eine Internetverbindung, die anderen vier Apps funktionieren offline. Bei *Deutsch lernen 6000 Wörter* liegt eine kostenpflichtige Erweiterung vor, auf die wir uns aber hier nicht beziehen. Bei allen untersuchten Apps handelt es sich um eher simple Anwendungen, welche noch keine auf das Kind abgestimmte Interaktivität ermöglichen. Eine differenzierte Diagnostik der Leistungen des Kindes ist damit ebenso wenig möglich wie individualisierte Rückmeldungen oder eine Orientierung. Gleichwohl handelt es sich um Ange-

Name und Publisher	Medium						Plattform		Zielgruppe	Voraussetzungen	EE-Format		Linguistische Ebene								Sprachförderdidaktische Konzeption	Besonderheiten des Mediums und Preis
	Sprachausgabe		Interaktivität	Animation							Lernen	Unterhaltung	Hörverständnis	Leseverständnis	Schreiben	Aussprache	Prosodie	Wort	Satz	Text		
	ja/nein	Art			Internet		Plattform															
						Apps (Smartphone, Tablet), kostenlos verfügbar im Google Play Store und Apple App-Store																
1 Lernspiele für Kinder, Deutsch (PMQ-Software)	ja	Natürliche jugendliche Stimme, w	-	X	-			Kinder	Wenige deutsche Grundkenntnisse, da Erstsprache nicht einstellbar	X	-	X	-	-	X	-	X	-	-	Übung von Spracheinheiten	Lernkarten zu verschiedenen Themen. Voller Umfang der App kostenpflichtig (3,99€). Spracherkennung
2 Deutsch lernen 6000 Wörter (Andrian Androic)	ja	Natürliche erwachsene Stimme, m/w	X	-	-			Ältere Kinder mit Deutsch als Zweitsprache	Wenige deutsche Grundkenntnisse	X	-	X	möglich	X	-	-	X	-	-	Übung von Spracheinheiten	Erstsprache wählbar. Zuordnung dt. Wörter zur Erstsprache. 3 Schwierigkeitsstufen; werden bei Erfolg freigeschaltet. Vollversion: 12,99€

Tab. 1: Merkmale der untersuchten Sprachförder-Apps im Überblick (in Anlehnung an Meyer 2016, S. 3). Anmerkung. EE=Entertainment-Education. Fortsetzung auf der nächsten Seite

Name und Publisher	Medium					Plattform	Zielgruppe	Voraussetzungen	EE-Format		Linguistische Ebene								Sprachförderdidaktische Konzeption	Besonderheiten des Mediums und Preis
	Sprachausgabe		Interaktivität	Animation	Internet				Lernen	Unterhaltung	Hörverständnis	Leseverständnis	Schreiben	Aussprache	Prosodie	Wort	Satz	Text		
	ja/nein	Art																		
3 Phase6 hallo Deutsch Kinder (phase 6-GmbH)	ja	Natürliche erwachsene Stimme, m	X	-	-	Apps (Smartphone, Tablet), kostenlos verfügbar im Google Play Store und Apple App-Store	Vokabel-Training für Kinder ohne Deutschkenntnisse	keine	X	möglich	X	-	-	X	X	X	X	-	Übung von Sprach-einheiten	Spracherkennung Silbenmarkierung kostenfrei
4 Lern Deutsch (Goethe Institut e. V.)	ja	Natürliche erwachsene Stimme, m/w	X	X	X		Kinder mit Deutsch als Zweitsprache	Niveau A1 Alphabetisierung	X	X	X	X	X	-	-	X	-	-	Übung von Sprach-einheiten, Lerneinheiten sind in Geschichten eingebettet	Erstsprache wählbar, Mehrspielerfunktion, kostenfrei, Registrierung erforderlich
5 Lernabenteuer Deutsch (Goethe Institut e. V.)	ja	Natürliche erwachsene Stimme, m/w	X	X	-		Kinder mit Deutsch als Zweitsprache	Wenige deutsche Grundkenntnisse	X	X	X	X	-	-	-	X	X	X	Immersion	Spielerisch werden typische Alltagssituationen geübt, Nutzer entscheidet über Spielverlauf, kostenfrei

bote, die sich an die Zielgruppe richten und mit Gamification-Elementen angereichert sind.

Sonja Meyer (2016) hat kürzlich eine differenzierte Beschreibung der Apps vorgenommen, wobei sie den Input unter Sprachfördergesichtspunkten (linguistische Komplexität, prosodische Markierung, kommunikative Einbettung, Handlungsorientierung, Feedback, Wahl einer Erstsprache, Adaptivität) ebenso betrachtete wie die Verbindung der Förderangebote mit Spielelementen (kindgerechte Gestaltung, Sprecherstimmen, narrativer Rahmen, Immersion, Wettkampfprinzip). In Tabelle 1 sind die wesentlichen Erkenntnisse im Überblick zusammengefasst[1].

Es zeigt sich, dass die untersuchten Apps vor allem konkrete Übungen von Sprachstrukturen anbieten, die nicht in einem kommunikativen Handlungszusammenhang stehen. Lediglich bei *Lern Deutsch* sind die Übungen in einen narrativen Rahmen eingebettet und erfüllen damit das Gebot einer kommunikativen Sprachförderdidaktik. Vielversprechender ist das immersive Konzept der zweiten Applikation, die vom Goethe-Institut herausgegeben wird (*Lernabenteuer Deutsch*), die sich an konkreten Alltagssituationen orientiert. Dadurch werden auch komplexere Sprachstrukturen auf Satz- und Textebene angeboten. Manche Apps verfügen über eine wählbare Instruktionssprache, sodass das noch unzureichende Sprachverstehen auch bei beginnenden Deutschlernerinnen und Deutschlernern kein Hindernis darstellen muss. Bei allen fünf untersuchten Apps steht allerdings das Sprachlernen als explizites Ziel im Raum, die Gamification-Elemente bestehen meistens aus Visualisierungen, weniger aus psychologischen Spielmechanismen und sind daher eher Beiwerk. Dieses Vorgehen folgt weitgehend der Idee eines gesteuerten Sprach*unterrichts*. Damit ist gemeint, dass bei der Nutzung das Lernziel im Vordergrund steht und auch explizit kommuniziert wird. Sprachförderung, wie wir sie verstehen, kann jedoch gerade mit medialer Unterstützung einen immersiven Weg gehen, wenn das Spielziel statt des Lernziels im Vordergrund steht. Dann erfolgt das Verarbeiten sprachlicher Strukturen eher inzidentiell aus einer immanenten Spiel- und nicht aus einer Lernintention. Nur dann ist zu erwarten, dass die App auch außerhalb eines Fördersettings freiwillig und anhaltend genutzt wird. Dieses Konzept von *Entertainment-Education* ist bisher noch nicht wirklich realisiert.

Auf der Grundlage dieser vergleichenden Analyse kommen wir zu dem Schluss, dass die fünf beurteilten Apps weder in Bezug auf das zur persistenten Nutzung notwendige motivierende Unterhaltungspotenzial noch die Sprachförderdidaktik überzeugen. Es handelt sich um gutgemeinte, aber psychologisch weniger wirksame Maßnahmen, die vermutlich wenig attraktiv wahrgenommen werden und dadurch keinen substanziellen Beitrag in der Sprachförderung spielen werden. Ein begrenzter Nutzen mag darin erkennbar sein, dass die Apps im pädagogischen Dialog Einsatz finden. Doch dann ist der Anspruch einer selbständigen und sich selbst erhaltenden Nutzung, der mit digitalen Unterhaltungsangeboten erhoben wird (Ritterfeld/Cody et al. 2009), aufgegeben. Statt auf das inhärente Gratifikationspotenzial zu vertrauen, müssen dann andere Anreizsysteme greifen oder eine Nutzung im pädagogischen Kontext direktiv vorgegeben werden. Diese ernüchternde Einsicht bezieht sich nicht nur auf die hier untersuchten Apps, sondern auf einen erheblichen Teil der sogenannten *serious games* (Ritterfeld/Weber 2006, Shen et al. 2009). Gleichzeitig macht der Erfolg sorgfältig und aufwändig entwickelter Software deutlich, dass der Anspruch von *Entertainment-Education* durch digitale Spielformate prinzipiell erfüllt werden kann (Wang et al. 2009).

4.2 Medienkompetenz und Attraktivität von Apps

Unsere Analyse ließ erwarten, dass die untersuchten Apps keine nachhaltige Attraktivität bei der Zielgruppe entfalten würden. Diese Annahme sollte im Kontext einer Beobachtungsstudie geprüft werden, die gleichzeitig darüber Aufschluss geben sollte, ob kürzlich zugewanderte Kinder überhaupt über die nötige Medienkompetenz verfügen, Apps zu bedienen. Auch wenn die repräsentative *KIM-Studie* (Feierabend et al. 2015) Grundschulkindern grundsätzlich eine hohe Medienkompetenz bescheinigt, ist daraus kein Rückschluss auf Kinder aus anderen Kulturkreisen möglich.

Untersuchungsdesign. Wir führten eine systematische teilnehmende Feldbeobachtung in sechs Grundschulen im Ruhrgebiet durch, die sich vorab zur Mitarbeit bereit erklärt hatten. An diesen Schulen werden kürzlich zugewanderte Kinder in sogenannten Vorbereitungsklassen unterrichtet. Darin sollen sie zunächst Deutsch lernen, um dann dem Regelunterricht folgen zu können. Es wurde ein längsschnittliches Vorgehen mit drei Messzeitpunkten im Abstand von einer Woche gewählt, um uns in die Lage zu versetzen, neben der spontanen Selektion eines Mediums auch die erfahrungsbasierte Auswahl über die Zeit erfassen zu können. Diese Unterscheidung ist wichtig, weil sich die psychologischen Selektionsmechanismen unterscheiden: Eine spontane Selektion folgt eher einer zugeschriebenen Attraktivität, während eine Auswahl zu einem späteren Zeitpunkt eher auf der bereits gemachten Erfahrung mit dem Medium basiert.

Durchführung. Pro Untersuchungszeitpunkt wurden Kleingruppen von je vier bis sechs Kindern für eine Unterrichtsstunde in einen separaten Raum geführt, in dem sie erstmals ein von uns zusammengestelltes Portfolio unterschiedlicher Medien angeboten bekamen. Diese Medien umfassten vier kindgerechte und zum Zeitpunkt der Untersuchung offline einwandfrei funktionierende Apps, die kostenfrei downloadbar waren sowie über eine Sprachausgabe verfügen (in Tabelle 1: Position 1-3, 5). Da *Lern Deutsch* eine Internetverbindung erfordert und diese in vielen Schulen nicht stabil vorhanden ist, wurde diese App in die Beobachtungsstudie nicht einbezogen. Daneben wurden ihnen vier weitere – dreidimensionale – digitale Medien mit Sprachausgabe als Alternativen angeboten (*Tip Toi®, Ravensburger wer war's, Any Book Reader, Coppenrath Bilder suchen – Wörter hören*). Alle Medien wurden gleichzeitig präsentiert und die Kinder wurden aufgefordert, sich diese anzusehen. Das Medienangebot blieb zu allen drei Untersuchungszeitpunkten konstant. Die Kinder wurden dann jeweils eine Unterrichtsstunde lang dabei beobachtet, für welche der Medien sie sich interessierten, welche sie nutzten und wie sie damit umgingen. Drei Untersuchungsleiterinnen begleiteten die Kinder, wobei eine Person für Fragen zur Verfügung stand und die beiden anderen jeweils für ein bestimmtes Kind einen Beobachtungsbogen ausfüllten. Mit diesem wurde differenziert erfasst, welches Medium und in welcher Reihenfolge das Medium gewählt wurde und ob das Kind es intuitiv bedienen konnte (Nominalskala: scheint direkt zu wissen, wie das Medium funktioniert; braucht eine gewisse Zeit; wirkt bei der Bedienung des Mediums überfordert; wirkt überfordert und holt sich Hilfe bei anderen Kindern; wirkt überfordert und holt sich Hilfe bei einer erwachsenen Person).

Es wurden nicht alle fünf Kinder beobachtet, um die Anzahl von erwachsenen Personen im Raum begrenzen zu können. Deshalb wurden immer zwei Kinder aus einer Kleingruppe zufällig für die Beobachtung ausgewählt. Jeweils eine Beobachterin beobachtete immer nur ein Kind. Die Zufallsauswahl der Kinder erfolgte durch Tiersymbole, die die Kinder wählen konnten und die sie anschließend zur Kennzeichnung als Kette um den Hals trugen. Die Beobachterinnen hatten zuvor zufällig festgelegt, welche Tiersymbole zur Beobachtung ausgewählt würden. Die Tiersymbole waren vorher so konzipiert worden, dass die Tiere von vergleichbarer Attraktivität für Jungen und Mädchen waren (z. B. Frosch, Vogel). Jede Untersuchungswoche hatte eine eigene Farbe. Die Kombination von Tiersymbol und Farbe erlaubte die anonyme aber eindeutige Identifikation der einzelnen Kinder über die drei Messzeitpunkte hinweg.

Beobachtungsgüte. Um die intersubjektive Güte der Beobachtungen sicherzustellen, wurde zuvor ein anderes Kind in derselben Situation von beiden Beobachtenden eingeschätzt. Diese beiden Einschätzungen wurden zur Bestimmung der Reliabilität des Beobachtungsinstrumentes genutzt. Über die Untersuchungssituationen hinweg ergibt sich durchschnittlich eine gute Übereinstimmung ($R=.82$).

Stichprobe. Insgesamt konnten 36 Kinder (22 Jungen, 14 Mädchen; durchschnittlich 8;4 Jahre alt; Schulbesuch in Deutschland seit durchschnittlich 8 Monaten) zu drei Zeitpunkten innerhalb von drei aufeinanderfolgenden Wochen beobachtet werden. Knapp zwei Drittel der Kinder aus den von uns untersuchten Vorbereitungsklassen stammen aus Familien, die vor Krieg aus dem arabischen Raum geflohen sind und 36 Prozent aus sogenannten EU-Binnenflüchtlingsfamilien. Es konnten keine systematischen Unterschiede im Mediennutzungsverhalten zwischen der Herkunft, dem Geschlecht und dem Alter der Kinder identifiziert werden.

Ergebnisse. Die Analyse der Daten erfolgt in den Masterarbeiten von Anika Radusch (in Vorb.) und Nadine Röttger (in Vorb.) und zeigt bereits jetzt deutlich, dass sich die spontane und die erfahrungsbedingte Auswahl tatsächlich unterscheiden: Während die Tablets mit den darauf eingerichteten vier Apps in der ersten Sitzung spontan am häufigsten ausgewählt wurden (knapp 90 %), hielt ihre Attraktivität jedoch nicht lange an (T2: knapp 50 %; T3: circa 35 %). Die meisten Kinder wandten sich spätestens in der zweiten Sitzung einem der anderen Spielangebote zu. Eine genauere Betrachtung der kindlichen Handlungen bestätigt, dass die Mädchen und Jungen die Funktionsweise der Tablets (Einschalten, Touchscreen, Navigieren) sehr genau kannten. Etwa die Hälfte der Kinder wusste auch die Apps bereits sofort oder mit etwas Zeit intuitiv zu bedienen, während die andere Hälfte überfordert wirkte und/oder Hilfe beanspruchte. Die anderen, dreidimensionalen Spielformate waren zwar initial weniger attraktiv als die Tablets, gewannen aber mit der Zeit deutlich an Attraktivität. Hier war die intuitive Bedienbarkeit hingegen nicht gegeben: Die Kinder benötigten die Hilfe eines Erwachsenen, um das Spiel zu verstehen und spielen zu können.

Interpretation. Die Medienkompetenz, so schlussfolgern wir, ist auch bei den meisten kürzlich zugewanderten Kindern hoch. Es gelingt ihnen, ein Tablet intuitiv zu bedienen. Die Hälfte der Kinder konnte auch die Software intuitiv nutzen. Gleichzeitig haben diese modernen digitalen Medien eine hohe Attraktivität für Jungen und auch für Mädchen. Fast alle Kinder selektieren zunächst das Tablet, zeigen aber keine Persistenz in der Nutzung. Das bedeutet, dass die verfügbaren Apps die Erwartungen der Kinder offenbar auch dann nicht erfüllen, wenn sie sie intuitiv bedienen können. Der Verlust an Attraktivität der Tablets ist folglich nicht in erster Linie durch Nutzungsbarrieren, sondern vielmehr durch mangelnde Attraktivität der Software zu erklären. Den Apps gelingt es offenbar nicht, das Interesse der Kinder nachhaltig zu binden. Die Selektion gelingt infolge eines hochattraktiven Mediums, aber die Persistenz scheitert an einer unattraktiven Software. Die Befunde der Beobachtungsstudie sind damit kompatibel mit den Erkenntnissen unserer App-Analyse, wonach die Verbindung von Sprachförderdidaktik mit den Prinzipien von *gamification* in den untersuchten Apps kaum gelungen ist. Das Potenzial des Mediums für edukative Zwecke wird infolgedessen noch nicht ausgeschöpft.

5 Fazit

Sprachfördermedien können vor allem bei Kindern mit Deutsch als Zweitsprache eine wichtige präventive Funktion übernehmen, indem das Sprachangebot in der Zielsprache (hier: Deutsch) auch außerhalb des Unterrichts vermittelt wird. Selbst kürzlich zugewanderte Grundschulkinder bringen ein inhärentes Interesse und auch bereits gut entwickelte Medienkompetenzen mit, um Apps nutzen zu können. Es liegen mittlerweile auch einige Applikationen vor, die in bescheidenem Ausmaß die Anforderungen an eine handlungsbasierte Sprachförderdidaktik und eine unterhaltsame Nutzung erfüllen. Allerdings hält bei der Nutzung dieser Apps die initiale Attraktivität des Mediums nicht an, sodass die Kinder sie kaum freiwillig und außerhalb eines pädagogischen Kontextes nutzen werden.

Unsere Einsichten machen einmal mehr deutlich, dass das Potenzial der neuen Medien sich nur dann entfalten kann, wenn sowohl medienpsychologische als auch sprachdidaktische Ansätze so miteinander verbunden werden, dass sich die Verarbeitung sprachlicher Strukturen aus dem Spielen heraus ergibt. Um dies zu gewährleisten, ist es erforderlich, die gewonnenen theoretischen Einsichten und empirischen Erfahrungen konzeptionell zusammenzuführen und diejenigen Prinzipien, die als wesentlich erachtet werden können, in ein gemeinsames Modell zu integrieren. Es sollte ein integratives Modell sein, das als handlungspraktische Strategie dient, um das angestrebte Sprachförderziel im Kontext des spielbasierten Lernens zu erreichen. Um ein solches modellgeleitetes Vorgehen mit der App-Entwicklung realisieren zu können, wäre es nötig, die Mittel und Ressourcen, die an vielen Stellen für einige nicht wirklich funktionale Apps aufgewendet werden, zu bündeln. Wir wünschen uns deshalb eine konzentrierte Zusammenarbeit von Softwareentwicklung, Sprachförderung und Medienpsychologie mit dem Ziel, eine wirklich überzeugende Applikation zu entwickeln. Diese Applikation würde dann auch den Aufwand einer systematischen Wirkungsstudie rechtfertigen, wie sie erforderlich ist, um nicht nur das Sprachförder*potenzial*, sondern die tatsächliche Sprachförderlich*keit* zu beurteilen.

Anmerkung

[1] Die genauen Auswertungsdimensionen und Ergebnisse der Analysen finden Sie als online-Material unter www.merz-zeitschrift.de

Literatur

Andrian Andronic (2016). 6.000 Wörter. Lernen Sie Deutsch Sprache und Wortschatz kostenlos mit Fun Easy Learn: Fun Easy Learn Inc.

Des Roches, Carrie A./Balachandran, Isabel/Ascenso, Elsa M./Tripodis, Yorghos/Kiran, Swathi (2014). Effectiveness of an impairment-based individualized rehabilitation program using an iPad-based software platform. In: Frontiers in human neuroscience, 8, S. 1015. DOI: 10.3389/fnhum.2014.01015.

DeSmet, Ann/van Ryckeghem, Dimitri/Compernolle, Sofie/Baranowski, Tom/Thompson, Debbe/Crombez, Geert/Poels, Karolien/van Lippevelde, Wendy/Bastiaensens, Sara/van Cleemput, Katrien/Vandebosch, Heidi/De Bourdeaudhuij, Ilse (2014). A meta-analysis of serious digital games for healthy lifestyle promotion. In: Preventive medicine, 69, S. 95-107. DOI: 10.1016/j.ypmed.2014.08.026.

Deterding, Sebastian/Björk, Staffan/Nacke, Lennart E./Dixon, Dan/Lawley, Elizabeth (2013). Designing Gamification: Creating gameful and playful experiences. CHI '13 Extended Abstracts on Human Factors in Computing Systems. http://dl.acm.org/citation.cfm?id=2468356.

Feierabend, Sabine/Plankenhorn, Theresa/Rathgeb, Thomas (2014). Kinder + Medien, Computer + Internet, Basisuntersuchung zum Medienumgang 6- bis 13-Jähriger in Deutschland. Stuttgart: Medienpädagogischer Forschungsverbund Südwest.

Girard, Coarlie/Ecalle, Jean/Magnan, Annie (2013). Serious games as new educational tools: how effective are they? A meta-analysis of recent studies. In: Journal of Computer Assisted Learning, 29 (3), S. 207-219. DOI: 10.1111/j.1365-2729.2012.00489.x.

Goethe Institut e. V. (2012). Lernabenteuer Deutsch. Das Geheimnis der Himmelsscheibe.

Goethe Institut e. V. (2016). Lern Deutsch - Die Stadt der Wörter: Goethe Institut e. V.

Grace, Emma/Raghavendra, Parimala/Newman, Lareen/Wood, Denise/Connell, Tim (2014). Learning to use the Internet and online social media. What is the effectiveness of home-based intervention for youth with complex communication needs? In: Child Language Teaching and Therapy, 30 (2), S. 141-157. DOI: 10.1177/0265659013518565.

Jungmann, Tanja/Fuchs, Andrea (2009). Sprachförderung. In: Lohaus, Arnold (Hrsg.). Psychologische Förder- und Interventionsprogramme für das Kindes- und Jugendalter. Heidelberg: Springer, S. 63-75.

Kato, Pamela M. (2012). Evaluating Efficacy and Validating Games for Health. In: Games for health journal, 1 (1), S. 74-76. DOI: 10.1089/g4h.2012.1017.

Kerr, Benjamin/Feldman, Marcus (2003). Carving the cognitive niche: Optimal learning strategies in homogenous and heterogenous environments. In: Journal of Theoretical Biology, 220 (2), S. 169-188.

King, Amie M./Thomeczek, Melissa/Voreis, Grayce/Scott, Victoria (2014). iPad® use in children and young adults with Autism Spectrum Disorder. An observational study. In: Child Language Teaching and Therapy, 30 (2), S. 159-173. DOI: 10.1177/0265659013510922.

Klimmt, Christoph/Vorderer, Peter/Ritterfeld, Ute (2007). Interactivity and generalizability: New media, new challenges? In: Communication Methods and Measures, 1 (3), S. 169-179.

Krotz, Friedrich/Rösch, Eike (2014). Apps verändern die Medienpädagogik. In: merz, 58 (3).

Kucharz, Dietmut/Kammermeyer, Gisela/Beckerle, Christine/Mackowiak, Katja/Koch, Katja/Jüttner, Ann-Kathrin/Sauer, Sarah/Hardy, Ilonca/Saalbach, Henrik/Lütje-Klose, Birgit/Mehlem, Ulrich/Spaude, Magdalena (2014). Wirksamkeit von Sprachförderung. In: Kopp, B./Martschinke, S./Munser-Kiefer, M./Kirschhock, E.-M./Ranger, G./Renner, G. (Hrsg.). Individuelle Förderung und Lernen in der Gemeinschaft. Wiesbaden: Imprint: Springer VS, S. 51-66.

Lisker, Andrea (2011). Additive Maßnahmen zur vorschulischen Sprachförderung in den Bundesländern. Expertise im Auftrag des Deutschen Jungendinstituts. München: Deutsches Jugendinstitut e. V.

Meyer, S. (2016). Evaluation von Medien zur Unterstützung des Deutschspracherwerbs bei kürzlich zugewanderten Kindern anhand sprachtherapeutischer Kriterien. Bachelorarbeit, Technische Universität Dortmund.

Motsch, Hans-Joachim/Marks, Dana-Kristin (2015). Efficacy of the Lexicon Pirate strategy therapy for improving lexical learning in school-age children. A randomized controlled trial. In: Child Language Teaching and Therapy, 31 (2), S. 237-255. DOI: 10.1177/0265659014564678.

Paetsch, Jennifer/Wolf, Katrin M./Stanat, Petra/Darsow, Annkathrin (2014). Sprachförderung von Kindern und Jugendlichen aus Zuwandererfamilien. In: Zeitschrift für Erziehungswissenschaft, 17 (S2), S. 315-347. DOI: 10.1007/s11618-013-0474-1.

phase-6 GmbH (2016). phase 6 hallo Deutsch Kinder.

Pinto, Maria/Gardner, Hilary (2014). Communicative interaction between a non-speaking child with cerebral palsy and her mother using an iPadTM. In: Child Language Teaching and Therapy, 30 (2), S. 207-220. DOI: 10.1177/0265659013518338.

PMQ Software (2015). Lernspiele für Kinder. Deutsch.

Radusch, A. (in Vorb.). Mediengestützte Sprachförderung bei kürzlich zugewanderten Grundschulkindern. Gruppenunterschiede von Attraktivität, intuitiver Nutzbarkeit und Nutzungsverhalten. Masterarbeit, Technische Universität Dortmund.

Ritterfeld, Ute (2000). Zur Prävention bei Verdacht auf eine Spracherwerbsstörung: Argumente für eine gezielte Interaktionsschulung der Eltern. In: Frühförderung interdisziplinär, 19 (2), S. 80-87.

Ritterfeld, Ute (2009). Identity Construction and Emotion Regulation in Digital Gaming. In: Ritterfeld, Ute/Cody, Michael J./Vorderer, Peter (Hrsg.). Serious games: mechanisms and effects. New York: Routledge, S. 204-218.

Ritterfeld, Ute (2011). Beim Spielen lernen? Ein differenzierter Blick auf die Möglichkeiten und Grenzen von Serious Games. In: Computer + Unterricht, (84), S. 54-57.

Ritterfeld, Ute/Cody, Michael J./Vorderer, Peter (Hrsg.) (2009). Serious games: mechanisms and effects. New York: Routledge.

Ritterfeld, Ute/Shen, Cuihua/Wang, Hua/Nocera, Luciano/Wong, Wee L. (2009). Multimodality and interactivity: Connecting properties of serious games with educational outcomes. In: CyberPsychology and Behavior, 12 (6), S. 691-698.

Ritterfeld, Ute/Weber, Rene (2006). Video games for entertainment and education. In: Vorderer, Peter/Bryant, Jennings (Hrsg.). Playing video games. Motives, responses, and consequences. Mahwah, N.J.: Lawrence Erlbaum Associates, S. 399-413.

Roth, Kate/Guinee, Kathleen (2011). Ten minutes a day. The impact of Interactive Writing instruction on first graders' independent writing. In: Journal of Early Childhood Literacy, 11 (3), S. 331-361. DOI: 10.1177/1468798411409300.

Röttger, Nadine (in Vorb.). Mediengestützte Sprachförderung bei kürzlich zugewanderten Grundschulkindern. Attraktivität, intuitive Nutzbarkeit und Nutzungsverhalten im Längsschnitt, Technische Universität Dortmund.

Schneider, Hansjakob/Becker-Mrotzek, Michael/Sturm, Afra/Jambor-Fahlen, Simone/Neugebauer, Uwe/Efing, Christian/Kernen, Nora (2013). Expertise. Wirksamkeit von Sprachförderung. Zürich: Bildungsdirektion des Kantons Zürich.

Schneider, Wolfgang/Küspert, Petra (2003). Möglichkeiten der frühen Prävention von Lese-Rechtschreibproblemen: Das Würzburger-Trainingsprogramm zur Förderung der sprachlichen (phonologischen) Bewusstheit bei Vorschulkindern. In: Sauter, Friedrich C./Schneider, Wolfgang/Büttner, Gerhard (Hrsg.). Schulwirklichkeit und Wissenschaft. Ausgewählte Kongressbeiträge von Didaktikern, Pädagogen und Psychologen. Hamburg: Verlag Dr. Kovac, S. 289-300.

Schwab, Susanne/Gasteiger-Klicpera, Barbara (2014). Förderung der Lesekompetenzen bei Kindern der zweiten Schulstufe – Evaluierung eines differenzierten Sprach- und Leseförderprogramms im Rahmen des Grundschulunterrichts. In: Zeitschrift für Bildungsforschung, 4 (1), S. 63-79. DOI: 10.1007/s35834-013-0082-4.

Shen, Cindy/Wang, Helen/Ritterfeld, Ute (2009). Serious games and seriously fun games. In: Ritterfeld, Ute/Cody, Michael J./Vorderer, Peter (Hrsg.). Serious games: mechanisms and effects. New York: Routledge, S. 48-61.

Singhal, Arvind/Rogers, Everett M. (1999). Entertainment-education. A communication strategy for social change. Mahwah, N.J. [etc.]: Erlbaum.

Statistisches Bundesamt (2014). Private Haushalte in der Informationsgesellschaft - Nutzung von Informations- und Kommunikationstechnologien, Fachserie 15 Reihe 4, 2014. Wiesbaden: Statistisches Bundesamt.

Tamis-LeMonda, Catherine S./Kuchirko, Yana/Song, Lulu (2014). Why Is Infant Language Learning Facilitated by Parental Responsiveness? In: Current Directions in Psychological Science, 23 (2), S. 121-126. DOI: 10.1177/0963721414522813.

Wang, Hua/Shen, Cuihua/Ritterfeld, Ute (2009). Enjoyment of digital games. In: Ritterfeld, Ute/Cody, Michael J./Vorderer, Peter (Hrsg.). Serious games: mechanisms and effects. New York: Routledge, S. 25-47.

Weinert, Sabine/Lockl, Kathrin (2007). Sprachförderung. In: Petermann, Franz/Schneider, Wolfgang/Birbaumer, Niels/Frey, Dieter/Kuhl, Julius/Schwarzer, Ralf (Hrsg.). Angewandte Entwicklungspsychologie. Entwicklungspsychologie. Göttingen: Verlag für Psychologie C.J. Hogrefe, S. 91-134.

Weisleder, Adriana/Fernald, Anne (2013). Talking to children matters: early language experience strengthens processing and builds vocabulary. In: Psychological science, 24 (11), S. 2143-2152. DOI: 10.1177/0956797613488145.

Computerspiele erfreuen sich im Kindes- und Jugendalter großer Beliebtheit. Es werden aktuelle Forschungsbefunde zu geschlechtsspezifischen Präferenzen bezüglich Spielgenres, Spielanforderungen und Spielfiguren von Computerspielerinnen und -spielern im Kindes- und Jugendalter zusammengefasst mit dem Ziel, sowohl medienkonzeptionelle als auch entwicklungspsychologische Implikationen für eine spezielle Form von Computerspielen, die sogenannten Serious Games, abzuleiten und vor allem kritisch zu reflektieren.

Computer games are steadily gaining in popularity among children and adolescents. Current research findings highlight gender-specific differences regarding preferences for game genres, game requirements and characters. Implications of these results are discussed, both in terms of media conception and developmental psychology, specifically referring to the conception of a special type of computer game, so-called serious games. Furthermore, knowledge relating to gender-specific preferred features of computer games is used to stimulate critical discussion and reflection about opportunities and risks in the application of serious games among children and adolescents to help prevent mental health problems and to support psychotherapeutic treatment.

Computerspiele im Kindes- und Jugendalter

Geschlechtsspezifische Unterschiede in der Präferenz von Spielgenres, Spielanforderungen und Spielfiguren und ihre Bedeutung für die Konzeption von Serious Games

Christiane Eichenberg, Cornelia Küsel und Brigitte Sindelar

1 Einführung

Computerspiele sind aus der alltäglichen Mediennutzung von Kindern und Jugendlichen kaum mehr wegzudenken. Längst werden die Spiele nicht mehr allein über den Computer genutzt. In den Haushalten finden sich verschiedene Arten von Spielgeräten wie zum Beispiel Konsolen, Smartphones oder Tablets. Von den Jugendlichen zwischen zwölf und 19 Jahren spielen 25 Prozent täglich oder mehrmals in der Woche (22 %) Computerspiele (Feierabend/

Plankenhorn/Rathgeb, 2015a). Die tägliche oder mehrmalige Nutzung pro Woche von Computer-/Konsolen-/Onlinespielen ist im Vergleich zum Jahr 2014 leicht gestiegen (47 % 2015, 45 % 2014) (ebd.). Dabei ist der Stellenwert der Medien geschlechterabhängig: Bei der Frage nach der subjektiven Wichtigkeit der Nutzung von PC-/Videospielen gaben 21 Prozent der Mädchen und 65 Prozent der Jungen diese mit „sehr wichtig/wichtig" an (ebd.).

Die medienpädagogische und -psychologische Forschung befasst sich in diesem Kontext nicht nur mit traditionellen Fragen wie beispielsweise den positiven und negativen Auswirkungen der Computerspiele auf jugendliche Nutzer (zum Beispiel Louise et al. 2014), persönlichkeitsspezifischen Determinanten (Den et al. 2014), Vorlieben für Spiel-Genres (Scharkow et al. 2015) und elterlichem Medienerziehungsverhalten (zum Beispiel Friedrichs et al. 2014), sondern betrachtet diese Fragen zunehmend mehr auch unter geschlechtsspezifischen Aspekten (zu Online-Spielen siehe Veltri et al. 2014).

Eine spezifische Form von Computerspielen stellen Serious Games dar, bei denen nicht der Unterhaltungsaspekt, sondern die Lernerfahrung im Mittelpunkt steht. Ausgehend von der Erwartung, dass ein Lernspiel mit dem hohen Aufforderungscharakter des ‚computerspielens' gegen Lernunwilligkeit wirksam wird, werden Serious Games mittlerweile seit Jahrzehnten in der Behandlung von Lernstörungen bei Kindern und Jugendlichen als Spiele zum Erlernen des Rechnens, von Vokabeln oder Lese- und Rechtschreibprogramme genutzt, ohne dass die Bezeichnung „Serious Game" dafür verwendet wurde (auf die Relevanz einer grundlegenden Diskussion zum Phänomen der Mutation der kindlichen Lernfreude im Säuglings-, Kleinkind- und Kindergartenalter zur Lernunwilligkeit der Schulkinder kann hier allerdings nur hingewiesen werden). So kommen im psychologisch-pädagogischen und neuropsychologischen Bereich Serious Games in Form von Lernspielen und neuropsychologischen Trainingsprogrammen schon lange zum Einsatz wie zum Beispiel die in den USA entwickelten neuropsychologischen Trainingsbatterien *Brain HQ* (Posit Science Corporation) oder in Österreich *RehaCom* und *CogniPlus* (Schuhfried GmbH) oder Trainingsprogramme zur Behandlung von Lernstörungen bei Kindern und Jugendlichen wie etwa das System der Trainingsprogramme der informationsverarbeitenden Funktionen *Schmunzelspiele* (Sindelar 1999, 2015) oder Lese- und Rechtschreibtrainingsprogramme wie *Lilo* (Fröhlich et al. o. J.) oder *Morpheus* (Kargl/Purgstaller 2010). Es liegen auch bereits Forschungsergebnisse vor, die das Potenzial dieser Gruppe von Serious Games für die Leistungsfähigkeit der Hirnfunktionen neurophysiologisch belegen und dies hinsichtlich der Relevanz der Vorsorge gegen Alzheimer-Demenz diskutieren (Fissler et al. 2015).

In der letzten Zeit mehren sich die Bemühungen, Serious Games auch bei psychischen Problemen und Störungen vor allem bei Kindern und Jugendlichen zu nutzen (Eichenberg/Marx 2014). Insbesondere im Rahmen von Psychotherapien können sie den Heilungsprozess konstruktiv unterstützen. Es zeigte sich nicht nur, dass Serious Games die Behandlungsmotivation besonders bei Kindern und Jugendlichen erhöhen (Brezinka 2009), sondern dass sie bei verschiedenen psychischen Erkrankungen positive Effekte haben (u. a. bei ADHD, Autismus-Spektrum-Störungen, Depression und Phobien (siehe Eichenberg/Schott, under review).

Spiele werden allerdings immer noch vor allem als Aktivität für Jugendliche und vor allem Jungen angesehen, was bedeutet, dass Mädchen ausgeschlossen werden oder sich nicht angesprochen fühlen (Veltri et al. 2014, Fox/Tang 2014, Jenson/de Castell/2011, Chen 2010). Jedoch wächst die Zahl der weiblichen Spielerinnen (z. B. stellen in den USA Frauen mittlerweile 41 Prozent der Spieler-Population dar (Entertainment Software Association 2016), so dass es ein wichtiges Forschungs- und Praxisfeld darstellt, deren Präferenzen zu untersuchen und im Falle von entsprechenden genderspezifischen Befunden diese beim Game-Design zu berücksichtigen.

Unter der Prämisse, dass Serious Games in den letzten Jahren auch als Adjuvant in der psychotherapeutischen Behandlung von Kindern und Jugendlichen konzipiert werden, gewinnt die Beachtung von genderspezifischen Aspekten nochmals mehr an Bedeutung (siehe auch Riemer/Schrader 2015), da die Identifikation mit Spielfiguren als tragendes Agens der Attraktivität des Spieles anzusehen ist und diese gendersensitiv markiert ist (siehe 2.1). Riemer und Schrader (2015) beschreiben so zum Beispiel in ihrer Studie über die Entwicklung und Erprobung eines Messinstruments zur Erfassung von Einstellungen, Wahrnehmungen und Intentionen gegenüber dem Lernen mit Serious Games einen signifikanten Geschlechtsunterschied: Weibliche Personen beschreiben eine höhere Perzeption von negativer affektiver Qualität verglichen mit männlichen Personen, wenn Serious Games an beide Geschlechter adressiert sind. Dies unterstreicht beispielhaft die Wichtigkeit, unterschiedliche Typen von Serious Games (z. B. Quiz, Simulation oder Abenteuer) aufgrund der unterschiedlichen Perzeption getrennt zu erforschen und das Geschlecht bei der Evaluation von Einstellungen und Perzeptionen gegenüber dem Lernen mit Serious Games zu berücksichtigen (ebd.).

Der vorliegende Beitrag hat zum Ziel, Befunde speziell zu geschlechtsspezifischen Präferenzen bezüglich Spielgenres, Spielanforderungen und Spielfiguren von Computerspielerinnen und -spielern im Kindes- und Jugendalter darzustellen, um diese Befunde für sowohl medienkonzeptionelle als auch entwicklungspsychologische Implikationen für die spezielle Form von Computerspielen, die Serious Games, zu nutzen. Schon vor etlichen Jahren wurde bemängelt, dass Gender-Aspekte nur unzureichend im Feld der Serious Games berücksichtigt werden (Kafai et al. 2008b). Denn: Aus gendertheoretischer Perspektive besteht Geschlechtsgleichheit nicht nur darin, die Zahl der weiblichen Spielerinnen zu erhöhen, sondern vor allem darin, die verschiedenen Spiel- und Erfahrungskontexte genauer zu betrachten. Dazu zählt das Erleben von weiblichen Spielerinnen ebenso wie die unterschiedlichen Anforderungen beim Game-Design, um beiden Geschlechtern gerecht zu werden. So belegen zum Beispiel auch Heeter und Winn (2008) für die Entwicklung und den Einsatz eines Lernspiels im Schulkontext die Wichtigkeit spezifischer Gender-Aspekte.

Die Theorie der Geschlechterrollen beschäftigt sich mit den Gründen der Ungleichheit zwischen Männern und Frauen und kann auch einen allgemeinen Rahmen für die Leistungsunterschiede zwischen den Geschlechtern bei (Online-)Spielen liefern. Allgemein wird zwischen Rollenverhalten und Rollenerwartungen unterschieden. Die Ungleichheit der Geschlechter entsteht den soziologischen Ansätzen folgend durch Sozialisierungsprozesse (Shen et al. 2016), unter anderem durch Eltern und Peers bis hin zu verschiedenen Medien, die geschlechtstypisches Verhalten fördern (Gerding/Signorelli 2014). Frauen werden geschlechtsstereotypisch daher oft als sozial, kümmernd und helfend beschrieben, Männer hingegen als aufgabenorientiert, wettbewerbsorientiert und unabhängig (Shen et al. 2016). Diese Stereotype spiegeln sich auch in den Befunden zu den Spielpräferenzen wider (siehe 2.) und haben zur Folge, dass Online-Spiele vor allem mit Geschlechtsstereotypien agieren (Jenson/de Castell 2007). Jedoch stellt sich die Frage, ob das Geschlecht als kausal für die Leistungsunterschiede im Spiel angesehen werden kann (Shenet al. 2016) oder ob es sich auch um einen Unterschied in der Spielerfahrung, also zwischen Novizen und Experten, handeln könnte (Jenson et al. 2007).

In den meisten Studien zu digitalen Spielen wurden vor allem die männlichen Spieler betrachtet oder spezielle Gruppen von weiblichen Spielerinnen, so dass diese Studien unbeabsichtigt auch einen Geschlechterfokus im biologischen Sinne hatten (Jenson/de Castell 2015). Neuere Studien beschränken sich jedoch nicht mehr nur auf das biologische Geschlecht, sondern betrachten detaillierter Genderausprägungen im (Online-)Spiel, so zum Beispiel wie sich Spielpräferenzen und Erwartungen der weiblichen Spielerinnen mit dem Spielkontext und der Expertise ändern (ebd.).

Mit den Ergebnissen der Studien kann die jeweilige Nutzergruppe besser berücksichtigt und das Game-Design entsprechend angepasst werden. Jedoch müssen auch die Nachteile von Online-Spielen, gerade wenn diese besser konzipiert werden können, berücksichtigt werden. Es scheint hilfreich und notwendig, dazu die aktuelle Daten- und Kenntnislage zur Risikoseite des Computerspiels, wie sie im aktuell in der Jugendlichenpsychiatrie und Psychotherapie zunehmend bedeutsamen Störungsbild der Computerspielsucht gegeben ist (siehe 3.2), heranzuziehen. Denn das auch wiederum geschlechtsspezifische (Rehbein et al. 2015) und Spiel-Genre abhängige (siehe Lemmens/Hendriks 2016) Risikopotenzial des Computerspiels bei der Beantwortung der hier bearbeiteten Fragestellung außer Acht zu lassen, ist aus wissenschaftsethischer Sicht zu einseitig und daher um diese psychopathologischen Konzepte zu fundieren.

2 Basisdaten zum Spielverhalten von Mädchen und Jungen

Grundsätzlich zeigen Jungen auch im Jahr 2014 ein größeres Interesse an Computer-/Konsolen- und Onlinespielen. Das dokumentiert sich sowohl in der Häufigkeit als auch in der Zeit, die mit einem Computerspiel verbracht wird. Gut 30 Prozent aller Jungen zwischen sechs und 13 Jahren spielen täglich. Dieser Prozentsatz wird bei den befragten Mädchen mit 16 Prozent deutlich unterschritten. Dabei nimmt die Nutzungshäufigkeit mit steigendem Alter zu (zum Beispiel spielen 12 % der Sechs- bis Siebenjährigen und 33 % der Zwölf- bis 13-Jährigen). In der täglichen Spieldauer zeigen sich ebenso deutliche Geschlechtsunterschiede. So verbringen beispielsweise 47 Prozent der täglich spielenden Jungen mindestens 60 Minuten mit einem Videospiel. Diese Zahl liegt bei Mädchen hingegen bei 26 Prozent (Feierabend et al. 2015b). Allerdings weisen Veltri et al. (2014) darauf hin, dass die Befundlage bezüglich der geschlechtsspezifischen Spieldauer nicht einheitlich ist; auch wenn viele Studien belegen, dass Jungen öfter und länger als Mädchen spielen, gebe es auch Belege dafür, dass Mädchen mehr Zeit mit den Online-Spielen verbringen (ebd.). Durchgehend scheint jedoch das Ergebnis zu sein, dass Jungen früher ein Interesse an Online-Spielen entwickeln als Mädchen (Hainey et al. 2011).

Auch wenn es Spiele gibt, die bei beiden Geschlechtern gleich beliebt sind (z. B. Tetris; Cassell/Jenkins 2000), so zeigt die Forschung doch eine Vielzahl von Befunden zu geschlechtsspezifischen Spielpräferenzen.

2.1 Computerspielpräferenzen von Mädchen

Spielgenres. Bereits vor 15 Jahren zeigte eine Untersuchung, dass Mädchen im Alter von sieben bis 14 Jahren in erster Linie *Spiele des Genres Jump & Run* am liebsten spielen. Darüber hinaus scheint eine Tendenz zu lustigen Spielen zu bestehen, die vor allem sozialen Charakter haben (Vollmer et al. 2012). Ebenso wurde bei Mädchen eine Vorliebe zu comicartigen Designs sowie zu einem Spielgeschehen, das auf die Bewältigung von Abenteuern ausgelegt ist, bevorzugt identifiziert. Bei Abenteuerspielen sei es für junge Spielerinnen besonders wichtig, dass die Gefährdung für den Körper der Spielfigur und dessen Leben insgesamt möglichst gering ausfällt (ebd.). Einen weiteren Beleg dafür lieferten Feierabend und Klingler (2003) in einer Analyse des Verhältnisses von Mädchen zu Actionspielen. Es konnte identifiziert werden, dass actionreiche Spiele von Mädchen besser angenommen werden, wenn das existenzielle Gefahrenpotenzial für die Spielfigur gering ist (in diesem Zusammenhang siehe auch Bareither (2016) zum Thema „embodiment relation" in Computerspielen). Mädchen mögen es, verschiedene Gegenstände im Spiel oder Werkzeuge zu konfigurieren und sich mit den Möglichkeiten der Transformation zu beschäftigen (Hou 2012). In einer Studie des Instituts für Jugendkulturforschung (Großegger 2007) konnte darüber hinaus bei österreichischen Mädchen zwischen sieben und 14 Jahren eine hohe Beliebtheit von *Fun- und Partyspielen* festgestellt werden, die in realen Spielsituationen mit hohem sozialen Charakter stattfinden (zum Beispiel *Singstar*). Mädchen interessieren sich im Vergleich zu Jungen weniger für Spiele mit Wettkampfcharakter, gewalttätigen Elemen-

- *Soziale Beziehungen* stehen im Vordergrund
- *Fortlaufende Handlung* mit *Entwicklungsmöglichkeiten* des Charakters
- *Vermeidung eines polarisierten Konfliktes* guter und böser Mächte
- Das Prinzip „Wettkampf" sollte nicht im Zentrum des Spielkonzeptes stehen
- Das Spiel sollte *actionreich*, aber möglichst *gewaltfrei* sein
- Das *Einbeziehen anderer Personen* sollte möglich sein (zum Beispiel mit anderen zusammen spielbar)
- *Spielwelten* sollten möglichst *real* sein
- *Spielfiguren* sollten vornehmlich *weiblichen Charakters* sein; *fiktive Figuren* sind möglich; Figuren, die männliche Stereotype abbilden, sollten jedoch eher vermieden werden. Avatare sollten in ihrem *Aussehen modifizierbar* sein.

Tab. 1: Empfehlungen zu den von Mädchen präferierten Spielinhalten

ten oder Spielen mit geringen sozialen Interaktionsmöglichkeiten (Hartmann/Klimmt 2006).

Ein weiterer Beleg für den hohen Stellenwert des sozialen Charakters von Spielen ist die große Beliebtheit des Spiels The Sims (Großegger 2007), welches ebenso in der bereits zitierten repräsentativen Studie zum Computer- und Internetnutzungsverhaltens deutscher Kinder (Feierabend et al., 2015b) als eines der beliebtesten Spiele identifiziert werden konnte. Darüber hinaus deuten weitere Befunde darauf hin, dass mit wachsender Anzahl an im Spiel vorkommenden Charakteren das Interesse der Mädchen für das jeweilige Spiel wächst (Valkenburg/Cantor 2000). Demnach scheint die Präferenz von Mädchen für Spiele mit sozialem Impact seit vielen Jahren empirisch belegt (siehe zu Massively Multiplayer Online Games (MMOGs) auch Poels 2012, Shen 2014). Auch das Review von Veltri, Baumann, Krasnova und Kalayamthanam (2014) konnte zeigen, dass Mädchen bzw. Frauen mehr aktiv danach streben, Kontakte und Freundschaften in Online-Spielen zu suchen. Hinzu kommt, dass sie sozialer orientiert sind und an spielbezogenen Gruppenaktivitäten und Diskussionen mehr als Jungen bzw. Männer teilnehmen.

Spielinhalte und -figuren. Entsprechend dieser Befunde lässt sich im Hinblick auf typische *Spielinhalte und -ziele* nach Deuber-Mankowsky (2007) präzisieren, dass Mädchen ein großes Interesse an Geschichten bzw. der Geschichte, die im Spiel erzählt wird, sowie den gezeigten sozialen Beziehungen aufweisen. Die Gestaltung dieser sozialen Interaktionen ist dabei häufig wichtiger als das Ziel, das Spiel zu gewinnen (ebd.). Bezüglich der Beschaffenheit von *Spielfiguren* konnten Meder und Vollmer (2000) herausarbeiten, dass Mädchen am liebsten mit weiblichen Figuren (siehe auch Feil 2004, van Reijmersdal 2013) in Form einer Abenteurerin oder Entdeckerin spielen. Dahinter rangieren Sportlerinnen mit den zweithäufigsten Nennungen. Tierfiguren oder fiktive Wesen haben die dritthöchste Präferenz. Mädchen bzw. Frauen achten auch sehr auf die visuelle Erscheinung ihrer Avatare und ändern deren Aussehen und kaufen Kleidung oder Objekte, um das Äußere nach den eigenen Vorstellungen zu gestalten (Veltri et al. 2014), so dass sogenannte *Dress-up-Spiele* bei Mädchen sehr beliebt sind (Iqbal 2010).

Zusammenfassend lässt sich der Spielinhalt eines für Mädchen konzipierten Spieles in mehreren Empfehlungen zusammenfassen (erweitert und modifiziert nach Agosto 2004, siehe Tabelle 1).

2.2 Computerspielpräferenzen von Jungen

Spielgenres. Für Jungen im Alter zwischen sieben und 14 Jahren ließ sich eine deutliche Vorliebe für kampfbetonte Spiele feststellen (Vollmer 2000, Trepte et al. 2009). Darüber hinaus gehörten *Strategiespiele und Sportspiele* zu den beliebtesten Genres von Jungen, was in einer weiteren Befragung zu Beginn der 2000er Jahre identifiziert werden konnte (Feierabend/Klingler 2003). Im Jahr 2006 rangierten Strategiespiele (z. B. *Die Siedler*) an zweiter Stelle der Beliebtheitsskala und lagen dabei lediglich hinter Simulationsspielen wie *The Sims*, das bei Jungen und Mädchen gleichermaßen auf breite Akzeptanz stößt. Die Präferenz für Sportspiele (Rennspiele, zum Beispiel *Gran Turismo, FIFA*) wird insbesondere auch dann deutlich, wenn sportliche Großereignisse die Veröffentlichung eines Titels flankieren. In der 2014 durchgeführten repräsentativen Studie belegte das Spiel *FIFA* (Fußball-WM in Brasilien 2014) den ersten Rang in der Beliebtheit von Kindern und Jugendlichen männlichen Geschlechts (Feierabend et al. 2015b). Grundsätzlich zeigt sich als durchgehender Forschungsbefund, dass sich Jungen insbesondere für Spiele mit *Wettbewerbs-Charakter* interessieren, die entweder in sportlichen Wettkämpfen oder actionreich/kämpferischen Szenarien inszeniert werden (siehe auch Quaiser-Pohl et al. 2005; Veltri et al. 2014). Das Spielinteresse von Jungen ist dabei jedoch keineswegs auf Spiele mit sportlichen oder kämpferischen Inhalten beschränkt. Das Spiel *Super Mario*, das am ehesten dem Genre *Jump & Run* zuzuordnen ist, ist bei Jungen (ebenso wie Mädchen) sehr beliebt und wird häufig gespielt. Im Hinblick auf das Spiel *Mariokart* zeigt sich jedoch, dass dieses Spiel bei Jungen deutlich beliebter ist als bei Mädchen. Bei *Mariokart* ist der Wettbewerbscharakter wesentlich stärker ausgeprägt und entspricht damit den Interessensschwerpunkten männlicher Kinder und Jugendlicher mehr als jenen der Mädchen dieser Altersgruppe (Feierabend et al. 2015b). Dabei ist Erfolg für Jungen bzw. Männer wichtiger als für Mädchen bzw. Frauen (Veltri et al. 2014).

Spielinhalte und -figuren. Im Hinblick auf typische *Spielinhalte und -ziele* steht bei Jungen- mit Ausnahme dezidiert kompetitiver Spielinhalte – nicht immer in erster Linie der Spielerfolg im Vordergrund. Eine weitere dominante Zielsetzung besteht in der ‚Beherrschung' des Spieles. Wenn es beispielsweise eine Kompetenz bezüglich geschickter Steuerungsanforderungen zu entwickeln gilt, entspricht dies dabei dem genannten Bedürfnis. Nicht zuletzt deshalb lässt sich in höherem Alter insbesondere bei männlichen Spielern eine Spezialisierung auf bestimmte Spieltypen beobachten. Hierbei besteht ein wesentlicher Unterschied zu Mädchen, bei denen eine solche Zielsetzung nur in geringem Ausmaß beobachtet werden kann (Meder/Vollmer 2000, zu Geschlechtsunterschieden in der Performance bei Online-Spielen siehe auch Shen et al. 2016).

Bezüglich des strategischen Spielverhaltens zeigen männliche Kinder und Jugendliche eine größere Tendenz zum Prinzip „Trial and Error". Es kommt zu einer stärker durch erprobendes Erkunden gekennzeichneten Spielaneignung als bei Mädchen, die stärker antizipierend systematische Spielstrategien verfolgen (Feil et al. 2004). Bei *Spielfiguren* bevorzugen Jungen eher realistische Rollen, die zwar nicht als reale Personen in der außervirtuellen Welt konkret existieren müssen, deren Rollen/Funktionen in der Realität jedoch wiederzufinden sind (zum Beispiel Rennfahrer, Sportler, Piloten). Weibliche Charaktere werden von männlichen Kindern und Jugendlichen dabei gänzlich vermieden (Meder/Vollmer 2000, siehe auch Dill/Thill 2007, Miller/Summers 2007).

Demnach lässt sich der Spielinhalt eines für Jungen konzipierten Spieles in mehreren Empfehlungen fassen (siehe Tabelle 2, S. 104).

3 Implikationen

Im Folgenden werden Aspekte, die aufgrund aktueller Forschungsbefunde für eine gendersensitive Gestaltung von Computerspielen bei Kindern und Jugendlichen Berücksichtigung finden könnten, zusammengefasst und anschließend in ihrem Bedeutungsgehalt kritisch reflektiert.

3.1 Implikationen für die Entwicklung von Serious Games

Geschlecht der Spielfigur. Mädchen bevorzugen starke weibliche Spielcharaktere. Fiktive Figuren sind für Kinder und Jugendliche weiblichen Geschlechts eindeutig nicht die beliebtesten Spielfiguren. Werden sie ausgewählt, dann häufig aus Mangel an entsprechenden Alternativen. Mädchen weichen also lediglich auf fiktive Figuren aus. Geschlechtsneutralität ist in dem Alterssegment somit nicht zu empfehlen. Jungen neigen entsprechend zur Identifikation mit männlichen Charakteren, die eine

- *Spielsteuerung* sollte Geschick erfordern; *Entwicklungsmöglichkeiten in der Beherrschung* der Spielsteuerung sollten gegeben sein
- *Wettbewerbsartige Modi* sollten implementiert sein (zum Beispiel Highscores)
- *Actionbetonte Auseinandersetzungen*, die nicht zwangsläufig brutal oder gewalttätig sein müssen, erhöhen das Spielinteresse
- Eine Spielaneignung über *Versuch und Irrtum* sollte gewährleistet sein
- *Spielfiguren* sollten, wenn diese fiktiv sind, eine mögliche *Funktion mit einem Äquivalent aus der realen Welt* abbilden (zum Beispiel einen Beruf oder eine spezifische Aufgabe haben)
- Das Geschlecht der *Spielfigur* sollte deutlich *nicht weiblichen Geschlechts* sein und zumindest theoretisch auch dem männlichen Geschlecht einer „Spezies" zugeordnet werden können
- *Kommunikative Aspekte* brauchen *nicht im Vordergrund* des Spielgeschehens zu stehen

Tab. 2: Empfehlungen zu den von Jungen präferierten Spielinhalten

Funktion bekleiden, welche auch in der Realität aufzufinden ist. Insgesamt ist für die Identifikation mit einer Spielfigur sowohl bei Jungen als auch Mädchen das Geschlecht ein relevanter Faktor, so ist es von Bedeutung, dass bei fiktiven Spielfiguren, die nicht direkt in das Raster geschlechtlicher Dichotomie einzuordnen sind, durch Erstellung oder Bearbeitung eines Avatars mindestens weibliche bzw. männliche Attribute hinzugefügt werden können. In Referenz auf die Neigung sind Spielfiguren zu bevorzugen, die Entsprechungen in der Lebensrealität haben, daher empfiehlt es sich ausdrücklich, anthropomorphe Aspekte in der Avatargestaltung zu berücksichtigen.

Realitätsbezug im Spielinhalt. Bezüge zur Lebensrealität der jungen Spielenden sind grundsätzlich wichtig, was sich nicht nur in der Gestaltung der Spielfigur, sondern auch der Spielumwelt realisieren lässt und ebenso Berücksichtigung finden muss, wenn das Spiel von der Zielgruppe angenommen und gern gespielt werden soll. Insbesondere Mädchen wünschen in sich realitätsbezogene Spielwelten, so dass hier an reale Erfahrungswelten der Kinder angeknüpft werden kann (zum Beispiel an ihnen bekannte Gebäude wie die Schule oder Geschäfte).

Kämpferisch orientierte Spiele. Kämpferische Spielszenarien kommen insbesondere Jungen entgegen, stellen gleichzeitig jedoch keine Barriere für Mädchen dar, wenn es zu keiner übermäßigen Betonung von Gewalt kommt und zum Beispiel das Überleben der Spielfigur außer Frage steht. Die Rahmung in einem sozialen Kontext würde die Akzeptanz auch solcher Spielgenres auf Seiten der Mädchen jedoch fördern.

Interaktionsmöglichkeiten der Spielfigur. Um ein Serious Game für Mädchen attraktiv zu gestalten, empfiehlt es sich, Interaktionsmöglichkeiten mit anderen im Spiel auftauchenden Figuren anzubieten. Die Gestaltung der Interaktionen sollte jedoch vom spielenden Kind gesteuert werden können, so dass Mädchen diese Elemente in gewünschtem Ausmaß erleben, Jungen diese auf Wunsch jedoch auch früher beenden oder reduzieren können.

Spielgeschehen. Eine fortlaufende Handlung oder Geschichte, in die das Spielgeschehen eingebettet ist, ist nach aktuellen Forschungsbefunden für die Beliebtheit von Spielen von zentraler Bedeutung (siehe dazu auch die Rolle von „Stories" in Serious Games generell Baranowski et al. 2008).

3.2 Bedeutungsgehalt der Implikationen

Das Wissen um die genderspezifisch zu differenzierenden Präferenzen von Spielinhalten lässt zwei unterschiedliche Bedeutungsgebungen für die Konzipierung von Serious Games zur Unterstützung bei der Behandlung von psychischen Störungen von Jugendlichen zu: Es kann einerseits genutzt werden, um Serious Games so zu gestalten, dass sie entweder männliche oder weibliche Jugendliche bevorzugt ansprechen bzw. für beide Geschlechter attraktiv sind, indem sich interaktiv die Spielinhalte und die

Avatare genderspezifisch anpassen lassen (siehe dazu auch Kafai et al. 2008a). Diese Implikation in der Anwendung ist getragen von der Zielsetzung, zum Spiel einzuladen, indem es das bietet, was das eine oder das andere Geschlecht besonders anspricht. Das wird zwar mit gewisser Wahrscheinlichkeit einen verkaufsfördernden Effekt haben, ist aber hinsichtlich des Risikopotenzials kritisch zu hinterfragen, ausgehend von folgender Überlegung: Was zeigen diese genderspezifisch differenzierbaren Präferenzen bei Computerspielen auf?

In jedem Lebensalter bevorzugt der Mensch die Tätigkeiten, die ihm Bedürfnisbefriedigung versprechen. In der im Mai 2013 veröffentlichten Version 5 des Diagnostic and Statistical Manual of Mental Disorders (DSM) wurde Internet Gaming Disorder, also die Sucht, online Computerspiele zu spielen, die von der Internetsucht zu unterscheiden ist (Rehbein/Mößle 2013), in die Gruppe von Bedingungen, die weiterer Forschung bedürfen, bevor sie als Störungsbild bezeichnet werden, aufgenommen (American Psychiatric Association 2013) (für einen konzisen Überblick zur Internetsucht siehe auch Eichenberg/Kühne 2014). Die Tatsache, dass Jugendliche die Risikogruppe für die Entwicklung einer Online-Computerspielsucht darstellen, lässt darauf schließen, dass Adoleszente im Computerspiel finden, was den Bedürfnissen ihrer Entwicklungsphase besonders entgegenkommt (Sindelar 2014). Werden Serious Games aus ihrem Potenzial zur Prävention von psychischen Problemen und zur Unterstützung bei psychischen Störungen von Jugendlichen definiert, so stellt dies einen Gegenentwurf zum Risiko der Entwicklung der Computerspielsucht dar.

Im Hinblick auf die Risikogruppe der Jugendlichen für die Entwicklung einer Computerspielsucht lässt sich das präventive, aber auch gegebenenfalls die Behandlung unterstützende Potenzial von Serious Games exemplarisch in Bezug auf die phasenspezifischen Entwicklungsaufgaben der Adoleszenz aufschlüsseln. Jedes Lebensalter bringt seine für diese Entwicklungsphase typischen Entwicklungsaufgaben mit sich, die befriedigend gelöst werden müssen, damit die Weiterentwicklung in die nächste Entwicklungsphase, die ein zutiefst menschliches Anliegen ab dem Moment der Zeugung ist, stattfinden kann (vgl. für viele andere: Resch et al. 1999). Die Adoleszenz ist eine Lebensphase erhöhter Vulnerabilität, „in der Verunsicherung und das Minderwertigkeitsgefühl ständiger Begleiter der seelischen Befindlichkeit sind" (Sindelar 2012 S. 291). Die Entwicklungsaufgaben der Adoleszenz umschreibt Friedrich als „die Suche nach dem ICH" (Friedrich 1999, 2005). Dazu gehört die Identifikation mit Rollenmodellen, mit Werthaltungen und Zielsetzungen, der Aufbau einer von den familiären Bezugspersonen abgegrenzten Intimität und daraus hervorgehend die Entwicklung von Identität. Diese Entwicklungsaufgaben der Adoleszenz gelten natürlich grundsätzlich für beide Geschlechter. Die Tatsache, dass Jugendliche je nach Geschlecht unterschiedliche Spielinhalte präferieren, gibt Auskunft darüber, welchen identitätsstiftenden Entwicklungsaufgaben sie Priorität zuordnen, und diese gestalten sich offenbar je nach Geschlecht unterschiedlich. Wird ein Computerspiel an die Präferenzen der Geschlechter angepasst konzipiert, so wird es deswegen besonders attraktiv, weil es eine fiktive Lösung der Entwicklungsaufgaben in der virtuellen Welt anbietet, wie es zum Beispiel in besonderem Ausmaß ‚Second-Life'-Spiele tun, in denen Spielende ihre Avatare nach dem jeweiligen Selbstideal gestalten und jeder Ort, der besucht wird, von Spielenden erschaffen wurde. Hier liegt aber auch das Risikopotenzial des Identitätsverlusts eines Serious Game, wenn es so konzipiert wird, dass es entsprechend der oben angeführten Präferenzenlisten optimiert ist. Bietet die virtuelle Welt als ‚Land der unbegrenzten Möglichkeiten' die Bedürfnisbefriedigung – im Jugendalter zu verstehen als das Angebot und die Möglichkeit, die Entwicklungsaufgaben dort zu bewältigen, weil sie in der realen Welt als unlösbar imponieren – so wird das Serious Game seiner eigentlichen Aufgabe beraubt, bei der Lösung von psychischen Problemen und der Behandlung von psychischen Störungen zu unterstützen. Denn die Zielsetzung der optimierten Anpassung an genderspezifische Präferenzen, verstanden als Methode der besonders wirksamen Einladung zum Serious Game, ist eindeutig zu kurz gegriffen. Durch die Fiktion, die Entwicklungsaufgaben zu lösen, befördert sie das Risikopotenzial des Computerspiels, das das Serious Game ja ist. Das Serious Game hat daher den Effekt zu vermeiden, dass der oder die Jugendliche die phasenspezifischen Aufgaben wie zum Beispiel die der Identitätsfindung oder im Zusammenhang mit psychischen Störungen die Bewältigung von Symptomen oder auch der pathogenetischen Bedingungen für diese Symptome als Zielerreichung erlebt. Somit ist es eine Aufgabe des Serious Game, die Jugendlichen das Serious Game als Übungsfeld erleben zu lassen, das sie ermutigt, sich den Herausforderungen in der realen Welt zu stellen und nicht in einer virtuellen und daher fiktiven Problemlösung zu verharren.

Die Lösung dieses Dilemmas, dass Serious Games, inhaltlich entlang der Entwicklungsaufgaben der Adoleszenz gendersensitiv besonders attraktiv gestaltet, ein Risikopotenzial zur Vermeidung von Anforderungen im realen Leben darstellen können, liegt aber sicher nicht in der Implikation, Serious Games dezidiert entgegen dieser genderspezifischen Präferenzen (siehe 2.1 und 2.2) zu konzipieren oder diese möglichst in Konformitäten aufzulösen, indem sie ignoriert oder in ein dysharmonisches Gleichgewicht gebracht werden. Vielmehr leitet sich daraus die zweite Möglichkeit der Bedeutungsgebung für dieses Wissen um die genderspezifischen Spielinhalte ab, da dieses Wissen eine Spielgestaltung impliziert, die diese Präferenzen in ihrem Risikopotenzial beachtet.

Eine Gegenüberstellung der pathogenetischen Risiken des Online-Computerspiels (siehe auch Frölich/Lehmkuhl 2012) versus der entwicklungsfördernden Potenziale, auch wenn sie sich auf beide Geschlechter beziehen (vgl. Sindelar 2014, S. 110), kann im Hinblick auf die dargestellten geschlechtsspezifischen Präferenzen differenziert und daher in der Spielgestaltung auch genderspezifisch beantwortet werden. Dies ist zugegebenermaßen eine wesentlich anspruchsvollere Herausforderung als lediglich die Anpassung des Serious Games an genderspezifische Präferenzen. In Zusammenschau der oben aufgelisteten genderspezifischen Präferenzen und der Markierung der Chancen und Risiken des Online-Gaming (siehe Tabelle 3) lässt sich ableiten und auf Serious Games im Speziellen beziehen, in welchem Bereich genderspezifisch verstärkt Risikofaktoren geortet werden können, wenn die Bedürfnisse, die beiden Geschlechtern in der Adoleszenz zu eigen sind, im Serious Game ignoriert werden. Die Präferenzen bilden ab, welche Aufgaben für Jungen und welche für Mädchen Priorität haben und damit zugleich auch, welchen Aufgaben sich zu stellen Mädchen oder Jungen bevorzugt bereit sind. Da der Mut, sich einer bestimmten Aufgabe zu stellen, immer das Ergebnis des Selbstvertrauens, diese Aufgabe auch bewältigen zu können, ist, bilden die Negativbilder der Präferenzen das Risikopotenzial ab, wie zum Beispiel eine Verfestigung von Genderklischees. Gerade der Anspruch von Serious Games, psychischen Störungen und psychischen Problemen entgegenwirken zu wollen, verweist auf die Notwendigkeit, Serious Games so zu gestalten, dass unabhängig vom Kernthema des jeweiligen Spiels diese Aspekte themenübergreifend Beachtung finden sollen. Dies sei hier in der Zusammenschau skizziert, wobei die Genderzuordnung als Betonung, nicht als das andere Geschlecht ausschließend, zu verstehen ist.

Tabelle 3 gibt Hinweise zur medienkonzeptionellen Gestaltung, die hier an einem Beispiel expliziert wird: Angenommen sei die Aufgabe, ein Konzept für ein Serious Game zur Unterstützung der Behandlung von Störungen des Sozialverhaltens bei Jugendlichen zu entwickeln. Um die Risiken zu vermeiden und das Potenzial des Spiels zu nutzen, sollte dieses Spiel daher folgende Konzepte umsetzen:

■ Gestaltungsmöglichkeit eines Avatars mit genderspezifischen Attributen zur Förderung der Identifikation mit der Spielfigur
■ Vorgegebene Verknüpfung der jeweiligen genderspezifischen Attribute mit sozialen Kompetenzen, deren Einsatz zur Zielerrei-

	Plus (Chancen)		Minus (Risiken)
Soziale Interaktion entspricht den Anforderungen der Mädchen an ein Computerspiel	*Das gemeinsames Online-Spielen ist Bestandteil bereits bestehender Freundschaft und lässt zu, diese auch in räumlicher Distanz zu leben*	↔	*Das Online-Spiel befördert den sozialen Rückzug aus realen Freundschaften*
→	Die Spielpräferenz der Jungen richtet sich nicht auf Spiele, die auf soziale Interaktion fokussieren. Diese ist daher in den von Jungen bevorzugten Spielen von geringerer Bedeutung als bei den von Mädchen bevorzugten Spielen. Der Rückzug aus sozialer Interaktion ist ein Risiko besonders für Jungen, da die soziale Interaktion in den von ihnen gewählten Spielen eine dem kämpferischen Spielinhalt untergeordnete Rolle spielt.		
Anliegen beider Geschlechter	*Das Spiel mit einer virtuellen Identität hilft, an der eigenen realen Identität zu arbeiten*	↔	*Die virtuelle Identität vermittelt ein Selbstgefühl äußerster Intensität bei gleichzeitiger Vergessenheit und damit verbundenem Verlust der realen Identität*
→	Das Risiko, über dem Selbstgefühl der virtuellen Identität die reale Identität zu verlieren, besteht für beide Geschlechter.		
Anliegen der Mädchen	*In virtuellen Spielgemeinschaften werden soziale Kompetenzen erprobt und entwickelt, die sich auch in der realen Welt als nützlich erweisen*	↔	*Die virtuelle Spielgemeinschaft verstärkt die Kontaktangst in der realen Welt bis zur Sozialphobie*
	hier *kursiv* gesetzte Textteile: Chancen und Risiken des Online-Gaming (aus Sindelar 2014, S. 110)		

Tab. 3: Skizzierung genderspezifisch betonter Risiken von Computerspielen (Fortsetzung auf der nächsten Seite)

chung unbedingt erforderlich ist, wie zum Beispiel mimisches Verständnis, Empathiefähigkeit, Fähigkeit zur sozialen Perspektivenübernahme, Kooperations- und Teamfähigkeit, die jeweils in Passung zu anderen Spielerinnen und Spielern stehen.
■ Teambildung mit in der Realität existierenden Personen der eigenen Altersgruppe, die die Kenntnis von realen Persönlichkeitsaspekten und Lebensräumen der jeweiligen Teammitglieder als Voraussetzung definiert, erhöht die Potenz des Spielers bzw. der Spielerin im Spiel.
■ Spielziel ist das gemeinsame Bewältigen von attraktiven Aufgaben, mit denen Sozialprestige verbunden ist. Der Wettbewerbsaspekt richtet sich dabei statt an die Überwindung von Gegnern an die eigene und gemeinsame Weiterentwicklung.

Das Wissen um genderspezifische Präferenzen verweist implizit auf Genderklischees, wie zum Beispiel auf die Assoziation von männlicher Identität mit kämpferischer Wettbewerbsorientierung und weiblicher Identität mit sozialer Kompetenz. Diesem

→	Das Risikopotenzial besteht besonders für Jungen, da sie Spiele, in denen soziale Kompetenzen erprobt werden, weniger attraktiv finden und kämpferische bzw. wettbewerbsorientierte Spiel-Genres wählen, in denen soziale Kompetenz kein erfolgsgenerierender Faktor ist.		
Spielsteuerung und Wettbewerb ist Anliegen der Jungen	*Arbeitstugenden und Strategienfindung werden trainiert*	↔	*Das Verharren in der Ersatzbefriedigung des virtuellen Erfolgs führt zum Scheitern an den Leistungsaufgaben der realen Welt*
→	Die Attraktivität des Erfolgs in der virtuellen Welt gegenüber dem Misserfolg verführt zum Rückzug aus Leistungsanforderungen der realen Welt durch die Erfolge in der virtuellen Welt und ist ein Risiko für beide Geschlechter.		
	hier *kursiv* gesetzte Textteile: Chancen und Risiken des Online-Gaming (aus Sindelar 2014, S. 110)		

Tab. 3: Skizzierung genderspezifisch betonter Risiken von Computerspielen

Wissen lässt sich allerdings unterschiedliche Bedeutung zuordnen: Es kann einerseits dazu genutzt werden, die Attraktivität eines Serious Games für das eine oder das andere Geschlecht zu steigern, was allerdings das Risiko birgt, Genderklischees zu verfestigen. Andererseits bietet gerade dieses Wissen die Chance, einer solchen Einengung der Persönlichkeitsentwicklung durch einen achtsamen Umgang mit Genderklischees entgegenzuwirken. Eine entwicklungspsychologisch geleitete Differenzierung nach den Entwicklungsaufgaben für Kinder vor Eintritt in die Adoleszenz ließe sich entlang der genderspezifischen Ergebnisse, wie zum Beispiel zur Entwicklung des Selbstwerts, der Leistungserbringung im Lebensraum der schulischen Gemeinschaft (Sindelar 2014) der sozialen Kompetenzen, im Zusammenhang mit der Fähigkeit zur sozialen Perspektivenübernahme und vieles mehr herausarbeiten.

Literatur

Agosto, Denise E. (2004). Girls and gaming: A summary of the research with implications for practice. In: Teacher-Librarian, 13 (3), S. 8-14.

American Psychiatric Association. (16.05.2013). DSM-5 Development. Internet Gaming Disorder Fact Sheet: www.dsm5.org/Documents/Internet%20Gaming%20Disorder%20Fact%20Sheet.pdf [Zugriff: 11.08.2015]

Baranowski, Tom/Buday, Richard/Thompson, Debbe. I./Baranowski, Janice. (2008). Playing for real: video games and stories for health-related behavior change. In: American journal of preventive medicine, 34 (1), S. 74-82.

Bareither, Christoph (2016). Gewalt im Computerspiel. Facetten eines Vergnügens. Bielefeld: Transcript.

Brezinka, Veronika (2009). Computerspiele in der Verhaltenstherapie mit Kindern. In: Schneider, Silvia/Margraf, Jürgen (Hrsg.), Lehrbuch der Verhaltenstherapie: Band 3: Störungen im Kindes- und Jugendalter. Heidelberg: Springer, S. 234-240.

Cassell, Justine/Jenkins, Henry (2000). Chess for Girls? Feminism and Computer Games. Dies. (Hrsg.), From Barbie® to Mortal Kombat: Gender and Computer Games. Cambridge, Massachusetts und London, England: The MIT Press, S. 2-45.

Chen, Lily Shui-Lien (2010). The impact of perceived risk, intangibility and consumer characteristics on online game playing. In: Computers in Human Behavior, 26 (6), S. 1607-1613.

Den, Mingming/Chan, Alan H./Wang, Jun (2015). Effects of racing games on risky behaviour, and the significance of personality and physiological data. In: Inj Prev., 21 (4), S. 238-244. doi: 1136/injuryprev-2014-041328

Deuber-Mankowsky, Astrid (2007). Das virtuelle Geschlecht. Gender und Computerspiele, eine diskursanalytische Annäherung. In: Christian Holtorf & Claus Pias (Hrsg.), Escape! Computerspiele als Kulturtechnik. Schriften des Deutschen Hygiene-Museums Dresden, Band 6. Köln: Böhlau Verlag, S. 85-104.

Dill, Karin E./Thill, Kathryn P. (2007). Video game characters and the socialization of gender roles: Young people's perceptions mirror sexist media depictions. In: Sex roles, 57 (11-12), S. 851-864.

Eichenberg, Christiane/Marx, Stefan (2014). Serious Games: Zum Einsatz und Nutzen in der Psychotherapie. In: Verhaltenstherapie & Psychosoziale Praxis, 4, S. 1007-1017.

Eichenberg, Christiane/Schott, Markus. (under review). Serious Games: Benefits and Application Areas for Psychotherapy and Psychosomatic Rehabilitation. Entertainment Software Association. (2016). Essential facts about the computer and video game industry. www.theesa.com/wp-content/uploads/2016/04/Essential-Facts-2016.pdf [Zugriff: 02. 06. 2016]

Feierabend, Sabine/Klingler, Walter (2003). KIM-Studie 2003. Baden-Baden: Medienpädagogischer Forschungsverband Südwest.

Feierabend, Sabine/Plankenhorn, Theresa/Rathgeb, Thomas (2015a). JIM 2015. Jugend, Information, (Multi-) Media. Basisstudie zum Medienumfang 12- bis 19-Jähriger in Deutschland. Medienpädagogischer Forschungsverbund Südwest (mpfs). www.mpfs.de/fileadmin/JIM-pdf15/JIM_2015.pdf [28.08.16]

Feierabend, Sabine, Plankenhorn, Theresa/Rathgeb, Thomas (2015b). KIM-Studie 2014. Kinder und Medien, Computer und Internet. Medienpädagogischer Forschungsverband Südwest (mpfs). www.mpfs.de/index.php?id=646 [Zugriff: 11. 09. 2015]

Feil, Christine, Decker, Regina/Gieger, Christoph (2004). Wie entdecken Kinder das Internet? Beobachtungen bei 5- bis 12-jährigen Kindern. Wiesbaden: VS Verlag für Sozialwissenschaften.

Fissler, Patrick, Kolassa, Iris,/Schrader, Claudia (2015). Educational games for brain health: Revealing their unexplored potential through a neurocognitive approach. In: Frontiers In Psychology, 6. http://dx.doi.org/10.3389/fpsyg.2015.01056

Fox, Jesse/Tang, Wai Y. (2014). Sexism in online video games: The role of conformity to masculine norms and social dominance orientation. In: Computers in Human Behavior, 33, S. 314-320. doi: 10.1016/j.chb.2013.07.014

Friedrich, Max H. (1999/2005). Irrgarten Pubertät. Elternängste. (3. Auflage). Wien: Ueberreuter.

Friedrichs, Henrike, von Gross, Friederike, Herde, Katharina/Sander, Uwe (2014). Habitusformen von Eltern im Kontext der Computerspielnutzung. Medienimpulse, 3. www.medienimpulse.at/articles/view/685 [Zugriff: 11.09.2015]

Frölich, Jan/Lehmkuhl, Gerd (2012). Computer und Internet erobern die Kindheit: Vom normalen Spielverhalten bis zur Sucht und deren Behandlung. Stuttgart: Schattauer.

Gerding, Ashton/Signorielli, Nancy (2014). Gender roles in tween television programming: A content analysis of two genres. In: Sex Roles, 70 (1-2), S. 43-56. doi: 10.1007/s11199-013-0330-z

Großegger, Beate (2007). elf/18, die Jugendstudie 2007. Wien: Institut für Jugendkulturforschung und BMGFJ (interner Bericht).

Hainey, Tom, Connolly, Thomas, Stansfield, Mark/Boyle, Elizabeth (2011). The differences in motivations of online game players and offline game players: A combined analysis of three studies at higher education level. In: Computers and Education, 57 (1), S. 2197-2211.

Hartmann, Tilo,/Klimmt, Christoph (2006). Gender and computer games: Exploring females' dislikes. In: Journal of Computer-Mediated Communication, 11 (4), S. 910-931. doi: 10.1111/j.1083-6101.2006.00301.x

Heeter, Carrie/Winn. Bryan (2008). Gender-Identity, Play-Style, and the Design of Games for Classroom-Learning. In: Kafai, Yasmin B./Heeter, Carrie/Denner Jill/Sun, Jennifer Y (Hrsg.). Beyond Barbie® and Mortal Kombat. New Perspectives on Gender and Gaming. Massachusetts: MIT, S. 281-300.

Hou, Huei-Tse (2012). Exploring the behavioral patterns of learners in an educational massively multiple online role-playing game. In: Computers and Education, 58 (4), S. 1225-1233.

Iqbal, Ahmer, Kankaanranta, Marja/Neittaanmäki, Pekka (2010). Experiences and motivations of the young for participation in virtual worlds. In: Procedia – Social and Behavioral Sciences, 2 (2), S. 3190-3197.

Jenson, Jennifer/de Castell, Suzanne Online Games, Gender and Feminism. In: R. Mansell, Robin/Ang, Peng H. (Hrsg.) (2015), The International Encyclopedia of Digital Communication and Society. The Wiley Blackwell-ICA international encyclopedias of communication. Chichester (UK): Wiley Blackwell, S. 806-810. doi: 10.1002/9781118767771.wbiedcs116

Jenson, Jennifer, Fisher, Simon/de Castell, Suzanne (2011). Disrupting the Gender Order: Leveling Up and Claiming Space in an After-School Video Game Club. In: International Journal of Gender, Science and Technology, 3 (1), S. 148-169.

Jenson, Jennifer/de Castell, Suzanne/Fisher, Simon (Hrsg.). (2007). Girls playing games: Rethinking stereotypes. Toronto, Canada: ACM.

Kafai, Yasmin B., Heeter, Carrie, Denner, Jill/Sun, Jennifer Y. (Hrsg.) (2008a). Beyond Barbie® and Mortal Kombat. New Perspectives on Gender and Gaming. Massachusetts: MIT.

Kafai, Yasmin B., Heeter, Carrie, Denner, Jill/Sun, Jennifer Y. (2008b). Preface: Pink, Purple, Casual, or Mainstream Games: Moving Beyond the Gender Divide. In: Y.B. Kafai, C. Heeter, J. Denner & J.Y. Sun (Hrsg.), Beyond Barbie® and Mortal Kombat. New Perspectives on Gender and Gaming. Massachusetts: MIT, S. xii-xxv.

Lemmens, Jeroen S./Hendriks Stefan J.F. (2016). Addictive Online Games: Examining the Relationship Between Game Genres and Internet Gaming Disorder. In: Cyberpsychology, Behavior, and Social Networking, 19 (4), S. 270-276.doi:10.1089/cyber.2015.0415.

Louise, Foley/Jiang, Yannan/Mhurchu, Cliona N/Jull, Andrew/Prapavessis, Harry/Rodgers, Anthony/Maddison, Ralph (2014). The effect of active video games by ethnicity, sex and fitness: subgroup analysis from a randomised controlled trial. In: Int J Behave Nutr Phys Act., S. 11-46. doi: 10.1186/1479-5868-11-46

Meder, Norbert/Vollmer, Natalie (2000). Bildschirmspiele aus Sicht von Kindern. In: J. Fromme, N. Meder & N. Vollmer (Hrsg.), Computerspiele in der Kinderkultur. Opladen: Leske und Budrich, S. 73-127.

Miller, Monika K./Summers, Alicia (2007). Gender differences in video game characters' roles, appearances, and attire as portrayed in video game magazines. In: Sex roles, 57 (9-10), S. 733-742.

Phan, Mikki H./Jardina, Jo R./Hoyle, Sloane/Chaparro, Barbara S. (2012). Examining the Role of Gender in Video Game Usage, Preference, and Behaviour. In: Proceedings of the Human Factors and Ergonomics Society 2012 Annual Meeting 2012, S. 1496-1500.

Poels, Karolien/De Cock, Nele/Malliet, Steven (2012). The female player does not exist: Gender identity relates to differences in player motivations and play styles. In: Cyberpsychology, Behavior, and Social Networking, 15 (11), S. 634-638. doi: 10.1089/cyber.2012.0164

Quaiser-Pohl, Claudia/Geiser, Christian/Lehmann, Wolfgang (2005). The relationship between computer-game preference, gender, and mental-rotation ability. In: Personality and Individual Differences, 40 (3), S. 609-619.

Rehbein, Florian/Mößle, Thomas (2013). Video game and Internet addiction: Is there a need for differentiation? In: Sucht – Zeitschrift für Wissenschaft und Praxis/Journal of Addiction Research and Practice, 59 (3), S. 129-142. 10. doi:1024/0939-5911.a000245.

Resch, Franz/Parzer, Peter/Brunner, Romuald G. (1999). Entwicklungspsychopathologie des Kindes- und Jugendalters. Weinheim: Beltz.

Riemer, Valentin/Schrader, Claudia (2015). Learning with quizzes, simulations, and adventures: Students' attitudes, perceptions and intentions to learn with different types of serious games. In: Computers & Education, 88, S. 160-168. doi: 10.1016/j.compedu.2015.05.003

Rehbein, Florian/Kliem, Sören/Baier, Dirk/Mößle, Thomas/Petry, Nancy M. (2015). Prevalence of internet gaming disorder in German adolescents: diagnostic contribution of the nine DSM-5 criteria in a state-wide representative sample. In: Addiction, 110 (5), S. 842-851. doi: 10.1111/add.12849

Scharkow, Michael/Festl, Ruth/Vogelsang, Jens/Quandt, Thorsten (2015). Beyond the „core-gamer": Genre preferences and gratifications in computer games. In: Computers in Human Behavior, 44, S. 293-298. doi: 10.1016/j.chb.2014.11.020

Sindelar, Brigitte (2011). Kinder- und Jugendlichenpsychotherapie. In: Rieken, Bernd/Sindelar, Brigitte/Stephenson, Thomas. Psychoanalytische Individualpsychologie in Theorie und Praxis. Psychotherapie, Pädagogik, Gesellschaft. Wien: Springer, S. 275-305.

Sindelar, Brigitte (2014). Kinder und Jugendliche, gefangen im weltweiten Netz. In: Zeitschrift für freie psychoanalytische Forschung und Individualpsychologie 1/1, S. 97-116. doi: 10.15136/14.1.1.xx-x5

Shen, Cuihua (2014). Network patterns and social architecture in Massively Multiplayer Online Games: Mapping the social world of EverQuest II. In: New Media & Society, 16 (4), S. 672-691. doi: 10.1177/1461444813489507

Shen, Cuihua/Ratan, Rabindra/Cai, Y. Dora/Leavitt, Alex (2016). Do Men Advance Faster Than Woman? Debunking the Gender Performance Gap in Two Massively Multiplayer Online Games. In: Journal of Computer-Mediated Communication, 21 (4), S. 312-329. doi: 10.1111/jcc4.12159

Trepte, Sabine/Reinecke, Leonard/Behr, Katharina-Maria (2009). In: Creating virtual alter egos or superheroines? Gamers' strategies of avatar creation in terms of gender and sex. In: International Journal of Gaming and Computer-Mediated Simulations (IJGCMS), 1 (2), 52-76.

Valkenburg, Peter M./Cantor, James (2000). Children's likes and dislikes of entertainment programs. In: Media entertainment: The psychology of its appeal, 11, S. 135-152.

van Reijmersdal, Eva A./Jansz, Jeroen/Peters, Oscar/van Noort, Guda (2013). Why girls go pink: Game character identification and game players' motivations. In: Computers in Human Behavior, 29, S. 2640-2649. doi: 10.1016/j.chb.2013.06.046

Veltri, Natasha/Baumann, Annika/Krasnova, Hanna/Kalayamthanam, Neena (2014). Gender Differences in Online-Gaming: A Literature Review. In: Twentieth American Conferences on Information Systems, Savannah 2014, S. 1-11.

Vollmer, Natalie (2000). Nutzungshäufigkeit und Spielvorlieben. In: Fromme, Johannes/Meder, Norbert/Vollmer, Nikolaus (Hrsg.), Computerspiele in der Kinderkultur. Opladen: Leske und Burich, S. 28-45.

Internetadressen der erwähnten Serious Games im Bereich Lernspiele und neuropsychologische Trainings

Brain HQ: www.brainhq.com

RehaCom: www.schuhfried.at/font2/cogniplus-cps/rehacom

CogniPlus: www.schuhfried.at/cogniplus-cps/cogniplus-cps

Schmunzelspiele: www.austriapress.at/shop/index.php?cat=c14_Schmunzelspiele-Schmunzelspiele-14.html
Lilos Lesewelt: www.helbling.at/?pagename=lilo

Morpheus: http://morpheus.lrs-legasthenie.at/pcprogramm.html

Danksagung

MSc. Jan Aden sei für seine Zuarbeiten gedankt.

merz wissenschaft

Citizen Science Projekte verbreiten sich immer stärker im Internet und werden immer öfter als digitale Spiele aufbereitet. Die vorliegende Studie befragte 260 Spielerinnen und Spieler der Spiele Foldit, EteRNA und Eye-Wire bezüglich Nutzungsmotivationen und selbsteingeschätzter Lerneffekte der Spiele. Es zeigte sich, dass die Spiele aus vielfältigen Gründen, nämlich sozial, unterhaltungsbezogen und kompetitiv motiviert genutzt werden. Daraus ließen sich fünf Motivationstypen bilden: Enthusiasten, Soziale, Unterhaltene, Kompetitive und Demotivierte. Die Typen unterschieden sich anhand ihrer Lerneffekte und legten die Wichtigkeit der Nutzungsmotivationen offen. Insgesamt zeigt sich, dass Citizen Science Online Games nicht nur Wissen direkt vermitteln, sondern auch zu eigener Informationssuche anspornen können.

Citizen Science projects are becoming more prevalent on the Internet, increasingly in the form of digital games. The current study surveyed 260 players of the games Foldit, EteRNA and EyeWire on both the motivations behind their usage and the self-assessed educational impact of the games. Results showed that the motivations behind playing these games are tripartite, corresponding to social, entertainment and competitive motivations. Based on this, five motivational types were discovered: Enthusiastic, Social, Entertained, Competitive and Demotivated. These types differed among their educational effects and underlined the importance of usage motivations. Overall, this form of digital gaming not only has the potential to directly transfer knowledge but also spur further self-administered information seeking.

What are you folding for? Nutzungsmotivationen von Citizen Science Online Games und ihre Lerneffekte.

Tobias Füchslin

Im Jahr 2011 erschien in *Nature Structural & Molecular Biology* zum ersten Mal ein Fachartikel, der nur dank der Mithilfe von Videospielerinnen und -spielern ermöglicht wurde. Freiwillige Teilnehmende des Projekts *Foldit* schafften es, durch ein Videospiel eine effiziente dreidimensionale Proteinstruktur zu entdecken, die zukünftiger Forschung hilft, bessere antiretrovirale Medikamente zu entwickeln (vgl. Khatib et al. 2011). Was bis dahin die erste Entdeckung durch Hilfe von Videospielern war, sollte jedoch nicht die einzige bleiben. Auch im Projekt *Planet Hunters* konnten dank freiwilliger Internetnutzender neue Planeten entdeckt und bis heute zehn wissenschaftliche Publikationen realisiert werden (vgl. Planet Hunters Blog 2016). Unterfangen wie *Foldit* und *Planet Hunters* sind digitale und als Spiel aufbereitete bürgerwissenschaftliche (*Citizen Science*) Projekte. Sie ermöglichen es, komplexe und zeitintensive Probleme, die oft nicht durch reine Rechenpower zu lösen sind, mit Hilfe zahlreicher motivierter Freiwilliger anzugehen.

Während sich diese Art der Citizen Science immer stärker verbreitet, ist sie aus pädagogischer Sicht bisher noch weitgehend unbemerkt geblieben. Dabei scheint gerade die Kombination aus wissenschaftlichem Projekt und digitalem Spiel für positive Lerneffekte prädestiniert. Der vorliegende Artikel stellt eine erste, explorative Untersuchung von *Citizen Science Online Games* dar und geht der Frage nach, ob und welche Lerneffekte sich bei deren Spielerinnen und Spielern finden.

1 Citizen Science Online Games und ihre Nutzungsmotivationen

Auf der Website der Projektkoordinationsstelle *Citizen Science Central* (2016) wird Citizen Science definiert als „Projects in which volunteers partner with scientists to answer real-world questions." Bei Citizen Science ist es also das Ziel, wissenschaftliches Unterfangen (sei es Datenerhebung oder Datenanalyse) und öffentliche Beteiligung unter einen Hut zu bringen. Es existiert eine Vielzahl solcher Projekte, wobei die Ubiquität des Internets nicht nur dazu geführt hat, dass sich auch im World Wide Web immer mehr Citizen Science Projekte finden lassen, sondern auch dazu, dass diese immer öfter rein digital funktionieren (vgl. Silvertown 2009, S.467).

Entsprechend existiert eine Reihe von Typologien für Citizen Science Projekte (vgl. Bonney et al. 2009, Cooper et al. 2007, Wilderman 2007). In der vorliegenden Untersuchung liegt der Hauptfokus auf virtuellen (vgl. Wiggins/Crowston 2011) Projekten, die auf Basis des Internets funktionieren und die Teilnehmenden an der Datenerhebung und/oder Auswertung (vgl. Bonney et al. 2009) teilhaben lassen. Diese Projekte werden fortan als *Online Citizen Science* verstanden.

Doch auch innerhalb dieser Kategorie lässt sich weiter differenzieren. Einige dieser Projekte weisen sich selber klar als Spiele aus und locken mit kompetitiven Punktesystemen und Belohnungen. Hier wird eine klare Definition für Spiele wichtig. Obwohl die subjektive Bewertung der Spielenden immer entscheidend ist (vgl. Taylor 2009, S. 3), lässt sich zum Beispiel die Definition von Zimmerman und Salen (2004) heranziehen: "A game is a system in which players engage in an artificial conflict, defined by rules, that results in a quantifiable outcome." Andere Definitionen nennen weitere nötige Qualitäten wie die freiwillige Teilnahme, Feedback, Herausforderung und Interaktion (vgl. Shell 2008, Prensky 2001). Anhand dieser Definitionen können nun Online Citizen Science Projekte, die gleichzeitig alle Qualitäten eines Spiels mitbringen, als *Citizen Science Online Games* (fortan CSOGs) definiert werden. Sie sind der Untersuchungsgegenstand der vorliegenden Studie.

Diese Projekte sind Synthesen von Spiel und angewandter Wissenschaft und bieten ein entsprechend breites Angebot an Nutzungsmotivationen. Einerseits werden viele klassische Motivationen von Online Games geboten. Speziell zu nennen ist hier die Motivationstaxonomie von Yee (2006), welche die übergeordneten Motivationen Social, Achievement und Immersion identifiziert. Die Social Kategorie beschreibt sozusagen eine oberflächliche (Socializing), eine vertiefte (Relationship) und eine gruppenbezogene (Teamwork) soziale Interaktion mit anderen Spielern. Die Achievement Kategorie bezieht sich auf Fortschritt im Spiel (Advancement), den Wettkampf mit anderen Spielern (Competition) und spielstrategische Optimierungen (Mechanics). Unter *Immersion* versteht man einerseits Rollenspiel-Elemente (Role-Playing) und die individuelle Anpassung der Spielcharaktere oder sonstiger Gameelemente (Customization), andererseits das Entdecken (Discovery) und Eintauchen (Escapism) in die Spielwelt. Spätere Untersuchungen erweitern diese Konzeptualisierung mit der Enjoyment Motivation (vgl. Wu et al. 2010), die eine intrinsische Freude am Spiel beschreibt. Andererseits finden sich auch Motivationen, die auf den Projektcharakter der Citizen Science zurückzuführen sind. Untersuchungen verschiedenster Typen von Online Citizen Science Projekten bedienen sich der Motivationen Collective Motives, Norm Oriented Motives, Identification, Reputation, Social Interaction und Intrinsic Motives (vgl. Nov et al. 2014, Raddick et al. 2010, Iacovides et al. 2013). Sowohl die Social Interaction als auch die Intrinsic Motives korrespondieren stark mit der Social bzw. Enjoyment Motivation von Yees (2006) und Wu et al. (2010) Social bzw. Enjoyment Motivation. Zusätzlich beschreiben die Collective Motives, auf welche Weise sich ein Bürgerwissenschaftler vom übergeordneten Ziel des Forschungsprojekts motivieren lässt, oder sich mittels Identification als Teil der gesamten Projektgemeinschaft fühlt. Ebenso besteht die Motivation, für seinen Einsatz und seine Leistungen Anerkennung und positives soziales Feedback (Reputation) aus der Projektgemeinschaft zu bekommen. Ähnlich dazu sind auch die Norm-Oriented Motives, bei welchen die Teilnehmenden sich von außen, etwa von Freunden und Familie, eine positive Wahrnehmung erhoffen.

2 Potenzielle Lerneffekte der Citizen Science Online Games

Bisherige Forschung zu Citizen Science untersuchte hauptsächlich die Effekte der Nutzungsmotivationen auf die Kontributionsqualität und -quantität in den Projekten. Kaum betrachtet wurden Lerneffekte der Projekte auf die Freiwilligen (vgl. Jennett et al. 2016). Erste Überblicksartikel attestierten digitalen oder analogen Citizen Science Projekten positive Lerneffekte (vgl. Haywood/Besley 2014, S. 97). In jüngster Zeit wurden derartige positive Befunde auch für Online Citizen Science gezeigt (vgl. Silva et al. 2016, Masters et al. 2016). Wenn es jedoch gezielt um CSOGs geht, dann fehlen empirische Untersuchungen.

Gerade aus Sicht der subjektwissenschaftlichen Lerntheorie (vgl. Holzkamp 1993) scheint es nachvollziehbar, dass CSOGs expansives Lernen begünstigen. Dieses findet statt, sobald Lernende sich selbstmotiviert mit einem Lerngegenstand beschäftigen. Im Falle der CSOGs verbringen die Spielerinnen und Spieler aus eigenen, potenziell vielfältigen Motivationen viel Zeit im Umfeld eines wissenschaftlichen Projekts, das tiefe Einblicke in ein spezialisiertes Thema und den wissenschaftlichen Prozess ermöglicht und somit einen informationsreichen Lerngegenstand darbietet. Die hohe Motivation mag darüber hinaus mittels zusätzlicher Informationssuche zu indirekten Lerneffekten führen. Während die Theorie des expansiven Lernens nach Holzkamp hauptsächlich für formale Lernsituationen herangezogen wird, mögen CSOGs primär informelles Lernen begünstigen. Dieses wird nach Dohmen (2001, S. 25) „auf alles Selbstlernen bezogen, das sich in unmittelbaren Lebens- und Erfahrungszusammenhängen außerhalb des formalen Bildungswesens entwickelt." Gerade für Spiele dieser Art sind die Grenzen zwischen informellem Lernen und formalem Lernen innerhalb des Bildungswesens jedoch fließend, da sie in beiden Kontexten genutzt werden können. Bevor jedoch eine formale Implementierung der CSOGs diskutiert werden kann, gilt es zu klären, ob diese wenig untersuchte Spielform tatsächlich zu informellen Lerneffekten führt.

Die potenziellen Lerneffekte der CSOGs lassen sich jedoch nicht nur theoretisch begründen, sondern auch durch verwandte Forschung empirisch plausibilisieren. Die Spiele können als eine Spezialform von Serious Games verstanden werden; ein Gegenstand dessen Lerneffekte ausführlicher untersucht sind (vgl. Hwang/Wu 2012, Hoblitz 2014). Knapp zusammengefasst nach Zyda (2005) sind Serious Games Computerspiele mit einem Zweck, der über reine Unterhaltung hinausgeht. Serious Games können sich stark voneinander unterscheiden: Einerseits gibt es Unterschiede in den Spieltypen und den angestrebten Effekten (vgl. Girard et al. 2013). Andererseits lassen sie sich auf einem Kontinuum zwischen vollwertigen Spielen

mit einem Zweck und digitalen Umgebungen mit einem Zweck verorten (vgl. Marsh 2011).
Serious Games weckten schon früh Hoffnungen im Bildungsbereich. Autoren argumentierten, dass gerade Digital Natives ohne große Anpassungsschwierigkeiten von den Spielen profitieren können (vgl. Prensky 2001, Westera et al. 2008, Bekebrede et al. 2011). Entsprechend verbreiteten sich Serious Games mit Bildungszweck, auch *Educational Games* genannt (vgl. Backlund/Hendrix 2013), immer stärker (vgl. Tobias et al. 2011). Sie locken mit sicherem und kosteneffizientem Lernen (vgl. Gee 2007), Interaktivität, Personalisierbarkeit, attraktiver Grafik und hoher Akzeptanz bei Jugendlichen (vgl. Girard et al. 2013, S. 207 ff., Westera et al. 2008, Hainey et al. 2011). Diesen Hoffnungen stand jedoch lange nicht die nötige empirische Evidenz gegenüber. Auch wenn weiterhin Kritik an der Quantität und Qualität der Forschung zu den Effekten dieser Spiele besteht (vgl. Giessen 2015), so finden sich mittlerweile doch einige Metaanalysen zum Thema. In Vergleichen mit gewöhnlichen Lernmethoden zeigt sich gerade bei direkten Lerneffekten, dass Educational Games zu besseren Resultaten führen (vgl. Clark et al. 2015). Hier werden Effekte sowohl auf das Wissen und die Erinnerung (vgl. Backlund/Hendrix 2013, Wouters et al. 2013, Connolly et al. 2012, Sitzmann 2011) als auch auf höhere kognitive Fähigkeiten wie Problemlösungsfähigkeiten (vgl. Wouters et al. 2013, Perrotta et al. 2013) festgestellt. Zusätzlich zeigt sich wiederholt, dass die Spiele die Lernenden stärker motivieren spielerisch weiterzulernen (vgl. Clark et al. 2015, Connolly et al. 2012, Bellotti et al. 2013) oder sich weiter zu informieren (vgl. Perrotta et al. 2013).
Im Detail betrachtet beinhalten diese Befunde noch einige Widersprüche, die durch die hohe Heterogenität der Serious Games zu erklären sind (vgl. Ke 2009). So zeigt sich zwar, dass Serious Games im Bildungsbereich weiterhin vielversprechend sind, aber noch einiges an Arbeit geleistet werden muss, um deren Effektivität differenziert belegen und erklären zu können (vgl. Girard et al. 2013). Darüber hinaus bestehen noch Lücken, wie die Spiele optimal in den Unterricht integriert werden können (vgl.

Backlund/Hendrix 2013) und wie es um die Langlebigkeit der Effekte steht.
Trotz diesen Widersprüchen lässt sich sowohl auf Basis der subjektwissenschaftlichen Lerntheorie als auch der empirischen Befunde zu den strukturell verwandten Educational Games für die CSOGs insgesamt erwarten, dass sie potenzielle Lerneffekte mit sich bringen. Um diese besser nachvollziehen zu können, lohnt sich ein genauerer Blick auf drei solcher CSOGs.

3 Foldit, EteRNA und EyeWire

Die vorliegende Untersuchung fokussiert konkret die drei CSOGs *Foldit*, *EteRNA* und *EyeWire*. Diese stammen alle aus dem Themenbereich der Mikrobiologie und sind sich in vielerlei Hinsicht sehr ähnlich. Um einen besseren Einblick zu verschaffen, wird das erfolgreichste der drei Spiele, *Foldit*, genauer vorgestellt.
Bei *Foldit* handelt es sich um ein im Mai 2008 veröffentlichtes 3D-Computerspiel, das an der Universität von Washington in Seattle vom Center for Game Science zusammen mit dem Departement für Biochemie entwickelt wurde (vgl. Center for Game Science 2016). *Foldit*-Spielende versuchen durch Modifikationen eines Proteins möglichst kompakte und effiziente Proteinstrukturen zu entwickeln. Zwar sind der Forschung die generellen Mechanismen des „Protein-Faltens" bekannt, dennoch gibt es bisher keine Computeralgorithmen, welche die besten Proteinstrukturen identifizieren können. Menschen sind bei solchen Aufgaben nach wie vor überlegen und

Abb. 1: Foldit Einführungslevel

merz wissenschaft

Abb. 2: EteRNA Einführungslevel

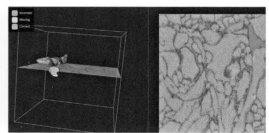

Abb. 3: Neuron im Gewebeblock in der Gesamtansicht (links) und Querschnittsansicht (rechts) beim Spiel EyeWire

genau deswegen wurde dieser Optimierungsprozess spielerisch aufbereitet (vgl. Cooper 2011).

Das Spiel kann durchaus als komplex bezeichnet werden und besitzt daher auch ein Tutorial mit 32 Einführungslevels. Danach kann man versuchen, eine Vielzahl an spezifischen Protein-Puzzles optimal zu falten. Je natürlicher die konzipierte Proteinstruktur, desto mehr Punkte werden der Spielerin oder dem Spieler attribuiert. Die gesammelten Highscores der Spielenden werden in öffentlichen Ranglisten festgehalten. Alle *Foldit*-Spielenden besitzen eine eigene Profilseite, auf der sie sich der Community anhand von Highscores, Foto und Kurzbiografie vorstellen können. Die Community kann sich neben der privaten Nachrichtenfunktion über einen offenen in-game Chat austauschen und versuchen, gemeinsam an gewissen Protein-Puzzles zu arbeiten, oder sie können sich sogar offiziell als Gruppe/Clan zusammenschließen. Wichtig und rege genutzt scheinen zudem der Webseitenblog und das Online-Forum zu sein, wo die Spielenden alles Mögliche rund ums Spiel diskutieren. Insgesamt hat *Foldit* über 600.000 registrierte Nutzerinnen und Nutzer, wovon aber nur etwa 3.700 Spielerinnen und Spieler sich über die Tutorials hinaus Punkte erspielt haben. Das Spiel hat neben regelmäßiger medialer Aufmerksamkeit auch für die Forschung relevante Outputs produziert. So wurden drei Artikel in Nature Journals publiziert, wobei „Foldit Players" ebenfalls als Co-Autor ausgewiesen wurde (vgl. Center for Game Science 2016).

Wie bereits angesprochen, sind die anderen beiden Spiele *Foldit* sehr ähnlich. Auch bei *EteRNA* geht es um das Falten, diesmal versuchen die Spielenden jedoch, optimale RNA-Strukturen zu entwickeln. Bei *EyeWire* dreht sich alles um neuronale Vernetzungen, welche von den Spielenden aufgedeckt werden sollen. Scans von Gewebequerschnitten ermöglichen es, mit dem nötigen Geschick zu identifizieren, wie sich ein Neuron in diesem Gewebe ausbreitet. Dadurch kartografieren die Spielenden neuronale Strukturen und helfen den Forschenden zu verstehen, nach welchen Regeln neuronale Netzwerke aufgebaut sind. Mit Erstellung eines kostenlosen Benutzerkontos lässt sich sehr schnell ein eigener Eindruck der Spiele gewinnen (vgl. EteRNA 2016; EyeWire 2016).

4 Forschungsfragen

CSOGs bieten eine Vielzahl an sozialen, unterhaltenden und kompetitiven Nutzungsmotivationen. Diese sind unter anderem zurückzuführen auf das wissenschaftliche Projektziel, die digitale und spielerische Aufbereitung, das kompetitive Punktesystem, oder die diversen Kommunikationsfunktionen wie Chats und Foren. Dies erlaubt einer heterogenen Nutzerschaft, aus unterschiedlichsten Gründen Gefallen an so einem Spiel zu finden. Die Theorie des expansiven Lernens legt nahe, dass dieses reiche Motivationsangebot Lerneffekte begünstigt. Gleichzeitig weiß man empirisch sowohl aus der Forschung zu Citizen Science Projekten als insbesondere auch aus der Forschung zu Educational Games, dass Spiele dieser Art Lerneffekte begünstigen. Gerade die hier ausgewählten Spiele aus dem Bereich der Mikrobiologie beinhalten durchaus anspruchsvolles Wissen rund um Themen wie Proteine, RNA und Nervenzellen. Ebenso hat man die Chance, als digitale Bürgerwissenschaft-

	sozial motiviert	unterhaltungs-motiviert	kompetitiv motiviert
Norm Oriented Motives	0.469		
Reputation	0.863		
Identification	0.698		
Social Interaction	0.859		
Intrinsic Motives		0.732	
Escapism		0.862	
Discovery		0.676	
Collective Motives			-0.528
Achievement			0.787
Eigenwert	**3.335**	**1.202**	**1.099**
Varianzaufklärung	**37.05 %**	**13.36 %**	**12.20 %**
Hauptkomponentenanalyse mit Oblimin-Rotation. Faktorladungen unter 0.400 sind nicht abgebildet. Quelle: Eigene Darstellung			

Tab. 1: Faktorenanalyse der Nutzungsmotivationen

lerin oder -wissenschaftler mitzubekommen, was es heißt, Wissenschaft zu betreiben und dies auf moderne Art und Weise. Obwohl diese Projekte also nicht als Lernspiele konzipiert wurden, bringen sie einen immanenten Lernbezug mit sich. Über mehr als diese Potenziale weiß man jedoch aus Sicht der Forschung noch nichts. Ebenfalls ist unklar, wie diese möglichen Lerneffekte mit unterschiedlichen Nutzungsmotivationen korrespondieren. Entsprechend lohnt es sich, den Gegenstand mit einer explorativen Analyse anhand von drei Forschungsfragen anzugehen:

FF1: Was sind die Nutzungsmotivationen der jugendlichen Spieler von CSOGs und wie unterscheiden sie sich von den älteren Spielern?
FF2: Wie lassen sich die Spieler von CSOGs anhand ihrer Nutzungsmotivationen typologisieren?
FF3: Welche Wissens- und Einstellungseffekte der Spiele sind bei den unterschiedlichen Motivationsgruppen vorhanden?

Dazu muss zuerst einmal geklärt werden, welche Nutzungsmotivationen sich bei diesen Spielerinnen und Spielern tatsächlich vorfinden lassen und ob sich diese zwischen jugendlichen und älteren Spielenden merklich unterscheiden. Falls keine frappanten Unterschiede vorliegen, lässt sich gleich die gesamte Nutzerschaft anhand ihrer Nutzungsmotivationen gruppieren und bezüglich ihrer Lerneffekte analysieren und vergleichen. Dies wird Rückschlüsse auf die pädagogische Praxis und insbesondere erste Handlungsempfehlungen im Umgang mit dieser Spezialform eines digitalen Spiels erlauben.

5 Methodik

Mittels einer Online-Befragung wurden Spielerinnen und Spieler von CSOGs aus dem Themenbereich der Mikrobiologie befragt. Die Rekrutierung der Befragungsteilnehmerinnen und -teilnehmer verlief zunächst möglichst offen und war noch nicht auf einen Themenbereich eingeschränkt. Erst im Verlaufe der Datensammlung wurde die Rekrutierung für die drei vorgestellten Spiele aus dem Bereich der Mikrobiologie optimiert. Die Spielenden wurden über die Chat- und Forumsfunktionen, sowie über Privatnachrichten auf der jeweiligen Plattform zur Befragung eingeladen. Als Incentive wurde unter allen Befragten ein 50$ Gutschein eines Online Händlers verlost. Der Online-Fragebogen (ca. 9 Minuten Befragungsdauer) war vom 1.01.2015 bis zum 31.03.2015 aktiv und wurde nach Datenbereinigung von 260 Spielenden ausgefüllt.

Der englische Fragebogen nutzte primär fünfstufige Likert-Skalen (1=completely disagree; 5=completely agree) und erfasste basierend auf der vorgestellten Literatur folgende neun Nutzungsmotivationen: Norm-Oriented Motives, Reputation, Collective Motives, Intrinsic Motives, Identification, Achievement, Social Interaction, Discovery, Escapism. Die Operationalisierungen der Variablen folgten weitgehend den Vorbildstudien, wurden aber in einigen Fällen noch sprachlich optimiert und durch weitere Items ergänzt.

Nach dem Block zu den Nutzungsmotivationen gaben die Befragten die selbsteingeschätzten Effekte ihrer Nutzung an. Dies umfasste zum einen Lerneffekte, die in dieser Arbeit als Effekte auf das Wissen insgesamt (*General Knowledge*) und das Wissen zum Thema Biologie (*Biology Knowledge*) operationalisiert wurden. Zum anderen wurden auch Einstellungs- und Motivationseffekte auf das Interesse an Wissenschaft (*Interest in Science*) und die persönliche Motivation zur zusätzlichen Informationssuche (*Information Seeking*) für die Themen Wissenschaft & Technik sowie Biologie abgefragt.

6 Typologie der Nutzungsmotivationen

Die neun untereinander stark korrelierenden Nutzungsmotivationen (KMO=.782; Bartlett Test: $\chi^2(36)=591.33$, $p<.001$) wurden vor der Clusteranalyse einer Faktorenanalyse unterzogen. Basierend auf einer Hauptkomponentenanalyse mit Oblimin-Rotation wurden anhand des Kaiser-Kriteriums (Eigenwerte >1) drei Faktoren extrahiert, die zusammen eine Varianzaufklärung von knapp 63 Prozent erreichen.

Tabelle 1 zeigt die Zuordnung der einzelnen Motivationen auf die drei Faktoren, die je eine übergeordnete Nutzungsmotivation repräsentieren. Der erste Faktor beschreibt, wie sozial motiviert eine Person bei der Nutzung des Spiels ist. Personen mit hohen Faktorscores sind alle Aspekte rund um die Spielgemeinschaft wichtig und sie erhoffen sich ebenfalls Bestätigung von Freunden und Familie für ihre Kontributionen und Leistungen. Der zweite Faktor spiegelt wider, wie stark unterhaltungsmotiviert die Spielenden sind. Hohe Werte weisen darauf hin, dass das Spiel gespielt wird, um dem Alltag zu entfliehen, Spaß zu haben und Neues zu entdecken. Der letzte Faktor steht dafür, wie kompetitiv motiviert die einzelnen Spielenden sind. Wer hohe Werte aufweist, der oder die will sich mit anderen messen und tut dies viel weniger als die durchschnittlichen Spielenden, um das wissenschaftliche Ziel hinter dem Spiel zu unterstützen. Auf Basis dieser drei übergeordneten Motivationen wurden alle Spielenden bis und mit 25 Jahren mit den älteren verglichen. Tabelle 2

	Alter ≤ 25	Alter > 25
N (% des Samples)	140 (54 %)	120 (46 %)
sozial motiviert	-.061	.071
unterhaltungsmotiviert	.004	-.004
kompetitiv motiviert	.033	-.039
Z-Scores der Motivationsfaktoren pro Gruppe; keine sign. Mittelwertunterschiede; Quelle: Eigene Darstellung		

Tab. 2: *Vergleich der Nutzungsmotivationen junger und alter Spieler*

	Enthusiasten	Soziale	Unterhaltene	Kompetitive	Demotivierte
N (% des Samples)	49 (19 %)	53 (20 %)	53 (20 %)	76 (29 %)	29 (12 %)
sozial motiviert	**.987**	**.737**	-.293	-.459	**-1.278**
unterhaltungs- motiviert	**1.033**	-.094	**.417**	-.402	**-1.283**
kompetitiv motiviert	**.395**	-.359	-1.172	**.979**	-.435
Z-Scores der Motivationsfaktoren pro Gruppe; Quelle: Eigene Darstellung					

Tab. 3: Die fünf Motivationstypen

zeigt, die drei Faktoren-Mittelwerte (Z-standardisiert) im Vergleich der beiden Altersgruppen. Je näher die Mittelwerte bei Null liegen, desto durchschnittlicher ist die Motivation ausgeprägt. Die statistischen Gruppenvergleiche pro Faktor deuten dabei auf keine signifikanten Unterschiede hin, da praktisch alle Mittelwerte sehr gering sind. Es kann also davon ausgegangen werden, dass die Gesamtheit an ‚jüngeren' Spielerinnen und Spielern etwa die gleichen Motivationen aufweist wie die ‚älteren' Spielenden. Daher konnte die weitere Analyse auf Basis der gesamten Stichprobe durchgeführt werden, was den Vorteil einer höheren Fallzahl mit sich bringt. Es besteht Grund zur Annahme, dass die folgenden Ergebnisse sich auch spezifisch für jüngere Spielerinnen und Spieler (unter 25 Jahren) deuten lassen.

Auf Basis der drei Faktoren wurde danach das gesamte Sample einer Clusteranalyse unterzogen. Zum Gruppieren wurde die Ward-Methode mit euklidischer Distanz verwendet. Die Analyse des Dendrogramms und der Diskriminanzanalyse (90,8 % korrekte Fallzuordnung) legte insbesondere die Interpretation der Fünf-Cluster-Lösung nahe. Es war ebenfalls eine Lösung, die für eine explorative Analyse den höchsten Mehrwert brachte. In Tabelle 3 zeigt sich nun, wie die Mittelwerte der Nutzungsmotivationen jeweils viel höher ausgeprägt sind und für fünf distinkte Motivationstypen stehen.

6.1 Enthusiasten

Das erste Cluster macht 19 Prozent des Samples aus und weist auf allen drei Motivationsdimensionen überdurchschnittliche Werte auf. Personen aus dieser Gruppe spielen CSOGs, weil sie diese als besonders unterhaltend empfinden und sie stärker als die anderen durch die sozialen Features der Spiele motiviert sind. Ebenso ist diese Gruppe stärker als die meisten Cluster durch den kompetitiven Aspekt der Spiele zur Nutzung angetrieben. Da dieses Cluster praktisch alle abgefragten Motivationen aufweist, lässt sich sagen, dass diese Spiele geradezu wie für sie gemacht sind und perfekt zu ihren Präferenzen passen. Folglich wurde diese Nutzergruppe als die *Enthusiasten* benannt.

6.2 Soziale

Das zweite Cluster weist im Gegensatz zu den Enthusiasten nur noch eine stark ausgeprägte Motivationsdimension auf. Zwar etwas weniger stark als die Enthusiasten, ist diese Gruppe besonders durch die sozialen Elemente der Spiele motiviert. Anders als den Durchschnittsspielenden ist ihnen die soziale Interaktion mit anderen, die Spieler-Community und die Reputation, die sie darin haben, speziell wichtig und bietet Anlass zur Nutzung. Während der Unterhaltungsaspekt sie weder positiv noch negativ auszeichnet, geht es diesen Spielerinnen und Spielern weniger darum, möglichst hohe und bessere High-Scores zu erreichen. Auf dieser Basis wurde dieses Cluster, das 20 Prozent des Samples ausmacht, als die *Sozialen* betitelt.

6.3 Unterhaltene
Das dritte Cluster (20 % des Samples) wurde als die *Unterhaltenen* gekennzeichnet, da die Unterhaltungsmotivation dieser Spielenden die einzige Dimension ist, die überdurchschnittlich ausgeprägt ist. Sie sind unterdurchschnittlich durch die sozialen Aspekte motiviert und noch weniger nutzen sie die Spiele, um möglichst hohe Punktzahlen zu erreichen. Vielmehr nutzen sie die Spiele als Alltags-Ausgleich, der ihnen freudige Unterhaltung liefert.

6.3 Kompetitive
Bisher waren zwei der drei Motivationen für ein eigenes Cluster maßgebend. Das vierte Cluster wird nun durch die dritte Motivation, die kompetitive, definiert. Auch hier sprechen die Werte eine klare Sprache: Die Spielenden dieser Gruppe sind weniger sozial oder durch Unterhaltung motiviert, dafür umso mehr durch den kompetitiven Aspekt der Spiele. Damit einher geht ein unterdurchschnittliches Interesse am kollektiven Ziel des Spielprojekts. Diese Spielenden sind gekommen, um hohe Punkte zu erreichen und sich mit anderen zu messen. Im untersuchten Sample machen sie mit 29 Prozent die größte Gruppe aus und gelten fortan als die *Kompetitiven*.

6.4 Demotivierte
Das letzte Cluster besteht nur aus 29 Fällen (12 %) und ist bei Clusteranalysen oft ein schwer interpretierbares Restcluster. Jedoch zeigt diese Gruppe sehr wohl ein klares Muster. Sie sind nämlich in allen drei Motivationsdimensionen geringer motiviert als der Rest der Stichprobe. Sie zeigen relativ gesehen die tiefsten Motivationen in sozialer und unterhaltender Hinsicht. Aber auch die kompetitive Nutzung scheint ihnen eher nicht ein spezieller Ansporn zu sein. Das einzige was sie indirekt zu motivieren scheint, ist das kollektive Ziel, das laut Faktorenanalyse negativ auf die kompetitive Motivation lädt. Unter diesen Voraussetzungen wird diese Gruppe sozusagen als Gegenstück zu den Enthusiasten als die *Demotivierten* bezeichnet.

7 Die Effekte der Citizen Science Online Games

Für diese fünf Motivationstypen lässt sich nun analysieren, welche Effekte CSOGs auf sie haben. Diese sind, zusammen mit der Sozidemografie und Variablen zu Spielnutzung in Tabelle 4 abgebildet.

Wenig überraschend haben die Enthusiasten bereits am meisten Zeit in das Spiel investiert. Folgerichtig schätzen sie den Einfluss des Spiels auf ihr Wissen, ihr Interesse an Wissenschaft und auf ihre Motivation, sich intensiver mit Biologie oder Wissenschaft auseinanderzusetzen, am stärksten ein. Im starken Kontrast dagegen haben die Demotivierten die Spiele bisher am wenigsten genutzt und vermuten (mit Werten unter der Skalenmitte 3) eher nicht, dass ihre Nutzung einen der abgefragten Effekte mit sich bringt. Der Vergleich dieser beiden „extremen" Motivationsgruppen zeigt nachvollziehbare Unterschiede. Es scheint naheliegend, dass diejenigen Spielerinnen und Spieler, die bezüglich aller übergeordneten Nutzungsmotivationen von ihrem Citizen Science Online Game begeistert sind, auch am meisten von den Effekten des Spiels überzeugt sind. Daraus folgt der Antrieb, sich zusätzlich zu den Themen des Spiels zu informieren. Die anderen selbsteingeschätzten Effekte sind mit mehr Vorsicht zu genießen, da die Spielenden ‚ihr' Spiel vermutlich besonders gut darstellen wollen. Bei den Demotivierten würde dann die genau umgekehrte Logik zutreffen. Sie haben durchgehend geringere Motivationen als das Gesamtsample und sehen aus diesem fehlenden Enthusiasmus heraus auch eher keine klaren Effekte des Spiels.

Umso interessanter sind daher die Vergleiche zwischen den Sozialen, Unterhaltenen und Kompetitiven. Zunächst ist hier festzustellen, dass sich die Sozialen und Unterhaltenen in keinem der Mittelwerte der selbsteingeschätzten Effekte signifikant unterscheiden. Die einzigen merklichen Unterschiede liegen darin, dass die Unterhaltenen rund zehn Jahre jünger sind und noch nicht so viele Stunden in das Spiel investiert haben. Erst im Vergleich dieser beiden Cluster mit den Kompetitiven zeichnet sich eine klare Zäsur ab. Die Kompetitiven, die nach Highscores streben und unterdurch-

	Enthusiasten	Soziale	Unterhaltene	Kompetitive	Demotivierte
N	49	53	53	76	29
Soziodemografie (ohne statistische Quervergleiche)					
männlich	65 %	74 %	72 %	78 %	66 %
Durchschnittsalter	33.24	36.75	25.98	28.74	30.79
maximal Abitur	36.70 %	30.20 %	30.20 %	27.60 %	17.20 %
zusätzliche Bildung	14.3 %	24.5 %	26.4 %	31.6 %	20.7 %
mindestens Bachelor	49.0 %	45.3 %	43.4 %	40.8 %	62.1 %
Nutzungshäufigkeit					
Spielnutzung (total Stunden)	784.74[a]	680.71[b]	356.19	460.38	132.6[ab]
generelle Spielnutzung (Stunden/Woche)	9.6	7.94	7.69	10.65	8.67
Selbsteingeschätzte Effekte					
General Knowledge	4.57[ab]	4.38[cd]	4.38[ef]	3.83[aceg]	3.21[bdfg]
Biology Knowledge	4.36[ab]	4.05[cd]	4.07[ef]	3.57[aceg]	2.79[bdfg]
Interest in Science	4.35[abcd]	3.79[aef]	3.85[bgh]	3.32[cegi]	2.69[dfhi]
Science Information Seeking	4.31[abcd]	3.87[aef]	3.87[bgh]	3.38[cegi]	2.55[dfhi]
Biology Information Seeking	4.53[abc]	3.92[ade]	4.19[fg]	3.46[bdfh]	2.69[cegh]

Signifikante Unterschiede (nach LSD Post-Hoc Test) zwischen Clustermittelwerten bezüglich derselben Variable wurden mit demselben hochgestellten Buchstaben versehen. Quelle: Eigene Darstellung

Tab. 4: Zusätzliche Deskription der fünf Motivationstypen

schnittlich durch das Projektziel motiviert sind, profitieren weniger von den CSOGs. Zwar vermuten sie absolut gesehen, dass auch sie von der Nutzung des Spiels profitiert haben, jedoch tun sie dies bei allen fünf abgefragten Effekten signifikant weniger als die Sozialen und Unterhaltenen.

Eine mögliche Interpretation liegt in unterschiedlichen kognitiven Grundhaltungen aufgrund unterschiedlicher Motivationen. Spielende, die sich primär mit anderen messen wollen, mögen so stark auf dieses Ziel fokussiert sein, dass sie sich neben dem Punktesystem des Spiels auf kaum etwas anderes einlassen. Dagegen mögen die Haltungen der Sozialen und Unterhaltenen offener und entspannter sein. Dadurch nehmen sie im Spiel offeriertes Wissen eher wahr und sind eher motiviert, sich weiter zum Thema des Spiels zu informieren.

8 Diskussion und Fazit

Diese explorativen Befunde zu den Lerneffekten der CSOGs sind vielversprechend. Basierend auf den Resultaten des Altersgruppenvergleichs können die Befunde außerdem auch direkt auf junge Menschen bezogen werden. Es zeichnet sich insgesamt ab, dass die Spiele das Potenzial haben, das Wissen der Spielerinnen und Spieler zu steigern. Dies sowohl im Sinne von generellem Wissen als auch von spezifischem Wissen zum Thema des Spiels. Ebenso kann vermutet werden, dass die Spiele indirekt zu Wissensaneignung führen. Sie steigern das Interesse an Wissenschaft und bringen die Spielenden dazu, sich auch zusätzlich zum Thema des Spiels oder über Wissenschaft im Allgemeinen zu informieren.

Gerade die letzten beiden Effekte sind eine große Stärke dieser Spiele. CSOGs sind nicht darauf ausgerichtet, den Spielenden stets mehr und neues Wissen zu offerieren, sondern vermitteln schlichtweg das zum Spielen notwendige Wissen. Während dies bereits einen Wissenszuwachs ermöglicht, ist es besonders vielversprechend, dass die Spielerinnen und Spieler sich zusätzlich zur Informationssuche motiviert fühlen und somit so viel zum Thema lernen können wie sie wünschen.

Dies betrifft nicht nur das Thema des Spiels (hier Biologie), sondern auch Wissen zur Wissenschaft selber. Dies liegt wohl daran, dass es sich bei den Spielen um wissenschaftliche Projekte handelt und die Spielenden daher eine Neugier für die Funktionsweisen der Wissenschaft entwickeln.

Die Hauptresultate der Studie passen auch zu bisherigen Befunden aus der Forschung zu Educational Games. Auch dort zeigten sich in ähnlicher Weise direkte Lerneffekte und Effekte auf die Lernmotivation. Wie die Forschung zu Educational Games insgesamt, weist auch die vorliegende explorative Untersuchung Limitationen auf. Zwar wurde mit Spielerinnen und Spielern von CSOGs noch nie zuvor eine solch umfangreiche Befragung durchgeführt, jedoch kann aufgrund der Selbstselektion der Teilnehmenden nicht ohne Weiteres von einem repräsentativen Sample gesprochen werden. Die Tatsache, dass die Clusteranalyse dennoch ein breites Spektrum an Typen hervorgebracht hat, spricht dennoch für eine hohe Vielfalt an Befragungsteilnehmerinnen und -teilnehmern. Ebenso ist zu betonen, dass es sich bei den aufgezeigten Effekten um selbsteingeschätzte Effekte handelt. Eine solche Messung von Effekten kann Resultate verzerren und mag gerade bei Lerneffekten zu Selbstüberschätzungen führen (vgl. Kruger/Dunning 1999). Die vorliegenden Resultate dürfen daher nicht als endgültig verstanden werden, sondern vielmehr als erstes empirisches Anzeichen, das weitere Studien mit aufwendigeren Messmethoden legitimiert. Wie bei den Educational Games bieten sich dafür Untersuchungen zur Langlebigkeit der Effekte und Studien zu einer effektiven Implementierung in formale Lernkontexte an.

Daran anschließend ist zu betonen, dass die aufgezeigten Effekte aus einem informellen Lernkontext resultierten. Die Berücksichtigung unterschiedlicher Motivationstypen kann jedoch einen Beitrag zur Implementierung der CSOGs in formalen Kontexten leisten. So ist für die pädagogische Praxis festzuhalten, dass die untersuchten Lerneffekte nur wahrscheinlich sind, wenn die Spielenden auch tatsächlich eine genuine Motivation haben, das Spiel zu spielen. Es würde also keinen Sinn machen, Schülerinnen und Schüler und Studierende zu regelmäßiger Nutzung des Spiels zu verpflichten. Die wenig motivierte Gruppe in dieser Untersuchung zeigt klar, dass sie für sich keinen Nutzen des Spiels sah. Dieser Befund geht Hand in Hand mit der subjektwissenschaftlichen Lerntheorie, bei der expansives Lernen nur durch starke Eigenmotivation stattfinden kann. Das Gute an diesen Spielen ist jedoch, dass sie eine große Bandbreite an Motivationen liefern und somit unterschiedlich zugänglich und motivierend sein können. Zwar bestehen zwischen diesen Motivationsformen vermutlich Unterschiede in den Lerneffekten; eine rein kompetitive Nutzung mag zu geringeren Lerneffekten führen. Jedoch kann diese Not zur Tugend werden. Denn gerade diese kompetitive Nutzungsweise, die stark an jene eines klassischen Videospiels erinnert, kann ein wichtiger Anschlusspunkt für Jugendliche und ihre Spielgewohnheiten sein. Sie kann als wichtiger Einstieg fungieren, wobei die jungen Spielerinnen und Spieler mit der Zeit durchaus auch andere Motivationen entwickeln könnten, die noch bessere Lerneffekte in Aussicht stellen würden. Schlussendlich wird aus pädagogischer Sicht das wichtigste sein, die Schülerinnen und Schüler und Studierenden von Anfang an mit allen Funktionen der CSOGs vertraut zu machen. Dann besteht die beste Chance, mittels CSOGs Begeisterung für das Spiel und womöglich sehr bald auch für die Wissenschaft an sich zu ermöglichen.

Literatur

Backlund, Per/Hendrix, Maurice (2013). Educational games - Are they worth the effort? A literature survey of the effectiveness of serious games (S. 1-8). IEEE.

Bekebrede, Geertje/Warmelink, Harald J. G./Mayer, Igor S. (2011). Reviewing the need for gaming in education to accommodate the net generation. Computers & Education, 57 (2), 1521-1529.

Bellotti, Francesco/Kapralos, Bill/Lee, Kiju/Moreno-Ger, Pablo/Berta, Ricardo (2013). Assessment in and of Serious Games: An Overview. Advances in Human-Computer Interaction, 2013, S. 1-11.

Bonney, Rick/Ballard, Heidi L./Jordan, Rebecca/McCallie, Ellen/Phillips, Tina/Shirk, Jennifer L./Wilderman, Candie C. (2009). Public Participation in Scientific Research: Defining the Field and Assessing its Potential for Informal Science Education. Washington DC: Center for Advancement of Informal Science Education (CAISE).

Center for Game Science (2016). Foldit. Abgerufen 1. Juni 2016, von www.centerforgamescience.org/blog/portfolio/foldit/

Citizen Science Central. (2016). Defining Citizen Science. Abgerufen 1. Juni 2016, von www.birds.cornell.edu/citscitoolkit/about/definition

Clark, Douglas B./Tanner-Smith, Emily E./Killingsworth, Stephen S. (2015). Digital games, design, and learning a systematic review and meta-analysis. Review of educational research, 0034654315582065.

Connolly, Thomas M./Boyle, Elizabeth A./MacArthur, Ewan/Hainey, Thomas/Boyle, James M. (2012). A systematic literature review of empirical evidence on computer games and serious games. Computers & Education, 59 (2), 661-686.

Cooper, Caren B./Dickinson, Janis/Phillips, Tina/Bonney, Rick (2007). Citizen Science as a Tool for Conservation in Residential Ecosystems. Ecology and Society, 12 (2).

Cooper, Seth (2011). A framework for scientific discovery through video games. University of Washington. http://gradworks.umi.com/35/01/3501867.html

Dohmen, Günther (2001). Das informelle Lernen. Die internationale Erschließung einer bisher vernachlässigten Grundform menschlichen Lernens für das lebenslange Lernen aller. Bundesministerium für Bildung und Forschung, BMBF.

EteRNA (2016). Abgerufen 1. Juni 2016, von www.eterna.cmu.edu/web/about/

EyeWire (2016). Abgerufen 1. Juni 2016, von www.blog.eyewire.org/about/

Gee, James P. (2003). What video games have to teach us about learning and literacy. Computers in Entertainment (CIE), 1 (1), S. 20-20.

Giessen, Hans W. (2015). Serious Games Effects: An Overview. Procedia – Social and Behavioral Sciences, 174, S. 2240-2244.

Girard, Coarlie/Ecalle, Jean/Magnan, Annie (2013). Serious games as new educational tools: how effective are they? A meta-analysis of recent studies: Serious games as educational tools. Journal of Computer Assisted Learning, 29 (3), S. 207-219.

Hainey, Thomas/Connolly, Thomas M./Stansfield, Mark/Boyle, Elizabeth A. (2011). Evaluation of a game to teach requirements collection and analysis in software engineering at tertiary education level. Computers & Education, 56 (1), S. 21-35.

Haywood, Benjamin K./Besley, John C. (2014). Education, outreach, and inclusive engagement: Towards integrated indicators of successful program outcomes in participatory science. Public Understanding of Science, 23 (1), S. 92-106.

Hoblitz, Anna (2014). Educational Games an der Schnittstelle zwischen informellem und formellem Lernen. merz, 58 (6), S. 18-27.

Holzkamp, Klaus (1993). Lernen: Subjektwissenschaftliche Grundlegung. Campus Verlag.

Hwang, Gwo-Jen/Wu, Po-Han (2012). Advancements and trends in digital game-based learning research: a review of publications in selected journals from 2001 to 2010: Colloquium. British Journal of Educational Technology, 43 (1), E6-E10.

Iacovides, Ioanna/Jennett, Charlene/Cornish-Trestrail, Cassandra/Cox, Anna L. (2013). Do Games Attract or Sustain Engagement in Citizen Science?: A Study of Volunteer Motivations. In CHI '13 Extended Abstracts on Human Factors in Computing Systems (S. 1101-1106).

Jennett, Charlene/Kloetzer, Laure/Schneider, Daniel/Iacovides, Ioanna/Cox, Anna L./Gold, Margaret/Fuchs, Brian/Eveleigh, Alexandra/Mathieu, Kathleen/Ajani, Zoya/Talsi, Yasmin (2016). Motivations, learning and creativity in online citizen science. JCOM 15 (03), A05.

Ke, Fengfeng (2009). A qualitative meta-analysis of computer games as learning tools. Handbook of research on effec-tive electronic gaming in education, 1, S. 1-32.

Khatib, Firas/DiMaio, Frank/Contenders Group/Foldit Void Crushers Group/Cooper, Seth/Kazmierczyk, Maciej/Baker, David (2011). Crystal structure of a monomeric retroviral protease solved by protein folding game players. Nature Structural & Molecular Biology, 18 (10), S. 1175-1177.

Kruger, Justin/David Dunning (1999). Unskilled and Unaware of it: How Difficulties in Recognizing One's Own Incompetence Lead to Inflated Self-assessments. Journal of Personality and Social Psychology 77 (6), S. 1121-1134.

Marsh, Tim (2011). Serious games continuum: Between games for purpose and experiential environments for purpose. Entertainment Computing, 2 (2), S. 61-68.

Masters, Karen/Oh, Eun Y./Cox, Joe/Simmons, Brooke/Lintott, Chris/Graham, Gary/Greenhill, Anita/Holmes, Kate (2016). Science learning via participation in online citizen science. JCOM 15 (03), A07.

Nov, Oded/Arazy, Ofer/Anderson, David (2014). Scientists@Home: What Drives the Quantity and Quality of Online Citizen Science Participation? PLoS ONE, 9 (4), e90375.

Perrotta, Carlo/Featherstone, Gill/Aston, Helen/Houghton, Emily (2013). Game-based learning: Latest evidence and future directions. NFER Slough.

Planet Hunters Blog (2016). New Candidates from K2 from Planet Hunters and Their Nearest Neighbors. www.blog.planethunters.org/2016/05/23/new-candidates-from-k2-from-planet-hunters-and-their-nearest-neighbors/

Prensky, Marc (2001). Digital natives, digital immigrants Part 1. On the horizon, 9 (5), S. 1-6.

Raddick, M. Jordan/Bracey, Georgia/Gay, Pamela L./Lintott, Chris J./Murray, Phil/Schawinski, Kevin/Vandenberg, Jan (2010). Galaxy Zoo: Exploring the Motivations of Citizen Science Volunteers. Astronomy Education Review, 9 (1).

Shell, Jesse (2008). The Art of Game Design: A Book of Lenses. Morgan Kaufmann.

Silva, Cânadia G./Monteiro, António Jose/Manahl, Caroline/Lostal, Eduardo/Holocher-Ertl, Teresa/Andrade, Nazareno/Brasileiro, Francisco/ Mota, Paolo Gama/Sanz, Fermín Serrano/ Carrodeguas, Jos A./Brito, Rui M. M. (2016). 'Cell Spotting: educational and motivational outcomes of cell biology citizen science project in the classroom'. JCOM 15 (01), A02.

Silvertown, Jonathan (2009). A new dawn for citizen science. Trends in ecology & evolution, 24 (9), S. 467-471.

Sitzmann, Traci (2011). A meta-analytic examination of the instructional effectiveness of computer-based simulation games. Personnel psychology, 64 (2), S. 489-528.

Taylor, T. L. (2009). The Assemblage of Play. Games and Culture, 4 (4), S. 331-339.

Tobias, Sigmund/Fletcher, J. D/Dai, Dávid Y./Wind, Alexander P. (2011). Review of research on computer games. Computer games and instruction, 127, S. 222.

Westera, Wim/Nadolski, Rob J./Hummel, Hans G./Wopereis, Iwan G. (2008). Serious games for higher education: a framework for reducing design complexity. Journal of Computer Assisted Learning, 24 (5), S. 420-432.

Wiggins, Andrea/Crowston, Kevin (2011). From conservation to crowdsourcing: A typology of citizen science. In System Sciences (HICSS), 2011 44th Hawaii International Conference on (S. 1-10). IEEE. www.ieeexplore.ieee.org/xpls/abs_all.jsp?arnumber=5718708

Wilderman, Candie C. (2007). Models of community science: design lessons from the field. In Citizen Science Toolkit Conference/McEver, C./Bonney, Rick/Dickinson, Janis/Kelling, Steve/Rosenberg, Kenneth/Shirk, Jennifer (Eds.), Cornell Laboratory of Ornithology, Ithaca, NY.

Wouters, Pieter/van Nimwegen, Christof/van Oostendorp, Herre/van der Spek, Erik D. (2013). A meta-analysis of the cognitive and motivational effects of serious games. Journal of Educational Psychology, 105 (2), S. 249-265.

Wu, Jen-Her/Wang, Shu Ching/Tsai, Ho-Huang (2010). Falling in love with online games: The uses and gratifications perspective. Computers in Human Behavior, 26 (6), S. 1862-1871.

Yee, Nick (2006). Motivations for Play in Online Games. CyberPsychology & Behavior, 9 (6), S. 772-775.

Zimmerman, Eric/Salen, Katie (2004). Rules of play: Game design fundamentals. Cambridge, MA: MIT Press.

Zyda, Michael (2005). From visual simulation to virtual reality to games. Computer, 38 (9), S. 25-32.

Das Bildungspotenzial digitaler Spiele im Hinblick auf Möglichkeiten der Förderung von ethischem Reflexionsvermögen und moralischer Entscheidungskompetenz ist bislang wenig erforscht, auch in der Praxis ist das Thema bisher kaum präsent. Im vorliegenden Beitrag soll daher auf der Basis einer empirischen Studie der Frage nach den Möglichkeiten digitaler Spiele zur Reflexion moralischen Handelns nachgegangen werden. Hierzu wurde ein Forschungssetting entwickelt, das gleichzeitig als Vorlage für Lehr-/Lernsettings fungieren kann.

The educational potential of digital games in terms of possibilities for promoting ethical reflectivity and moral decision-making has been little studied, and the issue has barely reached practical application. In this paper, an expanded perspective shall be adopted. Based on an empirical study, the possibilities of digital games to reflect moral action will be investigated by means of the development of a research setting which may also serve as a model for teaching learning arrangements simultaneously.

Ethik und Games
Möglichkeiten digitaler Spiele zur Reflexion moralischen Handelns

André Weßel

1 Einleitung

Um die gesellschaftliche Akzeptanz des digitalen Spiels steht es auch im Jahr 2016 nicht gerade zum Besten. Erfahrungen aus dem Alltag medienpädagogischer Praxis zeigen, dass Menschen, die wenig spielaffin sind, sich dem Medium vor allem über Jugendschutzthemen nähern und neben der vermeintlich gewalt-, aggressions- und suchtfördernden Wirkung Aspekte der Vereinsamung und sinkender schulischer Leistungsbereitschaft reflektieren. Positive Aspekte werden zwar immer häufiger, aber vergleichsweise doch noch eher selten wahrgenommen. So werden auch die Begriffe Ethik und Moral im Zusammenhang mit digitalen Spielen eher in einem bewahrpädagogischen Kontext thematisiert. Es sei ethisch nicht vertretbar, dass junge Menschen gewalthaltige Spiele spielen, da diese nicht nur die Persönlichkeitsentwicklung gefährden, sondern auch zum moralischen Verfall der Gesellschaft beitragen würden. Solche Thesen halten sich hartnäckig im öffentlichen Diskurs, wenngleich konsistente wissenschaftliche Belege dafür bis dato nicht vorliegen (vgl. Fromme et al. 2014, S. 9 ff.).

Unabhängig davon entwickeln sich digitale Spiele langsam aber stetig zum dominanten Unterhaltungsmedium. Insbesondere im Leben von Jugendlichen haben sie einen hohen Stellenwert. Inzwischen spielen über zwei Drittel aller Zwölf- bis

19-Jährigen – bei Jungen sind es sogar 85 Prozent – täglich oder mehrmals wöchentlich, ob zu Hause oder unterwegs (vgl. mpfs 2015). Ein crossmedialer Hype um ein Medienprodukt, wie ihn im Sommer dieses Jahres das Spiel *Pokémon Go* (Niantic 2016) ausgelöst hat, wurde zuvor allenfalls von Kinofilmen wie der letzten Episode von *Star Wars* (Abrams 2015) erreicht. So erscheint es durchaus verständlich, dass mancherorts nach dem 20. Jahrhundert der Information das 21. zum ludischen ausgerufen (vgl. Zimmerman/Chaplin 2013) und ein „goldenes Zeitalter" (Sicart 2013, S. 3) für digitale Spiele prophezeit wird. Obwohl sie längst ihren eigenständigen Platz in der Unterhaltungsindustrie eingenommen haben und auch längst nicht mehr nur Jugendliche selbstverständlich spielen, existieren vergleichsweise wenige erziehungswissenschaftliche Forschungen zum digitalen Spiel. Die bei anderen Medien vielfach untersuchten (informellen) Lern- und Bildungspotenziale sind hier noch wenig beleuchtet worden. Dabei wird bereits seit den 1990er Jahren in der einschlägigen Literatur immer wieder auf Lernspiele und Edutainment verwiesen (vgl. Vollbrecht 2008, S. 242), und seit einigen Jahren finden digitale Spiele auch in der Praxis verstärkt Eingang in formale und non-formale Bildungskontexte. In der Regel wird damit das Ziel verfolgt, komplexes logisches Denken und Problemlösen sowie das räumliche Vorstellungsvermögen zu fördern – das Spiel *Minecraft* (Mojang 2009) hat in diesem Zusammenhang international eine enorme Resonanz erzielt. Welche Potenziale das Spielen digitaler Spiele für die ethische Reflexion moralischen Handelns entfalten kann, wurde allerdings weitgehend außer Acht gelassen. Dabei sind gerade in den letzten zehn bis fünfzehn Jahren vermehrt Spiele entwickelt worden, die Entscheidungsszenarien auf narrativer oder ludischer Ebene bereitstellen und sich aus eben diesem Grunde dazu eignen, ethische Fragestellungen aufzuwerfen. Ein bekanntes Genre, das zur Förderung von Lern- und Bildungsprozessen in Dienst genommen wird, stellen zum Beispiel Serious bzw. Educational Games dar, die bereits mit der Intention eines Wissenstransfers entwickelt werden. Aber auch Commercial off-the-shelf Games, die ursprünglich für den Freizeitgebrauch gedacht waren, eignen sich tendenziell dazu, Lernprozesse anzustoßen (vgl. Hoblitz/Ganguin 2014, S. 82). Als Beispiele können hier zum einen technisch eher einfach gehaltene Produktionen kleinerer Entwicklerstudios wie *Darfur is Dying* (Take Action Games 2006), Data Dealer (Ivan Averintsev et al. 2013) oder *Papers, Please* (Lucas Pope 2013) dienen, die inhaltlich gezielt ethisch bedeutsame Themen wie den Darfur-Konflikt, Datenschutz oder Asylfragen ansprechen. Beim Spielen von aufwändig produzierten kommerziellen Titeln etablierter Entwickler, so zum Beispiel bei *Mass Effect* (BioWare 2007), *Fallout 4* (Bethesda Game Studios 2014) oder *The Witcher 3 – Wild Hunt* (CD Projekt Red 2015), sind im Spielverlauf immer wieder moralische Entscheidungen zwischen verschiedenen Dialog- und Handlungsoptionen zu fällen. Auf die Spitze getrieben wird dies in Spielen wie zum Beispiel *The Walking Dead* (Telltale Games 2012), *Minecraft: Story Mode* (Telltale Games/Mojang 2015) oder *Life is strange* (Dontnod Entertainment 2015), die ähnlich einer (Mini-) Fernsehserie in mehreren zusammenhängenden Episoden produziert wurden. Sie werben zum Teil explizit damit, dass die moralisch relevanten Entscheidungen der Spielenden das Geschehen oftmals erst vorantreiben.

Aufgrund der Fülle an Neuerscheinungen hat sich inzwischen auch die Forschung des Themas der Reflexion moralischen Handelns mit digitalen Spielen angenommen (vgl. u. a. Pohl 2009, Sicart 2009, 2013, Ring 2012, Wunderlich 2012, Heron/Belford 2014, Schulzke 2014, Wimmer 2014). Bisher ist die Frage, ob es wirklich gelingen kann, die Spielenden soweit zu involvieren, dass sie sich durch das Spielen ihrer moralischen Werte bewusst werden, über sie ethisch reflektieren oder sogar Änderungsprozesse in Gang gesetzt werden, nicht abschließend beantwortet. Um eine zufriedenstellende Antwort zu finden, müsste zunächst einmal untersucht werden, inwieweit Spielende zum Nachdenken über ihre moralischen Entscheidungen im Spiel angeregt werden, welche Gedanken beim Spielen aufkommen, welche Themen in den Fokus rücken und welche Diskussionen sich währenddessen und im Anschluss an das Spielen entwickeln. Dieser Artikel möchte hierzu einen ersten Beitrag leisten und wird auf der Basis einer empirischen Studie der Frage nach den Potenzialen digitaler Spiele zur Reflexion moralischen Handelns nachgehen. Hierzu wurde ein Forschungssetting entwickelt, das gleichzeitig auch als Vorlage für zukünftige Lehr-/Lernsettings dienen kann.

Im Folgenden werden zunächst die Begriffe Ethik und Moral erläutert, bevor im zweiten Kapitel ihre Bedeutung im Zusammenhang mit digitalen Spielen aufgezeigt und dann weiterhin dargestellt wird, wie sie in die Spielinhalte Eingang finden können. Nach einer Vorstellung des darin verwendeten Spiels im dritten Kapitel wird im vierten Kapitel die empirische Studie mit ihren Ergebnissen dargestellt, bevor abschließend eine kurze Zusammenfassung erfolgt.

2 Ethik und Moral

Bevor die Frage danach, ob Spielende im digitalen Spiel zum Nachdenken über moralische Entscheidungen angeregt werden, beantwortet werden kann, soll eine kurze Annäherung an die Begriffe Ethik und Moral erfolgen. In der Alltagssprache werden die beiden Begriffe häufig synonym gebraucht, obwohl sie faktisch sehr unterschiedliche Sachverhalte beschreiben. Moral kann als komplexes, vielschichtiges System von Regeln, Normen und Wertmaßstäben verstanden werden und ist ein Sammelbegriff für alle in einer Gemeinschaft geltenden Wertvorstellungen und Normen des Zusammenlebens (vgl. Birnbacher 2013, S. 2). Ethik bezeichnet dagegen die philosophische Theorie der Moral und beschreibt das systematische und diskursive Nachdenken über diese. Unter ihren Vorzeichen werden allgemeine Beurteilungskriterien, methodische Verfahren oder höchste Prinzipien für die Begründung und Kritik von Handlungsregeln entwickelt oder auf einer normativen Ebene Aussagen darüber getroffen, wie Menschen handeln sollten (vgl. Fenner 2008, S. 4 f.). Ansätze, die sich vorrangig mit der Beschreibung der Funktionsprinzipien der geltenden Moral oder mit ihrer Phänomenologie befassen, werden der rekonstruktiven Ethik zugeordnet, während die fundierende Ethik moralische Prinzipien nicht nur zu beschreiben, sondern auch zu begründen und in systematisch aufgebaute Theorien zu integrieren versucht. Ziel der rekonstruktiven Ethik ist es, eine anschauliche Darstellung der faktisch geltenden Normen zu erarbeiten und sie in einer übersichtlich geordneten Form zu präsentieren (vgl. Birnbacher 2013, S. 64 f.). Ein Beispiel für einen rekonstruktiven Ansatz findet sich bereits in der aristotelischen Ethiklehre, die die charakterlichen Grundprinzipien moralisch angemessenen Handelns entlang eines tugendhaften Weges verortet, der in der Mitte zwischen jeweils zwei Extremen verläuft: Besonnenheit zwischen Stumpfheit und Zügellosigkeit, Tapferkeit zwischen Feigheit und Tollheit oder Liebenswürdigkeit zwischen Grobheit und Gefallsucht. Schopenhauer wendet sich mit seinem Ethikmodell vor allem gegen die Kant'sche Überbetonung des moralisch Imperativischen und führt in bloßer Rekonstruktion gesellschaftlich verbreiteter Handlungs- und Beurteilungskriterien alle faktisch anerkannten und praktizierten moralischen Wertmaßstäbe auf die beiden Prinzipien der Gerechtigkeit und der Menschenliebe zurück (vgl. ebd., S. 67 ff.). Modernere Ansätze wie der ursprünglich für die Medizinethik entwickelte Principlism (vgl. Beauchamp/Childress 1994) greifen Schopenhauers Gedanken auf und erweitern sie zu einem Vier-Prinzipien-Modell: autonomy, beneficience, nonmaleficience und justice (Autonomie/Respektierung von Selbstbestimmung, Wohltätigkeit/Fürsorge, Nichtschädigung und Gerechtigkeit/Gleichheit; Übersetzung nach Fenner 2010 und Birnbacher 2013). Die genannten Prinzipien sind sowohl mit verschiedenen Moraltheorien vereinbar als auch an verbreitete moralische Alltagsüberzeugungen anschlussfähig und repräsentieren damit ein System konsensfähiger Grundprinzipien. Ein weiterer Versuch der Rekonstruktion eines unkontroversen Kernbestands an moralischen Orientierungsschemata sind die zehn moralischen Grundregeln von Bernard Gert, die formal an die zehn Gebote aus dem Alten Testament erinnern. Die ersten fünf Regeln können dabei mit ‚verursache keinen Schaden/kein Leid' („do not harm"), die zweiten mit ‚verletze/missbrauche kein Vertrauen' („do not violate trust") zusammengefasst werden (vgl. Gert 1983). Die verschiedenen Ansätze der rekonstruktiven Ethik versuchen mit ihren vergleichsweise leicht verständlichen

Systematisierungen, auch Laien einen Zugang zu der philosophischen Disziplin zu ermöglichen und eignen sich deshalb gut für pädagogische Zwecke wie etwa die medienpädagogische Arbeit mit digitalen Spielen.

3 Ethik und Moral in digitalen Spielen

Im Folgenden soll diskutiert werden, inwieweit Spielende im oder nach dem digitalen Spiel zum Nachdenken über moralische Entscheidungen angeregt werden können. Im Fokus stehen dabei die Spielinhalte, denn je weiter die technologische Entwicklung voranschreitet, desto ausgefeilter und realitätsnäher gestalten sich die in die Spielwelten eingebetteten Narrationen mit ihren verschiedenen Figuren und Schauplätzen. Sie ermöglichen es, filigran ausgearbeitete Geschichten mit weit verzweigten Handlungssträngen zu erzählen, in denen die Spielenden eine immer größere Handlungsfreiheit genießen und damit unter anderem auch häufiger moralische Entscheidungen treffen müssen. Für deren konkrete Einbindung in digitale Spiele gibt es nun verschiedene Möglichkeiten. Viele Spiele nutzen dazu eines ihrer konstitutiven Merkmale: das Feedbacksystem (vgl. McGonigal 2012, S. 33 f.). Es belohnt die Spielenden für bestimmte Handlungen und zeigt ihnen damit, welche Verhaltensweisen im Spiel erwünscht und erfolgversprechend sind. Durch eine Verknüpfung dieser spielinhärenten Handlungsevaluation (ludische Ebene) mit einer kontextstiftenden Spielerzählung (narrative Ebene) kann ein Spiel als ethisches Bezugssystem fungieren (vgl. Zagal 2009, S. 2 f.). Die Spielenden erlangen im Laufe des Spielprozesses ein umfassendes Verständnis darüber, welche Handlungen von den Spielmechaniken wie eingestuft werden. Bei *Mass Effect* werden zum Beispiel spielerische Entscheidungen wie die Auswahl bestimmter Dialogoptionen oder das Verhalten gegenüber Nicht-Spieler-Charakteren im Spiel moralisch bewertet. Den Spielenden werden aufgrund ihrer Entscheidungen entweder Punkte für ‚vorbildliche' oder für ‚abtrünnige' Handlungen gutgeschrieben. Ein solches binäres Moralsystem ermöglicht jedoch lediglich eine erste grobe Bewertung von Verhalten und lässt nur wenig Handlungsspielraum (vgl. Heron/Belford 2014).

Ein etwas differenzierteres System findet sich in Rollenspielen, die auf dem Regelsystem *Advanced Dungeons & Dragons* (Gygax 1977) beruhen, wie zum Beispiel *Baldur's Gate* (BioWare 1998). Dort existiert bei der Erstellung des Avatars zu Spielbeginn die Möglichkeit, eine zweiteilige Gesinnung auszuwählen, an der das spätere Handeln im Spiel ausgerichtet sein soll. Festgelegt werden kann hier zum einen die Interessenvertretung einer bestimmten Fraktion, zum anderen eine gute, neutrale oder böse Grundhaltung der Hauptfigur. Gemeinsam ist beiden angebotenen Moralsystemen, dass sie für die Spielenden sichtbar sind und ähnlich den anderen Statuswerten der Spielfigur dargestellt werden. Darüber hinaus werden die Spielenden so zur Entscheidung für einen bestimmten Spielpfad verleitet, wodurch der jeweils andere nicht mehr beschritten werden kann. Diese Spiellogik legt es nahe, moralische Entscheidungen nach rein strategischen Gesichtspunkten zu treffen, wodurch ein ethischer Reflexionsprozess über das eigene Handeln eher verhindert wird.

Wie aber können nun Spielende im Spiel über die Konfrontation mit moralischen Entscheidungssituationen zur Reflexion ihres Handelns unter ethischen Gesichtspunkten bewegt werden? Möglich ist dies am ehesten in digitalen Spielen, denen qua Design eine signifikante ethische Komponente eingeschrieben ist. Damit ist nicht gemeint, dass sie medial gespiegelte gesellschaftliche Kontroversen auslösen und auch nicht, dass sie als ethisches Bezugssystem alle denkbaren Spielhandlungen beurteilen. Vielmehr geht es darum, dass ein Spiel bedeutsame moralische Entscheidungen anbietet, die Spielende zur Reflexion ihres Handelns animieren (vgl. Schulzke 2009). Wie ein solches ethisch bedeutsames Spielerlebnis aussehen sollte, schlägt Miguel Sicart vor: „I define ethical gameplay as the ludic experience in which regulation, mediation, or goals require from the player moral reflection beyond the calculation of statistics and possibilities." (Sicart 2013, S. 24) Er ist der Ansicht, dass der Designprozess in der Diskussion um moralisches Handeln in digitalen Spielen im Vergleich zum Spielprozess zu wenig berücksichtigt wird. So versteht Sicart digitale Spiele per se als moralische Objekte, durch deren Design moralische Werte erfahren und vermittelt werden können (vgl. Sicart 2005, S. 15). Die klassische, von anderen Massenmedien bekannte verantwortungsbezogene Zweiteilung in eine Produzierenden- und eine Rezipierendenethik verliert dabei insofern an Bedeutung, dass Spielende durch die Interaktivitätskomponente direkt an Entscheidungsprozessen partizipieren und damit Einfluss auf Inhalte und Handlungsverlauf nehmen. Die Produzierenden müssen bei der Herstellung ihres Produkts die zukünftigen Konsumierenden also viel stärker mitberücksichtigen, als dies bei anderen Massenmedien der Fall ist. So gelangt Sicart zu der Forderung, bei der ethischen Betrachtung digitaler Spiele Designende und Spielende nicht als voneinander unabhängige, sondern vielmehr als zwei am gleichen Prozess beteiligte Instanzen anzusehen, die im Spiel aufeinandertreffen und in der virtuellen Spielwelt ihre moralischen Werte miteinander verhandeln (vgl. Sicart 2013, S. 9). Die Designenden kreieren innerhalb der Spielwelten moralisch relevante Erfahrungsräume mit verschiedenen Handlungsmöglichkeiten, mit denen die Spielenden interagieren und nach bestimmten ethischen Kriterien die passenden Handlungsoptionen auswählen.

Eine zentrale Rolle wird in diesem Zusammenhang moralischen Dilemmata zugeschrieben. Darunter werden Situationen verstanden, in denen mehrere Handlungsoptionen zur Auswahl stehen, die einander ausschließen, obwohl gute moralische Gründe für jede von ihnen vorliegen. In Theater, Literatur und Film involvieren Figurendilemmata die Rezipierenden nicht nur intellektuell, sondern auch emotional. Die aufgeworfenen Fragen können dabei auch ethische Reflexionsprozesse anstoßen: Wie kann eine Auflösung der Situation für die Figuren funktionieren? Wie würde eine eigene Entscheidung an ihrer Stelle aussehen? Die erste Frage kann in den traditionellen Medien durch ein bloßes Beobachten des weiteren Verlaufs der Geschichte beantwortet werden, die zweite muss jedoch meist offen bleiben, weil eine wirkliche Teilnahme am Geschehen für die Rezipierenden in der Regel nicht möglich ist und alles nur auf einer hypothetischen Ebene stattfindet. Digitale Spiele eröffnen hier neue Möglichkeiten, denn sie versetzen Spielende in eine Doppelrolle: Sie rezipieren einerseits die Spielwelt und die in ihr ablaufenden Ereignisse, andererseits greifen sie aktiv in das Geschehen ein und machen es sich damit zu eigen. Die Spielenden durchlaufen das Dilemma somit in einer anderen Form. Sie schauen nicht nur dabei zu, wie eine Figur eine Geschichte erlebt, sondern partizipieren und steuern die Figur aktiv. Dabei zeigt sich, dass ein Figurendilemma weniger gut dazu geeignet ist, ethische Reflexionsprozesse anzustoßen als ein Dilemma mit direktem Bezug zu den Spielenden (vgl. Zagal 2009, S. 3). Des Weiteren sollte das ethische Bezugssystem des Spiels in sich konsistent und logisch nachvollziehbar sowie für die Spielenden deutlich auszumachen, aber nicht unbedingt visualisiert sein. Darüber hinaus müssen die Handlungen der Spielfigur, in denen sich die Entscheidungen der Spielenden manifestieren, spürbare Auswirkungen auf den weiteren Spielverlauf haben, etwa indem sie Einfluss auf die Rahmenhandlung oder die Reaktionen der Nicht-Spieler-Charaktere nehmen. Ebenso ist es notwendig, dass die Spielenden immersiv in die virtuelle Spielwelt eingebunden sind. Nachweislich begünstigen zum Beispiel realitätsnahe Grafik und die Ich-Perspektive die Entstehung von Immersion, dem – wörtlich übersetzt – tiefen Eintauchen in das Spielgeschehen, sind jedoch nicht zwingend dafür notwendig. Wichtiger sind unter anderem die Plausibilität der Interaktionen der Spielenden mit der Spielwelt oder die Qualität und Glaubwürdigkeit von Interaktionen zwischen Nicht-Spieler-Charakteren in der Spielwelt. Immersion ist eine Grundvoraussetzung dafür, dass die Konsequenzen der Handlungen für die Spielenden auf einer narrativen Ebene von Bedeutung sind (vgl. Heron/Belford 2014, S. 36 ff.). All diese genannten Aspekte sind wichtige Bedingungen dafür, dass moralische Dilemmata in digitalen Spielen Lernprozesse im Bereich ethischer Reflexion fördern können (vgl. Wimmer 2014, S. 278).

Das folgende Kapitel bietet einen kurzen Einblick in ein Spiel, das viele der genannten Voraussetzungen erfüllt, also zum Beispiel mit moralischen Dilemmata arbeitet und eine rea-

merz wissenschaft

litätsnahe Grafik sowie glaubwürdig agierende Nicht-Spieler-Charaktere besitzt. Es heißt *This War of Mine* (11 bit studios 2014) und bildet die Grundlage für eine empirische Untersuchung, in der die Frage nach den Möglichkeiten digitaler Spiele zur Reflexion moralischen Handelns im Mittelpunkt steht.

4 Beschreibung des ausgewählten Spiels *This War of Mine*

Für die Studie wurde die polnische Independent-Produktion *This War of Mine* ausgewählt, die 2015 in mehreren Kategorien den Deutschen Computerspielpreis gewonnen hat. Es handelt sich um ein hybrides Spiel, das Elemente des Action- und Strategiegenres in sich vereint, ausschließlich offline im Einzelspielermodus gespielt werden kann und eine durchschnittliche Gesamtspieldauer von etwa fünf bis zehn Stunden hat. Als wesentliche Inspirationsquellen für das Spiel nennen die Entwickler zwei literarische Dokumente: zum einen die in *The Letter from John* geschilderte Lebensgeschichte eines ehemaligen US-Soldaten, der seit einem Einsatz im irakischen Falludscha an einer posttraumatischen Belastungsstörung leidet, zum anderen den Artikel *One year in hell*, in dem ein anonymer Zivilist seinen Überlebenskampf in einer belagerten bosnischen Stadt zur Zeit der Jugoslawienkriege beschreibt (vgl. Plass-Fleßenkämper 2014). In Anlehnung daran dient als Schauplatz von *This War of Mine* die fiktive Stadt Graznavia in der Republik Pogoren. In der Stadt herrscht ein Bürgerkrieg zwischen Rebellen und der Regierung. Eine kleine Gruppe von Zivilpersonen findet sich eines Morgens in einer Ruine wieder, die ihr fortan als Unterschlupf dient. Hier beginnt das Spiel bzw. werden die Spielenden mit Aufgaben konfrontiert, nachdem sie zuvor auf dem Titelbildschirm durch Anklicken des Imperativs ‚Überlebe' zum Spielstart das übergeordnete Spielziel bereits symbolisch akzeptiert haben. Wer das Spiel erfolgreich beenden will, muss demnach also mit mindestens einer Spielfigur bis zum Kriegsende durchhalten. Unklar bleibt, nach wie vielen Tagen und Nächten es soweit sein wird. Bis dahin heißt es, die Spielfiguren am Leben zu halten, indem ihre Grundbedürfnisse erfüllt werden. Gegen den Hunger müssen Nahrungsmittel sowie Gerätschaften und Materialien für deren Zubereitung besorgt werden, und für die Erhaltung der Gesundheit bedarf es einer bestimmten Temperatur in den kargen Wohnräumen sowie eines kleinen Vorrats an Medikamenten. Zur Vermeidung von Verletzungen benötigt die Gruppe weiterhin Waffen, mit denen sie sich nachts zur Wehr setzen kann, wenn zum Beispiel Plünderer die Unterkunft überfallen oder sie selbst in der Umgebung nach überlebenswichtigen Gütern suchen müssen. Damit Müdigkeit und Erschöpfung sie nicht übermannen, benötigen die Spielfiguren Ruhephasen und vor allem Betten. Und schließlich dürfen sie nicht traurig und depressiv werden, wogegen zum Beispiel Musik und Literatur zur Ablenkung hilfreich sind, oder auch – und dies ist einer der Hauptgründe, weshalb das Spiel für die Untersuchung ausgewählt wurde – ein aus Sicht der Spielfiguren moralisch angemessenes Verhalten. So sind sie im Spielverlauf immer wieder dazu angehalten, moralische Entscheidungen zu treffen. Tagsüber klopfen zum Beispiel in unregelmäßigen Zeitabständen Menschen aus Graznavia an die Tür, die sich zumeist in einer Notlage befinden und um Hilfe oder um Aufnahme in die Gruppe bitten. Die Spielenden sind hier mit dilemmatischen Entscheidungssituationen konfrontiert, denn bei einer Zusage müssen sie bis zum nächsten Morgen auf die Spielfigur verzichten, die sie zur Unterstützung entsenden, beziehungsweise künftig von der gleichbleibend geringen Menge an zur Verfügung stehenden Ressourcen auch die Grundbedürfnisse der neuen Spielfigur stillen. In beiden Fällen bedeutet eine Ablehnung des Gesuchs, dass die Gemütsverfassung aller Gruppenmitglieder, die keinen rein egoistischen Charakter besitzen, negativ beeinflusst wird. Hinzu kommt, dass bei allen Entscheidungen ein gewisser Grad an Uninformiertheit zum Tragen kommt. Zumindest beim ersten Spieldurchgang wissen die Spielenden nicht, wann und in welchem Zustand die entsandte Spielfigur wiederkehren wird. Sie können sich nicht sicher sein, was passiert, wenn sie jemanden bis dato Fremden ins Haus lassen und haben auch keine Informationen darüber, was sie in naher Zukunft an materiellen Ressourcen noch auftreiben können. Dadurch wird der Abwägungsprozess zwischen Zustimmung und Ablehnung noch einmal erschwert. Wie sich die Spielfigur während der nächtlichen Streifzüge in die Nachbarschaft verhält, bleibt den Spielenden überlassen: Sie kann möglichst geräuschlos Gegend und Gebäude erkunden und dabei allen Menschen ausweichen, sie kann aber auch mit gezogener Waffe die offene Konfrontation suchen. Es obliegt den Spielenden weiterhin, die Spielfigur nur solche Gegenstände mitnehmen zu lassen, die für die Nicht-Spieler-Charaktere ohne Bedeutung sind. Sie kann aber auch wertvolle Objekte wie Medikamente, Nahrungsmittel et cetera stehlen, die oftmals als ‚Privatbesitz' gekennzeichnet sind. Darüber hinaus sind die Spielenden nicht nur stets dazu gezwungen, sich zwischen dem Wohlergehen der eigenen Gruppe und dem Wohlergehen der Nicht-Spieler-Charaktere zu entscheiden, sondern müssen auch innerhalb der Gruppe Prioritäten bei der Bedürfniserfüllung der einzelnen Spielfiguren setzen und somit gegebenenfalls hinnehmen, dass einige von ihnen erkennbar unter Hunger, Krankheit, Verletzung, Müdigkeit oder Traurigkeit leiden.

5 Beispielstudie

5.1 Untersuchungsdesign

Die durchgeführte Studie beschäftigt sich mit der Frage, wie ergiebig das Spielen eines digitalen Spiels im Hinblick auf die Anregung Jugendlicher zum Gedankenaustausch über Themen mit moralischem Bezug sein kann. In erster Linie sollte dabei herausgefunden werden, welche Diskurse sich bei den Teilnehmenden während und im Nachgang der Spielpraxis entwickeln, ohne dass dabei eine Einflussnahme von außen erfolgt. Weiterhin wurde untersucht, welche ethischen Fragestellungen aus Sicht der Jugendlichen aufgeworfen und wie sie von ihnen bearbeitet werden. Bezug genommen wird hier auf den Begriff der Spielpraxis (vgl. Nagenborg 2006), der die spezifische Rezeptions- bzw. Aneignungsweise digitaler Spiele in den Fokus rückt. In diesem Zusammenhang spielen Aspekte wie die Interaktion zwischen Spielenden und Spiel, Immersionspotenzial und Communitybuilding eine wichtige Rolle, aber auch die Auswahl der Spiele, Ort und Zeit des Spielens sowie die Fragen danach, mit wem gespielt und über das Spiel kommuniziert wird.

Ziel der explorativ angelegten Studie war es, die verschiedenen Phasen der Auseinandersetzung junger Menschen mit einem ethisch relevanten digitalen Spiel in den Blick zu nehmen, dabei zu beobachten, wie sich diese Auseinandersetzung verbal niederschlägt und daraus abzuleiten, ob und inwieweit sie ihre moralischen Entscheidungen ethisch reflektieren oder nicht. Bei der Untersuchungsgruppe sollte es sich um eine überschaubare Anzahl Jugendlicher handeln, damit diese in kleiner Runde miteinander ins Gespräch kommen konnten. Alle potenziellen Teilnehmenden sollten mindestens 16 Jahre alt sein, da das für die Untersuchung verwendete Spiel von der USK eine entsprechende Altersfreigabe erhalten hat. Ein gewisses Mindestalter war zudem wünschenswert, da für eine weitgehend selbständige Reflexion moralischen Handelns eine gewisse persönliche Reife vorteilhaft ist. Wenngleich das Erreichen eines bestimmten Lebensalters dafür keine Garantie darstellt, kann es aber doch ein Anhaltspunkt sein. Um die logistischen Herausforderungen zu minimieren und eine Niedrigschwelligkeit für die Teilnahme zu gewährleisten, wurden Jugendliche aus einer Schule rekrutiert, in deren Räumlichkeiten die Studie auch durchgeführt wurde. Bedingt durch diese Kooperation nahm schließlich eine vergleichsweise homogene Untersuchungsgruppe bestehend aus sieben männlichen Schülern der gymnasialen Oberstufe im Alter von 16 bis 19 Jahren teil. Sie spielten an zwei Nachmittagen insgesamt etwa drei Zeitstunden lang und reflektierten das Erlebte direkt im Anschluss an die zweite Spielsession in einem gemeinsamen Gespräch. Da die Jugendlichen sich das Spiel eigenständig erschließen sollten, erhielten sie im Vorhinein keinerlei Informationen dazu. Ein Teilnehmer fungierte als aktiver Spieler, da *This War of Mine* lediglich über einen Einzelspielermodus verfügt, die anderen Jugendlichen nahmen eine Beraterrolle ein. Der Spieler saß seinen Beratern gegenüber und verfolgte das Geschehen auf dem Laptop, während diese das Spiel über eine Projektion auf einer Leinwand betrachten konnten. Von der im Vorfeld angesprochenen Möglichkeit eines Positionswechsels machten die Jugendlichen keinen Gebrauch, sie verblieben während beider Spielsessions in ihren Rollen. Bis auf einige wenige Situationen, in denen der Spieler affektiv handelte, wurden quasi alle Entscheidungen gemeinsam getroffen. Der Spieler rückversicherte sich vor seinen Spielhandlungen durch Fragen oder führte im Konsens entstandene Handlungsanweisungen aus. Für die Datenerhebung bedeutete die Zweiteilung der Untersuchung in eine Spiel- und eine Gesprächsphase, dass in einem ersten Schritt die während des Spielens entstehenden Diskurse der Jugendlichen und in einem zweiten Schritt die Phase der Reflexion darüber erfasst werden mussten. Damit lagen zwei verschiedene Erhebungssituationen vor, sodass im Sinne einer sozialwissenschaftlichen Triangulation mit unterschiedlichen Methoden gearbeitet wurde. Der Spielprozess selbst wurde mittels einer teilnehmenden Beobachtung (vgl. zusammenfassend Lüders 2011) begleitet, wobei die Datenerhebung nicht in erster Linie auf der Basis von Feldnotizen und Beobachtungsprotokollen, sondern per Videotechnik mit insgesamt vier Aufnahmegeräten erfolgte. Nach dem Spiel wurden die Jugendlichen weiterhin dazu angehalten, sich rückblickend im Austausch miteinander zum Spielgeschehen zu äußern. Zur Reflexion ihrer Spielpraxis im Rahmen eines möglichst selbstläufigen Gesprächs wurde das Gruppendiskussionsverfahren (vgl. zusammenfassend Schäffer 2011) als am besten geeignet ausgewählt; das Gespräch wurde ebenfalls auf Video aufgenommen.

5.2 Untersuchungergebnisse

Da sich beide Erhebungssituationen deutlich voneinander unterschieden – in den Spielsessions waren die Jugendlichen auf ihr Spielhandeln fokussiert und kognitiv stark eingebunden, während sie im Gruppengespräch eigene Relevanzsetzungen vornahmen –, erschien es sinnvoll, das Datenmaterial auch getrennt voneinander auszuwerten. Zur Anwendung kam in beiden Fällen die zusammenfassende qualitative Inhaltsanalyse (vgl. Mayring 2010), mit deren Hilfe das Material auf wesentliche Inhalte reduziert werden konnte, die weiterhin ein Abbild des Grundmaterials darstellten. Anschließend wurden die Ergebnisse auf ihre Anschlussfähigkeit zu klassischen und aktuellen Ansätzen ethischer Theorie hin untersucht.

Bei der Auswertung der teilnehmenden Beobachtung wurden Sequenzen herausgefiltert, in denen die Teilnehmer Entscheidungen mit stark moralischem Charakter zu treffen hatten. Als Anhaltspunkte dienten hier zum einen Merkmale eines intensiven Kommunikationsprozesses wie häufige Sprecherwechsel in einem kurzen Zeitraum oder der Ausdruck emotionaler Involviertheit durch eine lautstarke und engagierte Beteiligung, zum anderen auch die explizite Bezugnahme der Jugendlichen auf bestimmte Sequenzen der Spielsessions im Rahmen der Gruppendiskussion. Letztendlich wurden so mehrere Spielsequenzen identifiziert, in denen Entscheidungen getroffen worden waren, die die Jugendlichen als ethisch besonders relevant einstuften. In einem Fall etwa wurde die Spielfigur nachts zur Location *Ruhiges Haus* geschickt, in dem ein älteres Ehepaar wohnte. Die Spielenden befanden sich hier in einem Dilemma, denn die Gruppe benötigte einerseits dringend Nahrungsmittel, weil ihre Vorräte aufgebraucht waren, andererseits aber bat der ältere Herr die Spielfigur ohne Unterlass darum, seiner kranken Frau und ihm nichts zu tun und sie nicht zu bestehlen. In den Äußerungen der Jugendlichen war ein deutlicher Widerwille erkennbar, dem Flehen zuwiderzuhandeln, und es entstanden Diskussionen über die richtigen Handlungsprioritäten, wobei immer wieder zwischen gesinnungsorientiertem und konsequentialistischem Vorgehen abgewogen wurde. Nach anfänglichem Zögern durchsuchten die Jugendlichen schließlich das Haus und überlegten genau, welche Gegenstände ihre Gruppe wirklich brauchte und auf welche auch das Ehepaar zum Überleben angewiesen sein würde. Sie versuchten einen Weg zu finden, der ihrem Empfinden nach für beide Seiten annähernd als gerecht bezeichnet werden konnte. In einer zweiten Sequenz schickten sie die Spielfigur wiederum zu einem Haus mit älteren Leuten, die in diesem Fall jedoch ihren erwachsenen Sohn bei sich hatten. Ohne sich um die Familie zu kümmern, schlichen die Jugendlichen mit der Spielfigur durch das gesamte Haus und nahmen ohne Rücksicht alles an sich, was sie tragen konnte. Die zuvor an den Tag gelegten ethischen Handlungsprinzipien, also zum Beispiel diejenigen Nicht-Spieler-Charaktere, welche sich augenscheinlich in einer ähnlich prekären Lage befinden wie die eigenen Spielfiguren, nicht zu schädigen und ihre Selbstbestimmung zu respektieren, waren den Jugendlichen hier völlig gleichgültig. Sie blendeten die gesinnungsethische Ebene vollkommen aus und handelten ausschließlich egoistisch und folgenorientiert gemäß dem für die Spielfiguren scheinbar bestmöglichen Resultat.

Die Analyse der Redebeiträge ergab, dass sich die Jugendlichen während der Spielsessions in erster Linie zu ihrer Spielstrategie und zu narrativen Elementen im Spiel äußerten. Daneben begründeten und bewerteten sie ihre moralischen Entscheidungen und Handlungen. In der Gruppendiskussion dominierten drei Themenkomplexe, wobei auch hier die Bewertung und Begründung der moralischen Entscheidungen eine wichtige Rolle spielten. Außerdem diskutierten die Jugendlichen über die Konsequenzen ihres Handelns. Bei der Bewertung differenzierten sie zwischen verschiedenen Entscheidungstypen im Spiel und deren Relevanz für den weiteren Spielverlauf. Einen Großteil der Entscheidungen klassifizierten sie nicht als moralisch, sondern als pragmatisch motiviert und stellten dazu fest, dass sie teilweise konfus und ohne zugrunde liegende Prinzipien agiert hatten. Bei der Begründung argumentierten sie auf einer ludischen, einer narrativen und einer spielerbezogenen Ebene. In Situationen, in denen sie stärker in die Narration involviert waren, orientierten sie sich eher an moralischen Prinzipien als in Spielabschnitten, bei denen das Vorankommen im Spiel im Vordergrund stand, sie utilitaristischen Motiven folgten und auf spielimmanente Gratifikationen hinarbeiteten. Hintergrundgeschichte und Charakterisierung der Spielfiguren erschienen hinreichend, um den Jugendlichen Raum für Identifikation und Empathie zu bieten. Sie bewerteten das Setting des Spiels als realitätsnah und fühlten sich dazu angeregt, sich in die Spielfiguren hineinzuversetzen, das Geschehen aus deren Augen zu betrachten und auf dieser Grundlage vor dem Hintergrund ethischer Fragestellungen über Entscheidungs- und Handlungsmöglichkeiten nachzudenken. Zumindest ansatzweise fühlten sie sich dabei auch persönlich verantwortlich für die Taten der Spielfiguren. Auf der spielerbezogenen Ebene führten die Jugendlichen neben ihrer gemeinsamen Strategie auch Emotionen wie Angst und Euphorie an. Hinsichtlich der Konsequenzen thematisierten sie mögliche Ursachen, Auswirkungen und Gegenmaßnahmen ihrer moralischen Entscheidungen sowie die Art und Weise, in der sie sich im Spiel niederschlagen. Darüber hinaus wurde noch in den Blick genommen, an welchen Stellen sich die Jugendlichen im Rahmen von intermondialen Transfers (vgl. Fritz 2011) Denk- und Verhaltensweisen aus der realen in die virtuelle Spielwelt übertrugen und umgekehrt. So reflektierten sie an einigen Stellen darüber, inwieweit ihre Entscheidungen im Spiel mit denen vergleichbar wären, die sie in einer ähnlichen Situation außerhalb des Spiels treffen würden. Dem allein lebenden älteren Ehepaar brachten sie beispielsweise mehr Mitgefühl entgegen und agierten wesentlich rücksichtsvoller als bei dem anderen älteren Paar, das noch seinen erwachsenen Sohn bei sich hatte. In einer anderen Sequenz bat ein Nicht-Spieler-Charakter namens Emilia um Aufnahme in die Gruppe, und die Jugendlichen wägten verschiedene Argumente gegeneinander ab, die auch außerhalb der Spielwelt für sie in einer vergleichbaren Lage eine Rolle spielen würden. Es zeigte sich also, dass sie das Spielgeschehen nach bestimmten moralischen Prinzipien beurteilten, die auch in der physisch erfahrbaren Welt für sie Gültigkeit besitzen, was sich mit den Befunden aus anderen empirischen Untersuchungen deckt (vgl. Witting 2010, S. 15). Auf der anderen Seite lässt sich festhalten, dass die Untersuchungsteilnehmer das Bürgerkriegsszenario zwar insgesamt als realitätsnah empfanden, mit ihrem eigenen Leben allerdings kaum Berührungspunkte sahen und sich deshalb nur schwer vorstellen konnten, dass das moralische Handeln im Spiel ihre Entscheidungen in der realen Welt spürbar beeinflussen könnte.

Bringt man die Äußerungen der Jugendlichen in einen Zusammenhang mit den im ersten Kapitel beschriebenen ethischen Theorieansätzen, so lässt sich insgesamt feststellen, dass Konzepte, die in der rekonstruktiven normativen Ethik unter anderem bei Beauchamp/Childress (1994) oder Gert (1983) als grundlegende ethische Prinzipien moderner

Gesellschaften benannt werden und gleichzeitig verbreiteten moralischen Alltagsüberzeugungen entsprechen, in der Diskussion durchaus eine Rolle spielten. Zu nennen sind hier unter anderem Wohltätigkeit, Gerechtigkeit und der Verzicht auf die Schädigung anderer. Ebenfalls wurden Konzepte wie egoistische Selbst- und altruistische Fremdzentriertheit von den Jugendlichen besprochen und sich darüber ausgetauscht, an welchen Stellen die eigenen Entscheidungen eher deontologisch oder eher konsequentialistisch motiviert waren.

6 Ausblick

Der vorliegende Artikel möchte einige Impulse zur aktuellen Diskussion um das Bildungspotenzial digitaler Spiele im Hinblick auf die Förderung von ethischem Reflexionsvermögen und moralischer Entscheidungskompetenz beisteuern. Grundlage dafür ist eine empirische Studie, die insgesamt einen Beitrag zur Beantwortung der Frage nach den Möglichkeiten digitaler Spiele zur Reflexion moralischen Handelns leistet und gleichzeitig ein didaktisches Modell dafür liefert, wie diese Reflexionsprozesse in formalen und non-formalen Kontexten gefördert werden können. Das verwendete Spiel *This War of Mine* scheint grundsätzlich gut dazu geeignet zu sein, ethische Reflexionsprozesse anzustoßen. Konkrete Anlässe dazu boten sich den Jugendlichen unter anderem durch die Feedbackmechanismen des Spiels in Form von verbalen Rückmeldungen der Nicht-Spieler-Charaktere und Spielfiguren sowie die sichtbare Veränderung von deren Gemütsverfassung infolge moralisch fragwürdiger Handlungen. Ebenso trugen die gelungene narrative Einbettung der Spielmechaniken, die realitätsnahe grafische Darstellung und die facettenreich entworfenen Spielfiguren dazu bei, die Spielenden immersiv in die Spielwelt einzubinden. Sie reflektierten unter anderem darüber, ob ihnen das Wohlergehen der eigenen Gruppe wichtiger war als das der Nicht-Spieler-Charaktere, welche Unterschiede sie im Umgang mit Figuren verschiedenen Alters und Geschlechts gemacht hatten oder inwieweit die Lebenssituation der Spielfiguren mit der von Menschen, die aktuell aus Kriegsgebieten flüchten, vergleichbar sein könnte. So könnte ein dem Untersuchungsaufbau ähnliches Szenario zum Beispiel als Nachmittagsangebot in einem Jugendzentrum durchgeführt werden, um die Teilnehmenden zu einem Gespräch über eines der genannten Themen anzuregen. Des Weiteren wäre eine Gruppenarbeit in der Schule denkbar, bei der sich mit der Thematik des Spiels an Unterrichtsinhalte aus den Fächern Geschichte, Sozialwissenschaften oder Ethik anknüpfen ließe. Für beide der genannten Ideen gibt es bereits erfolgreich durchgeführte Beispiele aus der pädagogischen Praxis.

Ferner kann aus Sicht der Computerspielforschung eine Betrachtung des Zusammenhangs von Ethik, Moral und digitalen Spielen nicht nur auf der Ebene der Spielinhalte erfolgen, sondern es lassen sich verschiedene weitere Blickwinkel einnehmen. Erstens kann thematisiert werden, welchen ethischen Wert ein digitales Spiel als kulturelles Artefakt durch seine bloße Existenz besitzt. So kann beispielsweise die Daseinsberechtigung eines Spiels wie *Kristallnacht* (Increpare Games 2009), einer Art Wirtschaftssimulation des Warschauer Ghettos im Zweiten Weltkrieg, durchaus angezweifelt werden, weil ein historisch-kritischer Ansatz des Entwicklers Stephen Lavelle während des Spielens nicht ohne Weiteres erkennbar wird und daher fraglich bleibt, ob es dem Spiel gelingt, sich der überaus sensiblen Thematik in angemessener Form zu nähern. Zweitens kann auch der gesamte Herstellungs- und Vertriebsprozess eines Spiels dahingehend untersucht werden, ob es unter ethisch angemessenen Bedingungen entwickelt, produziert und vermarktet wird. Drittens kann unter spielethischen Gesichtspunkten die Frage gestellt werden, inwieweit Konzepte wie Fairness und Redlichkeit von Seiten der Spielenden in ihren Spielprozess Eingang finden, zum Beispiel im Hinblick auf Themen wie Cheating und Hate Speech. Es ergeben sich also vier verschiedene ethisch relevante Ebenen: eine Ethik des Spiels als kulturelles Artefakt, eine Ethik der Spielproduktion, eine Ethik des Spielens sowie eine Ethik der Spielinhalte (vgl. Zagal 2009, S. 2). Auf der letztgenannten Dimension lag der Fokus des vorliegenden Beitrags, aber auch die anderen bieten vielfältige Möglichkeiten für weitere Forschungsvorhaben.

Eine abschließende Antwort auf die Frage, inwieweit durch digitale Spiele Ethik und Moral ‚gelernt' werden können, kann es an dieser Stelle freilich nicht geben. Zwar erscheint es möglich, dass in einem Spiel gewisse moralische Einsichten erfolgen und die Reflexion ihrer Entscheidungen und Handlungen die Spielenden zu einer Weiterentwicklung ihres moralischen Bewusstseins befähigen. Es bleibt aber fraglich, ob dies auch losgelöst von dem vorgegebenen Setting der Fall sein könnte und Jugendliche ihre Handlungen im Spiel auch alleine zu Hause reflektieren würden. Denn trotz aller Hervorhebung der Wichtigkeit der Erforschung von Potenzialen digitaler Spiele sollte nicht vergessen werden, dass letzten Endes nicht das Spiel allein zählt, sondern der Akt des Spielens. Bei allen Anstrengungen, komplexe Spielwelten zu erschaffen, die ein ethisch bedeutsames Spielerlebnis ermöglichen, liegt die Entscheidung, sich darauf einzulassen, es mit Leben zu füllen und im besten Sinne moralisch zu spielen, in letzter Instanz bei den Spielenden selbst.

Literatur

Beauchamp, Tom/Childress, James (1994). Principles of Biomedical Ethics. New York/Oxford: Oxford University Press.

Birnbacher, Dieter (2013). Analytische Einführung in die Ethik. 3., durchges. Aufl. Berlin/Boston: De Gruyter.

Bohnsack, Ralf/Marotzki, Winfried/Meuser, Michael (Hrsg.) (2011). Hauptbegriffe qualitativer Sozialforschung. 3. Aufl. Opladen/Farmington Hills: Budrich.

Demmler, Kathrin/Lutz, Klaus/Ring, Sebastian (Hrsg.) (2014). Computerspiele und Medienpädagogik. Konzepte und Perspektiven. München: kopaed.

Fenner, Dagmar (2008). Ethik. Tübingen/Basel: Francke.

Fenner, Dagmar (2010). Einführung in die Angewandte Ethik. Tübingen: Narr Francke Attempto.

Fritz, Jürgen (2011). Wie Computerspieler ins Spiel kommen. Theorien und Modelle zur Nutzung und Wirkung virtueller Spielwelten. Berlin: Vistas.

Fromme, Johannes/Biermann, Ralf/Kiefer, Florian (2014). Computerspiele. In: Meister, Dorothee/von Gross, Friederike/Sander, Uwe (Hrsg.), Enzyklopädie Erziehungswissenschaft Online. Weinheim/Basel: Beltz Juventa.

Gert, Bernard (1983). Die moralischen Regeln. Frankfurt/M.: Suhrkamp.

Günzel, Stephan/Liebe, Michael/Mersch, Dieter (Hrsg.) (2009). Conference Proceedings of the Philosophy of Computer Games 2008. Potsdam: University Press.

Heron, Michael/Belford, Pauline (2014). ‚It's only a game' – ethics, empathy and identification in game morality systems. In: The Computer Games Journal, Vol. 3. http://tcjg.weebly.com/uploads/9/3/8/5/9385844/tcgj_31_heronbelford.pdf [Zugriff: 12.04.2016]

Hoblitz, Anna/Ganguin, Sonja (2014). Digitale Spiele im Schulunterricht? Game-based Learning in formalen Bildungskontexten. In: Demmler, Kathrin/Lutz, Klaus/Ring, Sebastian (Hrsg.), Computerspiele und Medienpädagogik. Konzepte und Perspektiven. München: kopaed, S. 79-90.

Lauffer, Jürgen/Röllecke, Renate (Hrsg.) (2012). Chancen digitaler Medien für Kinder und Jugendliche. Medienpädagogische Konzepte und Perspektiven. München: kopaed.

Lüders, Christian (2011). Teilnehmende Beobachtung. In: Bohnsack, Ralf/Marotzki, Winfried/Meuser, Michael (Hrsg.), Hauptbegriffe qualitativer Sozialforschung. 3. Aufl. Opladen/Farmington Hills: Budrich. S. 151-153.

Mayring, Philipp (2010). Qualitative Inhaltsanalyse. Grundlagen und Techniken. 11., akt. u. überarb. Aufl. Weinheim/Basel: Beltz.

McGonigal, Jane (2012). Besser als die Wirklichkeit! Warum wir von Computerspielen profitieren und wie sie die Welt verändern. München: Heyne.

Medienpädagogischer Forschungsverbund Südwest (2015). JIM-Studie 2015. Jugend, Information, (Multi-)Media. www.mpfs.de/fileadmin/JIM-pdf15/JIM_2015.pdf [Zugriff: 06.04.2016]

Meister, Dorothee/von Gross, Friederike/Sander, Uwe (Hrsg.) (2014). Enzyklopädie Erziehungswissenschaft Online. Weinheim/Basel: Beltz Juventa.

Nagenborg, Michael (2006). Computerspiele als Gegenstand der Angewandten Ethik. In: Zeitschrift für Didaktik der Philosophie und Ethik 28 (3), S. 197-208.

Plass-Fleßenkämper, Benedikt (2014). Interview mit Pawel Miechkowski und Karol Zajaczkowski, www.gamona.de/games/this-war-of-mine,was-wuerdest-du-tun-wenn-deine-stadt-bombardiert-wird:article.html [Zugriff: 23.03.2016]

Pohl, Kirsten (2009). Ethical Reflection and Emotional Involvement in Computer Games. In: Günzel, Stephan/Liebe, Michael/Mersch, Dieter (Hrsg.), Conference Proceedings of the Philosophy of Computer Games 2008. Potsdam: University Press, S. 92-107.

Ring, Sebastian. (2012). Wie kommt die Moral ins Spiel? Spielerdiskurse über moralische Implikationen des Spiels Grand Theft Auto IV. In: Lauffer, Jürgen/Röllecke, Renate (Hrsg.), Chancen digitaler Medien für Kinder und Jugendliche. Medienpädagogische Konzepte und Perspektiven, München: kopaed.

Schäffer, Burkhard (2011). Gruppendiskussion. In: Bohnsack, Ralf/Marotzki, Winfried/Meuser, Michael (Hrsg.), Hauptbegriffe qualitativer Sozialforschung. 3. Aufl. Opladen/Farmington Hills: Budrich. S. 75-80.

merz wissenschaft

Schulzke, Mark (2009). Moral decision-making in Fallout. In: Game Studies. The International Journal of Computer Game Research, Vol. 9. URL: http://gamestudies.org/0902/articles/schulzke [Zugriff: 21.04.2016]

Sicart, Miguel (2005). Game, Player, Ethics: A Virtue Ethics Approach to Computer Games. In: International Review of Information Ethics, Vol. 4 (12/2005), S. 13-18, www.i-r-i-e.net/inhalt/004/Sicart.pdf [Zugriff: 17.05.2016]

Sicart, Miguel (2009). The Ethics of Computer Games. Cambridge, MA/London: MIT Press.

Sicart, Miguel (2013). Beyond choices. The Design of Ethical Gameplay, Cambridge, MA/London: MIT Press.

Vollbrecht, Ralf (2008). Computerspiele als medienpädagogische Herausforderung. In: Fritz, Jürgen (Hrsg.), Computerspiele(r) verstehen. Zugänge zu virtuellen Welten für Eltern und Pädagogen. Bonn: Bundeszentrale für politische Bildung, S. 236-262.

Wimmer, Jeffrey (2014). Moralische Dilemmata in digitalen Spielen. Wie Computergames die ethische Reflexion fördern können. In: Communicatio Socialis, 47 (3), S. 274-282.

Witting, Tanja (2010). Wie Computerspiele beeinflussen. In: AJS Informationen. Analysen, Materialien, Arbeitshilfen zum Jugendschutz, Nr. 1/2010, S. 10-16. www.ajs-bw.de/media/files/ajs-info/AJS-Info_1-2010.pdf [Zugriff: 18.04.2016]

Wunderlich, Ralf (2012). Der kluge Spieler und die Ethik des Computerspielens. Potsdam: Universitätsverlag.

Zagal, José P. (2009). Ethically Notable Videogames: Moral Dilemmas and Gameplay, www.digra.org/dl/db/09287.13336.pdf [Zugriff: 23.05.2016]

Zimmerman, Eric/Chaplin, Heather (2013). Manifesto. The 21st Century will be defined by Games. http://kotaku.com/manifesto-the-21st-century-will-be-defined-by-games-1275355204 [Zugriff: 02.06.2016]

Filmverzeichnis

Star Wars (2015). J. J. Abrams. USA

Spieleverzeichnis

Advanced Dungeons & Dragons (1977). Ernest Gary Gygax.

Baldur's Gate (1998). BioWare, Black Isle Studios/Interplay Entertainment. PC

Darfur is Dying (2006). Take Action Games. PC

Data Dealer (2013). Ivan Averintsev/Wolfie Christl/Pascale Osterwalder/Ralf Traunsteiner. PC

Fallout 4 (2015). Bethesda Game Studios, Bethesda Softworks. PC/Playstation/Xbox

Kristallnacht (2009). Increpare Games. PC

Life is strange (2015). Dontnod Entertainment, Square Enix. PC/Playstation/Xbox

Mass Effect (2007). BioWare, Microsoft Game Studios. PC/Playstation/Xbox

Minecraft (2009). Mojang. PC

Minecraft: Story Mode (2015). Mojang/Telltale Games. PC/Playstation/Xbox

Papers, Please (2013). Lucas Pope. PC

Pokémon Go (2016). Niantic, The Pokémon Company. Android/iOS

The Walking Dead (2012). Telltale Games. PC/Playstation/Xbox

The Witcher 3 – Wild Hunt. CD Projekt Red, Namco Bandai Games. PC/Playstation/Xbox

This War of Mine (2014). 11 bit studios. PC

Das Centro TAU, gegründet von der Associazione „Inventare Insieme" (NGO) in Zisa, einer der am stärksten benachteiligten Regionen in Palermo (Sizilien), ist ein Treffpunkt für Jugendliche mit verschiedenen Freizeitmöglichkeiten wie auch pädagogischen und bildenden Angeboten. Mit Hilfe des Spiels Sim City 4 wurden Jugendliche angeregt, sich mit ihrem Lebensraum und ihrer Situation auseinanderzusetzen

This paper concerns the application of some Media Education strategies in a different environment other than the formal context (school). The case considered is related to young people who live in Zisa, one of the most deprived neighbourhoods of Palermo (Sicily, Italy). The young participants were found in Centro TAU – Associazione "Inventare Insieme (onlus)" which is a good formative environment as well as a meeting point and leisure centre.

Video Game Education in an Informal Context
A Case Study: the Young People of Centro TAU – a Youth Club of Palermo (Sicily, Italy)

Annalisa Castronovo and Marcello Marinisi

1 Project Overview: Theoretical Basis

The *SIMaging the City* project (designed by Massimiliano Andreoletti and Anna Ragosta) was aimed to stimulate young people to develop a more keen sense of citizenship on behalf of the Video Game *Sim City 4*. It is an action research and the activities of the young gamers have been observed for the entire duration of the project. This study has been developed within the European project *Gamepaddle. Empowerment of Socially Disadvantaged Young People through Videogame and MediaEducation* (funded by the European Commission in the program "Youth in Action" action 4) through the MED in collaboration with the JFF – Institute for Media Education and Media Research (Munich, Germany), the Università Cattolica del Sacro Cuore (Milan, Italy), the Karlstads internationella TIMEutbildning (Karlstad, Sweden) and the wienXtra-medienzentrum (Vienna, Austria).

The project *Gamepaddle* is thought to identify young people's game-related resources and to help them to benefit from these resources in other primarily non-game-related contexts such as school, intergenerational dialogue, creative activity or civic commitment. Strategies connected with the Media Education and, more specifically, with the Video Game Education, "'rib' of the more famous Media Education" – as stated by Damiano Felines (Bittanti, 2012) – are used, considering video games as cultural objects, which can be used to teach other subjects; but not in a professional context to train future designers or programmers of video game software, but as a lesson for all, regarding the fact that video games, and media in general, are part of our world and of our everyday life. (ibid.)

To address this issue it is necessary to step back starting from the concept of *game*. In fact, as shown by Paola Contardi (2015): "Since the days of Aristotle, the characteristics of gratuitousness, liberty, and fantasy have been attributed to the game, opposing it to everything that is done from necessity. Activity, therefore – although not finalized and productive – determines the development of the cognitive sphere and of the personality structure" (our translation). Moreover, Johan Huizinga in *Homo Ludens* (1973) defines the game as "the fundament of every social organisational culture" and "free act".

Typical elements of ludic activity are: freedom of choice, lack of interest (in the sense that the activity is an interest itself), social function, emotional function and rules. With regard to this, in fact, Jean Piaget (1962) believes that the rules of the game are a tool that can guide the individual in accordance with the law and social conventions, thus favoring the social maturation. Therefore, the educational value of the game is evident. With increasing age of the player during childhood, the game originates from the pleasure principle and, later, it leads to the attribution of meaning. For example, after eleven years of age the human being comes to the coding of the rule and so to the building game, which involves the operations of seriation and classification.

Furthermore, Friedrich Fröbel (1782-1852) interpreted the game as a fundamental activity of the child to promote the expression and representation of his interior creatively, with the support of the language. In the game the child experiences the concept of unity, because it allows him to penetrate into the things appropriating them and to the things to penetrate in him by giving him their attributes in the pretend play.

In support of the game's usefulness in the learning process, it also places the work of James Paul Gee et al. (2004) *Video Games and the Future of Learning*. «In it he argues – using in the field famous learning theories and practical examples – that video games are able to place themselves at the same time on various levels: ethical and epistemological (development of shared values), social (development of a set of actual social practices), experiential (experimentation of different and intense identities) and rich in significance (development of situated understanding)». According to Gee «the key point from which starting to reflect on learning is the experience, because our brain is capable of storing any kind of experience, and this is what informs our learning process. If the best learning experiences are based on motivation, on the presentation of clear objectives, on the interpretation of results and on immediate and continuous feedbacks, then video games are great learning tools, because they work with exactly these characteristics. The consequences from an educational perspective are numerous. Thanks to video games, in fact, you can also compensate for to too rigid evaluation systems such as "classic" tests and exams; it is easier to propose to the students problem-solving activities, as well as encourage them to behaviors that can make them psychologically and emotionally mature, because playing you have to take risks and accept challenges» (Ceccherelli, 2004. Our translation).

The *SIMaging The City* project takes into account advancements in the field made by the Video Game Education and it promises to exploit the dynamics of game to bring about concrete improvements, in line with to typical objectives of the action research. In fact, the «ultimate educational aim of using a city simulation game like *SimCity* is not simply that of playing the part of the mayor, but more importantly of co-building an environment where participants can reflect – both individually and collectively – on the

simulated city and also on the real one as they experience it daily» (Andreoletti *et al.*, 2016).
In the next paragraphs we will discuss the details of the project *SIMaging the City* making explicit the objectives, the activities envisaged, the methods adopted and results obtained.

2 Game: Media Education Picklock in Disadvantaged Contexts

Media education was initially intended as a new task of schools in a world increasingly permeated by old and new Information and Communication Technologies (ICTs). Among these there are media such as cinema, radio, television and the Internet. New generations are the target group, but also the driving force behind these new media, which disseminate in a more and more rapid and extensive way more different contents. In this perspective, nowadays, educators cannot evade taking into account the extraordinary power of the media, recognizing both weaknesses and the qualities, making the media itself an indispensable tool in their toolbox.
In fact – as suggested by David Buckingham (2007) – media educators have to avoid generating what Attewell & Battle (1999) call a "Sesame Street effect" here: that is, "an intervention designed to enable poorer children to 'catch up' educationally with their more affluent counterparts may end up widening existing inequalities based on social class, ethnicity and gender, since it is boys, middle-class children and whites (who enjoy greater access outside school) who are likely to benefit most from it".
Later, media education was revealed as a good pass key to extra-school environments as well as an educational tool. Indeed, in particularly disadvantaged contexts or in which the traditional educational techniques have difficulty in achieving concrete results, media education can become a real picklock both aimed at producing youth empowerment as well as to be ready to break through the wall that often separates and opposes teachers and students. In this sense,

the play aspect holds a central role because it puts these two "opposite" fronts more easily on a level that (unlike school) has a really positive connotation.
The project *SIMaging the City* starts as an attempt to bring the expertise acquired in formal contexts in a context which is not only informal, but even complex and problematic. Indeed, this experience took place in one of the neighbourhoods of Palermo estimated "at risk" (a slum), because the future of young people living there is endangered by high crime rate and by the limited facilities for their formation and recreational needs; there are only a few certain organizations of the so-called Third Sector. Therefore we came to the decision to launch the described experimentation at the Centro TAU, which is a youth club located in the heart of Zisa. The centrality of this environment in terms of history and topography within the city unfortunately clashes with the social marginality of the population who enlive its streets, palaces, and values have gotten in. To address the educational process of the project videogames were used. Indeed, the Video Game Education – as highlighted by Damiano Felini (2012) – is connected to and induces effectively to reflections about citizenship, morality, media literacy and critical autonomy, which are the core objectives of media education. Among the various possibilities offered by the video game market, our choice fell on *SimCityTM 4 Deluxe Edition* by Maxis. Let's see why!

3 Why SimCity?

The opportunity to use *SimCity 4* rather than another video game is closely related to the objectives we set ourselves (see below). *SimCity*, indeed, is one of the most popular management simulation video games. The version we have chosen for the development of this education project allows the media educators to focus on gaming activities on specific aspects related to the city administration without necessarily having to deal with other more complex issues (concerning the whole society), unlike the later version of this video game (*SimCity Societies*), which in this respect has been made more elaborate.

Particularly useful for our purposes were the instructions given by Massimiliano Andreoletti (2013), who has identified some interesting guidelines for those who conduct Video Game Education activities, highlighting just the aspects in regard to which *SimCity* lends itself to achieve specific educational goals in the school context, but also in non-school contexts. In fact, the authors emphasize that "The usage of a simulation game like *SimCity* in the educational field allows you to develop different paths of analysis and reflection that, starting from the world simulated inside the game, come to fruition in reality" (our translation). This consideration served as an input for the Palermo case. It allowed to pursue the objectives of *SIMaging the City* applying the scheme designed by Andreoletti and Ragosta (in Andreoletti 2013) to conduct the project itself, which had previously been conceived to be applied in schools, and later adapted to the extra-school context.

The project provides a three-module scheme (Andreoletti et al. 2016):
- *Analyse and Reconstruct your City* (see below paragraph 3, section A);
- *Tell Me about You and Your City through Your Favourite Video Game* (see below paragraph 3, section B);
- *Create Your Ideal City* (see below paragraph 3, section C).

The intent of the project was to the young people involved a way to think about the surrounding reality. They – through adequate stimulation by media educators – should have become aware both of weaknesses and of the inherent potentiality in their own environment in order to realize a process of self-analysis. The aim of this process was to make them feel and be an active part of the community as citizens and also as individuals with a critical spirit and proactive attitude, who are able to modify the existing reality according to their needs and desires.

The idea of involving the young people living in the Zisa in a media education project originates from the ambition to build a bridge between the virtual and the real, between imagination and the everyday life, between wishes and the concrete world. The young people get a chance to "reflect on peculiarities of each world through their own time and their personal ways, to identify elements which may be common to both worlds and to analyze which models belonging to a world may have application in the other world" (Felini 2012).

Indeed *SimCity*, as simply a game in its origin, can be a concrete and friendly way to give a new vision to young users and to be more aware of themselves and of their potential through a progressive increase in their skills. Besides, they should be considered not only and not merely players along the path of media literacy, but as social actors who bring expertise earned in the play context outside the screen, and which are also usable in the world and in real life. In this video game the user talks the part of the mayor (*Mayor Mode*) of a city. During the game, this city will take the shape, appearance and features that the gamer will give it (in *God Mode*), facing in this way all the responsibilities and inconveniences that may be generated by misguided or clumsy management, or on the contrary meeting the satisfactions and awards thanks to their smart use of resources at their disposal.

There are five characteristics of *SimCity* that are useful and interesting for media educators who intend to enhance the functions of the game into a really useful know-how for gamers who take a stab at being a mayor:
- *conception and development of the project*: the city has to be planned in a manner so that it is in good working order → stimulation of cognitive abilities; incentive to think about the future over the long term, and to consider the consequences of their choices through advanced planning; boost to make use of the imagination;
- *territorial planning*: allocating lots to become a residential, commercial or industrial area → clarifying logistic reasons for which it is

necessary partitioning of the urban fabric into separate areas which are organized based on their functions: the city structure must not be random or improvised, but the nature of the city itself and the needs of its inhabitants always have to be taken into consideration;
- *administration of resources and services*: definition, management and control of transportation routes, of utilities in relation to the territorial requirements (power supply, water, waste service), of collective health conditions and safety, of public parks, recreational areas and so on → invitation to reflect on the desirability and convenience of the use of renewable energy sources in order to save energy and to respect the environment, lesson to efficient allocation of resources in terms of cost-benefit from the perspective of the common good;
- *budgeting*: calculation of income and expensions so that the city budget is never bankrupt; tax burden proportioned to the quality of services (there is the automatic mode) → simulation and indication of how to manage finances in relation to various possible situations (essential skill in real disadvantaged contexts and not only);
- *monitoring of the city*: possibility of checking the *status quo* through the analysis of the indicators that are already predisposed by the creator of *SimCity* for the conservation of the collective welfare of the virtual inhabitants or any detection and solution of problems, occurrences or negative externalities on the "reality" created as well as for the diagnosis of the existing → call to have the overall vision of reality and to develop critical thinking regarding themselves, their choices and the surrounding world.

4 Educational Objectives, Methods, and Findings[1]

The intent of *SIMaging the City* was to achieve educational goals which are closely linked to the five functions described above. More specific objectives that we set are the following.

A – Arouse interest in living environment
The overall aim was to manage that young gamers become aware, both individually and collectively, of the most significant aspects of their surrounding reality starting from their own life experiences through the identification of present elements and those dispersed throughout the territory of belonging (meeting-places, locations related to important memories or experiences that have marked their own past or still mark their lives). This consists in the critical observation of reality from an aesthetic and emotional point of view aimed at the production of collective work that is the fruit of group diligence as well as the mirror of the dimension in question right from the perspective of those who live in such a context.

Product A map of their reality in the shape of a flash card

Method An focused activity for the young people assisted by media educators was planned in three steps:
- Reflection → Individuation and comment of places considered most meaningful by youths involved in this educational project and with positive and/or negative connotations for a single and/or for the whole group.
- Creation and retrieval of materials → Description of their own reality using media. It should have been realized by taking pictures and recording videos.
- Product → Generating a map of the neighbourhood marked by photographs and tags juxtaposed with it to indicate points which the participants have felt the most important according to their own life experiences and that have been properly immortalized by them.

Activities The first step has been conducted by an educator of the youth club Centro TAU as a preliminary meeting aimed to introduce the activities planned into *SIMaging the City* to the youths involved in the educational project. In this phase, instead, we only intervened after the activity in question has been completed and we have carried out the evaluation of the results of the latter. The educator spurred the young people to think about the surrounding context (Zisa neighbourhood of Palermo) and especially about aspects that they would have identified as most important in relation with their own experiences of life spent there. After listening to the explicitation of the operational goals, the working group had begun to realize the materials necessary for creating the final product. During the second step young people took pictures and shot some videos, both representing themselves in groups in the heart of the neighbourhood (Zisa castle) and collecting meaningful images related to places most attended by inhabitants (church, restaurant, betting center etc.); these are all places that represent the reality and personal experiences of young people of Palermo. The third step concerned the implementation of a flash card by the group so as to obtain an overall view of the neighbourhood or to be more exact, a choral portrait of a particular life context the young people themselves are an integral part of.

Findings This activity was conducted by one of the Centro TAU educators with a group of young people considered "difficult" because it was composed of people who were very reluctant in terms of teamwork, discipline, formal contexts and people generally covered by an aura of authority, such as teachers, especially if they are inserted in a formal context, like for example school environments. Such conditions make the result achieved excellent: In fact, young people worked together and cooperated, they worked on an activity directed by others and they made great strides in dealing with the achievement of common objectives. In addition, they proved themselves to be open for play and creative dimensions that are required for carrying out the activities planned during the second and third steps. Moreover, these young Centro TAU goers demonstrated a remarkable affection for the surrounding environment. Environment that, despite the many defects caused by an incautious management of public affairs, remains an important point of reference in the eyes of those who carry out here their daily activities. The Zisa constitutes a "home" which the young people are ready to defend and to praise (individually, although with due reservations) and to which such young people are very bound from an emotional point of view.

B – Arouse awareness of essential elements
The second educational objective was to arouse in young Zisa inhabitants a greater awareness of the elements characterizing the reality lived or desired by themselves. This time the context is implicated through a virtual projective action: it is practiced by the youths by means of their choices and the expression of their own 'materialized' desires, made visible and sharable right in activities and in existing locations within virtual worlds of their video games favorites and with regard to specific play skills (it was expected that the participants already have play skills). The young people, indeed, were supposed to perform such translation by making a selection of video games that, in their view, better represent the activities and the environment that they know well or towards which they aspire to, especially because such simulations give the opportunity to 'live' (although virtually) experiences considered pleasant, but unlikely to be realized in physically tangible reality.

Product Elaboration of a list of video games they appreciate and chosen on the basis of relevance to everyday life against which the inhabitants of the Zisa habitually measure themselves or which they aspire to

Method Similarly to the previous one, even the objective just illustrated was to be pursued through three distinct phases as follows:
- Selection of significant video games → Identification – in a context of peer education – of video games that best represent the reality lived or that manage to simulate the contribution which the young people would actively make in real life (non-virtual)
- Tournament → Participation in a contest between gamers on the platforms chosen by the users themselves in agreement

■ Return of the experience → Critical analysis of the activity carried out with relation to the adopted strategies, to comparing oneself with playmates and to the points of contact found just among the experiences lived or wished in real life context and the ones simulated in the virtual world

Activities The first phase was carried out by a different educator, who showed to the youths the aim of the activity in question so as to prepare them for the correct carrying out of the selection. This was intended to be aimed at a contextual creation of a reasoned list of video games close to the users or with relevance to their real life context or to the (collective) imagination to which the young people feel connected. The video games selected were supposed to serve as the tool for realizing a real tournament. It had been organized in such a way that five teams (each consisting of two players) would defy each other. Ten meetings were scheduled and each would have to include a match and the final debate about the activity carried out. The two rival players challenged each other on the same game. This dynamic was repeated many times as they were the expected gaming sessions. Each of the two members of a team should have played five times with another game and after every match the winner would have to face a loser. After completing the matches a ranking would be drafted. To ensure that the teammates of the players would not remain inactive during the gaming activities of the other component of the pair, we decided to make them contemporarily play the matches with these video games and those on SimCity 4^2. The third phase scheduled a debate led by an educator and orientated to induce the tournament participants to examine the dynamics of the game immediately after the matches, to comment their own behavior and behavior of others and finally, per video game, to identify features that make it more or less suitable to represent the reality lived or desired by users.

Findings Although this second type of activity has found fulfillment in producing a video games list by youths, it consists of a list of names not always immediately connectable to the purpose of such educational activity. Indeed, it includes ten games homogeneous enough by genre: these are mostly sports games (in which the competition is the main driver of play activity) and games set in contexts with a high crime rate (in analogy to the neighbourhood of the young participants to the educational project in question). Here's the full list: *Need for Speed: Carbon* (racing game open world, belonging to the *Need for Speed* series), *Assassin's Creed II* (historical action-adventure open world stealth video game and sequel of the 2007 videogame *Assassin's Creed*), *The Godfather II* (action-game, sequel of *The Godfather* and based on the film; played as a Mafia boss), *Grand Theft Auto: San Andreas* (action-game, the third of a trilogy and set in criminal context), *FIFA 12* (sports game and, in particular, traditional soccer/football simulation, which is the nineteenth game in Electronic Arts' *FIFA* series; its slogan is: "Love Football, Play Football"), *Gran Turismo 5* (it is the fifth edition of the *Gran Turismo* sim racing video game series), *Tekken 6* (fighting game, witch is the latest game of *Tekken* saga), *New Super Mario Bros. Wii* (platform game or platformer of *Super Mario* series), *Pro Evolution Soccer 2012* (traditional soccer/football simulation, which is the eleventh edition in the *Pro Evolution Soccer* series), *FIFA Street 2012* (sports video game based on street football, it is the forth edition of *FIFA Street* series). This second play phase did not yield the expected results and after the first two meetings many participants of the group didn't attend anymore. Therefore the play activities couldn't be continued with the members of the group originally chosen by the educators. Since the tournament was cancelled, it was decided to only focus educational efforts on *SimCity*. The role of us authors was to observe the behavior of participants in the gaming sessions during their execution, taking note of the most significant aspects with respect to the research objectives. From the first two gaming sessions in the tournament on, it was clear that the players were mainly animated by the competitive thrust, which unfortunately sometimes remains the only motivation. In fact, if the game in the described sense is defined as a free, aimless, and out of context activity (Andreoletti 2012), there is no doubt that the play dimension assumes complete freedom, namely to be practiced without any constraint and in a completely spontaneous way. It is hardly surprising that a group composed of individuals unfamiliar with teamwork has not managed to overcome atavistic resistances to activities organized and more or less formalized. Sometimes, however, the disappointment and sorrow connected to the defeat were manifested through violent or excessive reactions, such as the angry launch of joypad or even the unauthorized exit from the playing area and the consequent definitive abandonment of the tournament. It is not a fortuitousness that the part of the project dedicated to simulations of *SimCity* has got a completely different performance with an identical group for social and geographical background, but already accustomed to the realization of projects for educational purpose. Considering the first comments to the few gaming experiences carried out in the framework of the tournament, the participants chose the games not because they are close to their life experiences, but rather on the basis of their familiarity with some video games, because of their expertises and skills required. Nevertheless, most of the time the games (through the simulations) were considered as the only way to live some desired experiences, which seem to be poorly achievable in real life (e. g.: playing football or compete in high-level racing etc.).

C – Educational potential of SimCity 4

The third and main objective of the project concerned the educational opportunities inherent to the major functions provided by *SimCity 4*. It is structured into sub-objectives. In the gaming context we tried to: a) lead the new work team to game dynamics that were supposed to derive from personal and group reflections on the needs and desires the image of own ideal city emanates from, b) in order to support a self-reflective process that might conduct towards the realization of an ideal city that reflects a shared vision and c) aimed at changing the existing reality, d) through the knowledge of the tools and possibilities at its disposal, e) and in an living environment with its own particularities and weaknesses, f) but nevertheless taking a proactive attitude and a renewed critical sense.

Product The shared vision of the ideal city of the participants of the project *SIMaging the City*

Methods This part of the project constitutes the core of the media education activity carried out in this educational context; it involved a careful and meticulous management of the activity planned, according to the following scheme:
- Presentation of the operative aims of the project to the participants → Creation of the ideal city for each single participant, preliminary to that of a city considered ideal by the entire group
- Game activity → Gaming session to *SimCity 4* and appropriate saving of the match
- Close examination of the real city and the ideal one → Group participants (teenagers involved in *SimCity 4*) are invited, either through forms with open-ended questions or focus groups, to highlight – later to each gaming session – the difficulties encountered during the ludic activity, any eventual doubts, besides the strengths and weaknesses of the real city in relation to the ideal one. Through the support of appropriate forms and brief interviews (some were conducted by members of the group to other members), we tried to stimulate reflection on the activity carried out, on the strategies put in place by gamers, and on changes in the real city they hoped for. The young people were asked to work on some questions: which aspects they consider most meaningful for an ideal city and which game strategies they have adopted to give them due importance in the simulated reality; which are the similarities and differences between the real city and the ideal one; how they started playing *SimCity* and what this game noe means for them. By comparing the answers

we developed our considerations in relation to the given objectives. We conducted focus group interviews following a predetermined track and recorded them; six participants took part in each group, placed in a circle in a classroom of the TAU Center
- Return of the final product → the image of an ideal city developed by the entire group

Activities First of all, the setting where a recreational activity had to be carried out was prepared. For this purpose the video game *SimCityTM 4 Deluxe Edition* was installed on each computer. Afterwards we presented the operative aims of the project and we gave playing instructions to the novice users; if needed so, they got assistence of another player. Game sessions took place, which extended from March until June 2012. The meetings were scheduled two hours, including also the time for considerations about the latest gaming experience. Reflections that took shape during the compilation of the questionnaires and interviews which led participants in the educational project to draw up a list of elements wished by the group. To put it briefly, it describes a more livable city in terms of the spaces allocated to public green areas, recreational areas, and meeting places for young people, with big and modern sports facilities, as well as shopping areas which are widely able to meet the needs of the community and also well connected by large roads, ports and major international airports that can open the doors for the inhabitants to other realities and to other environments yet to be explored.

Findings Compared to the group that opened the tournament, the group who proceeded with the gaming activity on *SimCity* had fully met the expectations. The participants showed a greater involvement in the dynamics of the game and they took part in the creating process of their ideal city, starting from singly individuating advantages and disadvantages of realities of Palermo and in particular of their neighbourhood, demonstrating a critical vein already sufficiently pronounced, although tending in some cases towards a resigned acceptance of criticalities during the initial stages. The game, through some gratifications to the best 'mayors', had managed to keep high the attention of some players, who soon turned into leaders in the group dynamics and were elected experts by the other users. By trial and error, by following a process of learning by doing, the more self-confident gamers created numerous cities improved by progressive adjustments. Gamers expressed needs and desires and, although with very different results, they tried to fulfill their own dreams in a virtual reality. Some of them found themselves capable to carry out activities where they were asked to express themselves for the first time and able to solve problems they never had reflected on deeply. This gave reason for hope corncerning the awakening of the sense of citizenship that was easily anaesthetized in disadvantaged contexts, such as the one where the teenagers who took part in the project *SIMaging-the City* spend their life. Young people showed a good peer comparison ability and they were interested not only in gaining new skills in the field of media literacy, but also in other areas. They took part in simulations, realized and granted some interviews on the developed activity and above all, these young people took the role of new social actors, willing to take an active part in public affairs to become bearers of real innovation and change in a context that does not seem to go hand in hand with their needs. Confirming this finding, the elements through which these young people described their ideal city, testified to a perspective of depth revision of the existing reality in terms of facilities, places and services for citizenship.

5 From ideas to deeds

At this point we want to make some general considerations concerning the distance that may separate the educational program from its concrete carrying out. More closely, in moving from ideas to deeds you can meet unannounced and/or unexpected eventualities. In this case, there has to be a readjustment in the selected method and evaluate all the elements involved in the correct carrying out of the planned activities. In order to not jeopardize the achievement of the objectives, it is necessary to consider the methods, the techniques, the setting, the possible dynamics that are still unknown, as well as needs and characteristics of the target of the educational project.

The latter issue hindered just in part the correct carrying out of the project *SIMaging the City*, because we acted in the active phase of the project to identify the mistake and re-evaluate each single element during the implementation phase of the project. We realized that it was naively thought that a method sufficiently tested in formal contexts could be applied to an informal context without considering the background of the individuals who were selected as protagonists and target group of the educational project.

There was only one situation when it was possible to detect and understand the difficulties an educator (and a media educator) has to battle with to achieve concrete results in situations of social disadvantage. Reality as a whole, with all its cities, neighbourhoods, contexts (formal and informal ones) can't be treated using the same tools, nor all individuals are ready to achieve goals that sometimes are too pretentious, in particular when they are pursued by educators before the recipients are ready to deal with activities scheduled to achieve those aims. During the course of *SIMaging the City* we had to deal with an unexpected resistance of the subjects in the first group of participants. Many of them had never carried out other educational activities before and did not have the constancy and the discipline that are essential in contexts where the educational intention is oriented to a group and not to the individual. Nevertheless, the use of video games, as driving force of educational activity, led however to results which never before had been obtained within the Centro TAU with these youths. Some of them took part in the ludic dynamics and they showed a sense of responsibility accepting the task articulating their desires; it is already a step ahead compared to their previous behavior. This case study makes particularly evident that the ludic activity may be a good launching point towards the realization of educational purposes. But the game as such – both to function properly and to express its full potential – the participants have to perceive as a free and voluntary activity (Braga, 2005).

6 Conclusion

Although it was necessary to modify a little compared to the method chosen at the start, the adjustments made during the realization phase of the project made the achievement of fundamental educational intentions possible and in some respects they were above the most optimistic expectations.

The first of the objectives has been fully achieved: *the critical observation of reality from an aesthetic and emotional slant*. Indeed, although our expectations were not particularly high, the young participants in this educational project – which, generally, in the past have were wary of adults in positions of power and exercising forms of authority (formal) in their regard – expressed their interest and participation in the conduct of such activities. The playful aspect scratched their reluctance and it revealed an educational tool very useful even in an informal context (as well as 'difficult' and problematic). Therefore, a strategy that worked well in formal contexts, gives excellent educational findings even if it is applied in informal contexts. Unfortunately, however, this is not always true.

In fact, carrying out the activities aimed at satisfying the second educational objective – *to arouse in young Zisa inhabitants a greater awareness of the elements characterizing the reality lived or desired by themselves* – revealed some methodological weaknesses where it is possible to incur when the target group is not accustomed to participating in group activities and if it does not have the discipline to bring at term some objectives programmed by third parties (see paragraph 4), however the results reached by youth in the context of the project are higher than those the same group of young people achieved up to that time (in terms of concentration in the activities planned by the educators). It is necessary that the game, in fact, is always perceived as free and voluntary (Braga, 2005) so that it can be considered a game and so that it can deliver hoped results, even for educational purposes.

The third and main objective of the project is the one with the best results. It included – we repeat it for clearer presentation – various sub-objectives (cf. paragraph 3): a) *lead the new work team to game dynamics that were supposed to derive from personal and group reflections about the needs and desires from which it emanates the image of own ideal city*, b) *in order that a self-reflective process would be able to conduct towards the realization of an ideal city which mirrors a shared vision and* c) *aimed at changing the existing reality*, d) *through the knowledge of the tools and of the possibilities at its disposal*, e) *and of territory lived with its own particularities and weaknesses*, f) *but nevertheless taking a proactive attitude and a renewed critical sense*.

The group of young people achieved very well the educational objectives and they showed themselves involved and interested in the carrying out of the activities scheduled. It was possible to delegate some interviews to the young people and conduct focus groups from which emerged the concepts that they have of the surrounding reality and the desired one. The video game gave them the opportunity to face serious and thorny issues lightly, allowing educators to keep the attention of youth and to encourage their ideas. Overall, participants showed a proactive attitude towards the issues of legality, active citizenship, public management of the territory, environmental pollution, urban services, and mobility.

Therefore the young protagonists of *SIMaging the City* emerge from this experience with certainly a bigger dose of self-consciousness and of the real world that surronds them, rather than when the ludic-educational activity conducted on *SimCity* had yet to begin. These young people have not only acquired new media skills (essential in the process of youth empowerment), but they were made a little more aware of issues of active citizenship.

The hope is, in fact, that such an experience was able to instill in these young inhabitants of the Zisa neighbourhood a greater critical and civic sense, stimulating their abilities to analyze and evaluate themselves and the reality around them. These are, indeed, prerequisites necessary so that young people are able to cope with the life that awaits them as aware adults.

In conclusion, from the perspective in which it was set, we believe that the *SIMaging the City* project may constitute a valid tool for empowering young people and orienting them in a more responsible way to their future in society.

Endnotes

[1] Parts A and C by Annalisa Castronovo; part B by Marcello Marinisi.

[2] Educational objectives, methods, activities development and findings related to SimCity are exposed below. Although for the latter's sessions had been thought a longer duration, because of the dynamics inherent in the nature of management genre – two hours per game versus about forty minutes planned per match played with other videogames; in fact, the players of these different game categories were not challenged in any way; the tournament matches and those of SimCity took place simultaneously with the sole purpose of keeping busy all team members while their teammates were playing tournament matches.

References

Aglieri, Michele/Ardizzone, Paolo (eds.) (2012). Realtà educative: contributi di critica pedagogica. Unicopli: Milano, Italy.

Anderle, Michaela/Ring, Sebastian (eds.) (2016). Gamepaddle. Video Games. Education. Empowerment. Ledizioni: Milano, Italy. www.ledizioni.it/prodotto/michaela-anderle-sebastian-ring-gamepaddle [accessed: 10-25-2016]

Andreoletti, Massimiliano/Cappello, Gianna/Castronovo, Annalisa/Marinisi, Marcello/Ragosta, Anna (2016). SIMaging the City. The Educational Use of Video Games in a Youth Club of Palermo (Italy). In: Anderle, Michaela/Ring, Sebastian (eds.), Gamepaddle. Video Games. Education. Empowerment. Ledizioni: Milano, Italy.

Andreoletti, Massimiliano (2013). "S'IMpara con i videogiochi". In: Parola, Alberto/Rosa, Alessia/Giannatelli, Roberto (eds.), Media, linguaggi, creatività. La Media Education per la scuola secondaria di primo grado. Edizioni Erickson: Trento, Italy.

Andreoletti, Massimiliano (2012). Videogioco. In: Aglieri, Michele/Ardizzone, Paolo (eds.), Realtà educative: contributi di critica pedagogica. Unicopli: Milano, Italy.

Attewell, Paul/Battle, Juan (1999). Home Computers and School Performance. "The Information Society". 15 (1), pp. 1-10. http://dx.doi.org/10.1080/019722499128628 [accessed: 06-15-2016]

Bittanti, Matteo (2012). Intervista: Damiano Delini: capire la Video Game Education. In: "Ludologica". www.ludologica.com/2012/02/intervista-damiano-felini-e-la-videogame-education.html [accessed: 06-15-2016]

Braga, Piera (ed.) (2005). Gioco, cultura e formazione. Edizioni Junior: Azzano San Paolo (BG), Italy.

Buckingham, David (2007). Digital Media Literacies: Rethinking Media Education in the Age of the Internet. In: "Research in Comparative and International Education". March 2007 vol. 2 no. 1, pp. 43-55. Sage: London, UK. http://rci.sagepub.com/content/2/1/43.full.pdf+html [accessed: 06-15-2016]

Cappello, Gianna (2009). Nascosti nella luce. Media, minori e Media Education. FrancoAngeli: Milano, Italy.

Castronovo, Annalisa/Marinisi, Marcello (2016). Video Games in Real Life. In: Anderle, Michaela/Ring, Sebastian (eds.), Gamepaddle. Video Games. Education. Empowerment. Ledizioni: Milano, Italy.

Ceccherelli, Alessio (2012). Videogiochi e apprendimento tra medium e messaggio. Considerazioni sull'uso didattico dei videogiochi. http://rivista.scuolaiad.it/n06-2012/videogiochi-e-apprendimento-tra-medium-e-messaggio-considerazioni-sull%E2%80%99uso-didattico-dei-videogiochi#fn-1448-5 [accessed: 06-15-2016]

Contardi, Paola (2015). L'attività ludica come strumento educativo. www.paolacontardi.com/2015/03/09/164/ [accessed: 10-25-2016]

Felini, Damiano (ed.) (2012). Videogame Education. Studi e percorsi di formazione. Unicopli: Milano, Italy.

Gee, Jean P./Halverson, Richard/Squire, Kurt R./Williamson Shaffer, David (2004). Video Games and the Future of Learning. www.academiccolab.org/resources/gappspaper1.pdf [accessed: 06-15-2012].

Giannatelli, Roberto (2011). Perché la Media education e perché il MED. www.mediaeducationmed.it/documenti-pdf/med-approfondimenti.html [accessed: 07-23-2012]

Huizinga, Johan (1972). Homo ludens. Einaudi: Torino, Italy. (Originally published in 1938, Holland).

Parola, Alberto/Ranieri, Maria (2011). Media education in action. A research study in six European countries. Firenze University Press: Firenze, Italy.

Piaget, Jean (1962). Play, Dreams and Immagination in Childhood. W. W. Norton: New York, USA. Italian translation: La formazione del simbolo nel bambino. Immaginazione, gioco e sogno. Immagine e rappresentazione. La Nuova Italia: Firenze, Italy.

Autorinnen und Autoren

René Barth, M. A., studierte Soziologie, Philosophie und Germanistik in Halle und Leipzig, unterrichtete Deutsch und arbeitet seit Dezember 2016 als wissenschaftlicher Mitarbeiter am Lehrstuhl für Bildungssoziologie der Martin-Luther-Universität Halle-Wittenberg. Im Zentrum seiner Forschungstätigkeit stehen vor allem digitale bzw. digital erweiterte Lernumgebungen. Kontakt: Schlegelstraße 13, 04275 Leipzig, E-Mail: rene.barth@mail.de

Angelika Beranek, Prof. Dr., hat Sozialpädagogik studiert. Von 2005 bis 2015 war sie im Infocafé, einer medienpädagogischen Jugendeinrichtung tätig. Seit 2015 ist sie Professorin an der Fakultät für angewandte Sozialwissenschaften der Hochschule München mit dem Schwerpunkt Medienbildung. Kontakt: Hochschule München, Am Stadtpark 20, 81243 München, E-Mail: beranek@hm.edu

Annalisa Castronovo ist eine unabhängige Forscherin. Sie studierte an der Università degli Studi di Palermo in Sizilien, Italien, Kommunikationswissenschaften und Soziologie. Ihre Forschungsschwerpunkte sind Cultural Studies, Medien und insbesondere Fandom Studies. E-Mail: annalisa.castronovo@gmail.com

Christiane Eichenberg, Univ.-Prof. Dr., ist Universitätsprofessorin für Klinische Psychologie, Psychotherapie und Medien an der Fakultät für Psychologie der SFU Wien. Sie ist Psychotherapeutin mit den Forschungsschwerpunkten: E-Mental Health, Psychotraumatologie, Psychotherapieforschung, Kontakt: Sigmund Freud PrivatUniversität (SFU Wien), Freudplatz 1, A 1020 Wien, E-Mail: eichenberg@sfu.ac.at

Tobias Füchslin, M. A. ist Doktorand und wissenschaftlicher Mitarbeiter an der Universität Zürich, IPMZ – Institut für Publizistikwissenschaft und Medienforschung in der Abteilung für Wissenschafts-, Krisen- & Risikokommunikation. Seine Forschungsschwerpunkte liegen in den Bereichen Wissenschaftskommunikation, Internet Literacy und Citizen Science. Kontakt: IPMZ – Institut für Publizistikwissenschaft und Medienforschung, Andreasstrasse 15, CH-8050 Zürich. E-Mail: t.fuechslin@ipmz.uzh.ch

Sonja Ganguin, Prof. Dr., ist seit 2014 Professorin für Medienkompetenz- und Aneignungsforschung am Institut für Kommunikations- und Medienwissenschaft sowie Direktorin des Zentrums für Medien und Kommunikation (ZMK) an der Universität Leipzig. Ihre Arbeitsschwerpunkte sind: Medienkompetenz, Digitale Spiele, Mobile Medien und empirische Medienforschung. Kontakt: Universität Leipzig, Institut für Kommunikations- und Medienwissenschaft, Emil-Fuchs-Straße 1, Raum 1.16, 04105 Leipzig, E-Mail: sonja.ganguin@uni-leipzig.de

Elke Hemminger, Dr. phil., ist derzeit Wrangell-Fellow zur Habilitation an der Pädagogischen Hochschule in Schwäbisch Gmünd (Abteilung Soziologie). Darüber hinaus ist sie in den Bereichen Digital Game Studies, Medienkulturen, Netzwerkforschung und Techniksoziologie forschend und lehrend tätig. Kontakt: PH Schwäbisch Gmünd, Abteilung Soziologie, Oberbettringer Straße 200, 73525 Schwäbisch Gmünd, E-Mail: elke.hemminger@ph-gmuend.de

merz wissenschaft

Cornelia Küsel, Mag. phil., ist wissenschaftliche Mitarbeiterin an der Fakultät für Humanwissenschaften der Universität der Bundeswehr München. Zur ihren Forschungsschwerpunkten gehören E-Mental Health, Essstörungen und Psychotherapieforschung. Kontakt: Universität der Bundeswehr München, Werner-Heisenberg-Weg 39, D-85577 Neubiberg, E-Mail: cornelia.kuesel@unibw.de

Marcello Marinisi, ist ein unabhängiger Forscher. Er ist an verschiedenen italienischen und europäischen Forschungsprojekten beteiligt. Zu seinen Hauptforschungsinteressen zählen Game Studies und Digital Media Studies. Zu seinen wissenschaftlichen Beiträgen zählen zahlreiche Publikationen (Bücher, Journale und Blogs). E-Mail: marcello.marinisi@gmail.com

Juliane Mühlhaus, Dr., ist als wissenschaftliche Mitarbeiterin im Fachgebiet Sprache & Kommunikation an der TU Dortmund tätig. Ihre Forschungsschwerpunkte liegen im Bereich semantisch-lexikalische Verarbeitung und in der Entwicklung wirksamer Technologien für die Sprachtherapie. Kontakt: Technische Universität Dortmund, Fakultät Rehabilitationswissenschaften, Fachgebiet Sprache & Kommunikation, Emil-Figge-Straße 50, 44227 Dortmund, E-Mail: juliane.muehlhaus@tu-dortmund.de

Kerstin Raudonat, Dipl.-Päd., hat nach Abschluss des Diplomstudiums in Erziehungswissenschaften an der TU Braunschweig zunächst im Studiengang Kultur- und Medienbildung an der PH Ludwigsburg gearbeitet. Derzeit ist sie im Studiengang Software Engineering an der Hochschule Heilbronn tätig und promoviert an der Universität Hamburg zu dem Thema „Sozial-kommunikative Kompetenzen im Kontext von Online-Rollenspielen". Kontakt: Hochschule Heilbronn, Max-Planck-Str. 39, 74081 Heilbronn, E-Mail: kerstin.raudonat@hs-heilbronn.de

Sebastian Ring, M. A., hat Sozialpädagogik und Philosophie studiert. Seit 2006 ist er medienpädagogischer Referent am JFF Institut für Medienpädagogik in Forschung und Praxis in München. Zu seinen Arbeitsschwerpunkten zählen interaktive und digitale Medien, insbesondere Computerspiele, sowie genderbezogene Aspekte der Mediennutzung. Kontakt: Arnulfstraße 205, 80634 München, E-Mail: sebastian.ring@jff.de

Ute Ritterfeld, Prof. Dr., leitet seit 2010 das Fachgebiet Sprache & Kommunikation an der TU Dortmund mit Forschungsschwerpunkten im Schnittbereich von Gesundheit, Bildung und Technologie. Sie ist Expertin für sogenannte Serious Games. Kontakt: TU Dortmund, Fakultät Rehabilitationswissenschaften, Fachgebiet Sprache & Kommunikation, Emil-Figge-Str. 50, 44227 Dortmund, E-Mail: ute.ritterfeld@tu-dortmund.de

Lena Rosenkranz, Dr., promovierte über die exzessive Onlinespiele-Nutzung im Jugendalter. Sie ist derzeit als medienpädagogische Referentin tätig und bietet Vorträge, Seminare und Workshops rund und um die Themen Soziale Netzwerke, Internetabhängigkeit, BigData und Cyber-Mobbing an. E-Mail: lena.rosenkranz@gmx.net

Brigitte Sindelar, Univ.-Prof. Dr., ist Universitätsprofessorin für Psychotherapiewissenschaft an der Fakultät für Psychotherapiewissenschaft und Vizerektorin für Forschung an der SFU Wien. Sie ist Klinische Psychologin und Psychotherapeutin im Bereich Individualpsychologie. Kontakt: Sigmund Freud PrivatUniversität (SFU Wien), Freudplatz 1, A 1020 Wien, E-Mail: brigitte.sindelar@sfu.ac.at

autorinnen und autoren

Anja Starke, Dr., arbeitet als wissenschaftliche Mitarbeiterin im Fachgebiet Sprache und Kommunikation an der TU Dortmund. Ihre Forschungsschwerpunkte sind Sprachförderung im Grundschulbereich, Mehrsprachigkeit, selektiver Mutismus und mathematisches Lernen bei Kindern mit Sprachentwicklungsstörungen. Kontakt: Technische Universität Dortmund, Fakultät Rehabilitationswissenschaften, Fachgebiet Sprache und Kommunikation, Emil-Figge-Straße 50, 44227 Dortmund, E-Mail: anja.starke@tu-dortmund.de

Lilian Suter, M. Sc., ist wissenschaftliche Mitarbeiterin in der Fachgruppe Medienpsychologie am Departement Angewandte Psychologie der Zürcher Hochschule für Angewandte Wissenschaften in Zürich. Zu ihren Forschungsschwerpunkten zählt die Mediennutzung von Kindern und Jugendlichen. Kontakt: ZHAW Zürcher Hochschule für Angewandte Wissenschaften, Departement Angewandte Psychologie, Pfingstweidstrasse 96, Postfach 707, CH-8037 Zürich, E-Mail: lilian.suter@zhaw.ch

André Weßel, M. A., hat Medienwissenschaft, Politologie sowie Pädagogik und Management in der Sozialen Arbeit studiert. Er ist wissenschaftlicher Mitarbeiter bei Spielraum am Institut für Medienforschung und Medienpädagogik der TH Köln, wo er sich schwerpunktmäßig mit ethisch-moralischen Fragestellungen in der digitalen Spielekultur beschäftigt. Außerdem arbeitet er als Sozialpädagoge mit dem Schwerpunkt Inklusion bei miteinander leben e. V. Kontakt: Institut Spielraum, Technische Universität Köln, Ubierring 48, 50678 Köln, E-Mail: andre.wessel@th-koeln.de

---

Digitale Medien in Bildungseinrichtungen: fraMediale am 29. März 2017 – „Spannung? Potentiale!"

Das Digitale konstituiert interessante Spannungsfelder zwischen Technik, Subjekt und Gesellschaft – und birgt *Potentiale* für das Lehren und Lernen. Die nächste Frankfurter Fachtagung und Medienmesse *fraMediale* widmet sich diesen *spannungs*reichen Phänomenen und Fragen rund um das Lernen *mit* und *über* digitale Medien in formellen und non-formellen Bildungskontexten. Als überregionale Plattform zur Vernetzung von Lehrenden, Forschenden und Entscheidungsträger/innen schlägt die *fraMediale* eine Brücke zwischen medienpädagogischer Forschung und der Medienbildungspraxis, veranstaltet wird sie vom *Frankfurter Technologiezentrum [:Medien] – FTzM* der *Frankfurt UAS* in Kooperation mit der *GMK* und der Initiative *KBoM*.

Die *fraMediale findet* am Mittwoch, 29. März 2017 in Frankfurt am Main statt. Die Teilnahme ist kostenfrei. Die Anzahl der Teilnehmenden ist auf 400 begrenzt – bitte melden Sie sich daher frühzeitig an: www.framediale.de

merz wissenschaft

merzWissenschaft | medien + erziehung

call for papers 2017

Medienpädagogik zwischen Digital Humanities und Subjektorientierung

Verantwortliche Fachredaktion: Prof. Dr. Heidrun Allert (Universität Kiel)
und Redaktion *merzWissenschaft* (JFF)

merzWissenschaft 2017 will die wissenschaftliche Reflexion von Herausforderungen und Konsequenzen, die mit der Anwendung von computerbasierten Verfahren in der sozialwissenschaftlichen Forschung verbunden sind, anregen und im medienpädagogischen Diskurs verankern. Ziel ist eine Positionierung gegenüber der Anwendung digitaler Verfahren in der wissenschaftlichen Arbeit und damit die Frage, wie digital und computerbasiert medienpädagogische Forschung ist, sein kann oder sein sollte. Das zu reflektierende Spektrum reicht von neuen Erhebungsverfahren (z. B. integriert in Apps) über die Anwendung von Big Data Analytics für die Auswertung von großen, aber auch kleinen und personenbezogenen Datenbeständen mit dem Ziel, daraus Erkenntnisse zu generieren bis hin zu der Frage des Austauschs und der Verfügbarkeit von Wissen. Im Fokus steht sowohl originär medienpädagogische Forschung wie auch Forschung in den relevanten Bezugsdisziplinen (Kommunikationswissenschaft, Pädagogik, Soziologie, Psychologie, Informatik etc.).

Exemplarisch verweist das Schlagwort ‚Big Data' laut Schrape (2016) auf einen Erwartungsraum sowohl für Utopien als auch für Dystopien. In diesem Spannungsfeld zwischen Hoffnungen und Befürchtungen beschäftigen sich bereits vorliegende Publikationen aus dem Bereich der Medienpädagogik vornehmlich mit der Frage, welche Konsequenzen für die medienpädagogische Praxis zu ziehen sind.

Big Data Analytics wird aber auch ein neuer erkenntnistheoretischer Zugang zu sozialen Prozessen zugeschrieben. Postuliert wird, dass die Ansätze des Data Mining objektiver und unabhängig von theoretischen Vorannahmen gesellschaftliche Prozesse abbilden und analysieren können und dadurch etablierten Methoden der sozialwissenschaftlichen Forschung überlegen seien. Angesprochen sind damit Unterschiede zwischen einer ‚data-driven' und einer ‚theory-driven' wissenschaftlichen Vorgehensweise. Damit wird zugleich ein Scheidepunkt markiert, an dem digitale Verfahren nicht allein Hilfsmittel oder Werkzeuge für die wissenschaftliche Arbeit sind. Vielmehr stellt sich die Frage, wie diese Verfahren mit zentralen Prinzipien medienpädagogischer Forschung wie der Subjektorientierung und der Gegenstandsangemessenheit der Erhebungsverfahren in Konflikt stehen. Entsprechend muss sich Medienpädagogik als wissenschaftliche Disziplin mit derartigen Ansätzen kritisch-reflexiv auseinandersetzen, um sich ihres Theorie- und Methodenrepertoires zu vergewissern und gegebenenfalls datenbasierte Ansätze aufgreifen oder begründet ablehnen zu können.

Teil einer solchen kritischen Reflexion ist notwendigerweise auch die Überprüfung, inwiefern zentrale Konzepte der medienpädagogischen Theoriebildung (wie z. B. die normative Orientierung an einer Selbstbestimmung der Subjekte) mit den Implikationen der digitalen Verfahren vereinbar sind bzw. wo diesbezüglich Konfliktlinien auszumachen sind. Eine wichtige Grundlage bildet dabei die Auseinandersetzung mit Menschenbildern bzw. Subjektivierungsprozessen im Verhältnis zwischen Mensch, digitalen (Medien-)Systemen und Institutionen sowie Unternehmen. Pole dieses aktuellen Diskurses sind in der Vorstellung von computerassistierten Menschen als Mensch-Maschine-Hybride (resp. Cyborgs) auszumachen, wobei Menschen durch die eingesetzten Technologien eine Erweiterung ihrer Handlungsfähigkeiten erfahren. Diesen Konzepten stehen Theorietraditionen entgegen, die den Menschen durch computerisierte Auswertungs- und Entscheidungsverfahren in ihrer Handlungsfähigkeit beschränkt sehen. Zwischen diesen Polen findet sich auch die Position der ko-konstitutiven Verwobenheit von Mensch und Technologie, wobei die Qualitäten beider in Praktiken emergent sind. Die Handlungsfähigkeiten werden in dieser Vorstellung nicht (nur) erweitert, sondern qualitativ transformiert. Für eine medienpädagogische Positionsbestimmung ist entsprechend unverzichtbar darzulegen und zu reflektieren, mit welchen theoretischen Ansätzen und Grundannahmen gearbeitet wird. Insbesondere auch deshalb, da die Plattformen und Technologien selbst schon Wirklichkeit (mit-)erzeugen und nie neutral gegenüber den Gegenständen sind, die für medienpädagogische Forschung relevant sind. Dies beeinflusst auch die Diskussion darüber und trägt dazu bei, welche Fragen und Prozesse im Fokus medienpädagogischer Betrachtung liegen. Zugleich stellt sich in der medienpädagogischen Forschung die Frage, wer über einen Zugang zu relevanten Datenbeständen verfügt und inwiefern unabhängige Forschung damit möglich ist. Denn gerade die Daten, die im alltäglichen Medienhandeln entstehen, sind (aus gutem Grund) nicht frei zugänglich. Nichtsdestotrotz können die Anbieter digitaler Dienste einen umfassenden Datenstock aufbauen, den sie mit den entsprechenden Methoden auswerten können. Die damit einhergehenden Fragen der ungleichen Bedingungen und Voraussetzungen kommerzieller und akademischer Forschung bedürfen in dem gesellschaftlich relevanten Bereich der Medienpädagogik bzw. Medienbildung besonderer Reflexion und Kritik.

Neben den bereits angesprochenen Anwendungsfeldern und Fragestellungen entstehen aktuell unter dem Label Digital Humanities vielfältige Ansätze, digitale Technologien in die wissenschaftliche Arbeit einzubinden. Mit der Frage, wie digital (medienpädagogische) Forschung ist, sein kann oder sein sollte, sind auch Beiträge zu derartigen Ansätzen von Interesse.

merzWissenschaft 2017 lädt theoretische oder empirische Beiträge ein, die sich mit den skizzierten Themenfeldern im Hinblick auf sozialwissenschaftliche Forschung beschäftigen und damit für die Medienpädagogik instruktiv sein können. Mögliche Fragestellungen umfassen dabei die folgenden Bereiche:
- Welche Herausforderungen stellen sich bei der Bearbeitung medienpädagogischer Fragestellungen in der wissenschaftlichen Arbeit angesichts der Digitalisierung?
- Welche theoretischen und normativen Fragen stellen sich zum Verhältnis Mensch – Medien – Gesellschaft angesichts der Digitalisierung als Grundlage für medienpädagogische Forschung und Praxis?
- Welche Implikationen haben die aktuellen Entwicklungen der fortschreitenden Digitalisierung für die Vorstellung vom Menschsein in medienpädagogischen Ansätzen?
- Welche neuen digitalen Praktiken und Methoden werden in der medienpädagogischen Forschung bzw. in Bezugsdisziplinen entwickelt? Wie verhalten sich diese zu zentralen Prämissen medienpädagogischer Theoriebildung wie der Handlungsorientierung, der Subjektorientierung etc.? Wie sind sie in Bezug auf normative Konzepte wie Medienkompetenz und Medienbildung einzuschätzen?

merz wissenschaft

■ Welche aktuellen empirischen Erkenntnisse liegen bereits durch neuartige Formen des Einsatzes digitaler Technologien in der medienpädagogischen Forschung bzw. in angrenzenden Wissenschaftsbereichen vor?
■ Welche Konsequenzen sind aus der wissenschaftlichen Auseinandersetzung mit dem Verhältnis von Mensch – digitale Medien – Gesellschaft für die Entwicklung medienpädagogischer Modelle abzusehen?

merzWissenschaft bietet ein Forum, um die wissenschaftliche Auseinandersetzung in der Medienpädagogik zu fördern und die theoretische Fundierung der Disziplin weiterzutreiben. Hierzu lädt *merzWissenschaft* qualifizierte Beiträge aus verschiedenen einschlägigen Disziplinen zur Weiterentwicklung der medienpädagogischen Fachdiskussionen ein.
Erwünscht sind Originalbeiträge, die
■ empirisch oder theoretisch fundiert sind,
■ neue Erkenntnisse, Aspekte oder Zugänge zum Thema aufzeigen und dabei
■ explizit Bezug zu einem der skizzierten Teilbereiche oder einer Fragestellung herstellen bzw. eine eigene Fragestellung im Gesamtkontext des Calls konturieren.

Abstracts mit einem Umfang von max. 6.000 Zeichen (inkl. Leerzeichen) können bis zum 13. Februar 2017 bei der *merz*-Redaktion (merz@jff.de) eingereicht werden. Formal sollen sich die Beiträge an den Layoutvorgaben von *merzWissenschaft* orientieren, die unter www.merz-zeitschrift.de (über merz für autoren) verfügbar sind. Bei Rückfragen wenden Sie sich bitte an Susanne Eggert, fon+49.89.68989.152

Termine im Überblick
■ 13. Februar 2017: Abgabe der Abstracts an merz@jff.de
■ 10. März 2017: Entscheidung über Annahme/Ablehnung der Abstracts
■ 12. Juni 2017: Abgabe der Beiträge
■ 12. Juni bis 24. Juli 2017: Begutachtungsphase
■ August/September 2017: Überarbeitungsphase (ggf. mehrstufig)

merz | medien + erziehung
Zeitschrift für Medienpädagogik

Die unabhängige publizistische Plattform für medienpädagogische
Forschung und Praxis im deutschsprachigen Raum
6 x jährlich, davon 1 x jährlich merzWissenschaft

Normalabo (5 + 1 Ausg. jährl.): € 36,- + Porto (D: € 6,- EU: € 8,-)
ermäßigt: € 28,80 + Porto | **Probeabo**: 3 Ausgaben: € 15,- inkl. Porto
Einzelheft: € 8,- | **merzWissenschaft**: € 10,-
merzWissenschaft 2015 (Nr. 6/15): **Medienaneignung und Aufwachsen im ersten Lebensjahrzehnt**
merzWissenschaft 2014 (Nr. 6/14): **Bildung mit und über Medien**

www. merz-zeitschrift.de

erscheint bei kopaed

Impressum

Herausgeber Bernd Schorb, Helga Theunert, JFF – Institut für Medienpädagogik in Forschung und Praxis **Redaktionsbeirat** Roland Bader (Fachhochschule Hildesheim/Holzminden/Göttingen), Eva Bürgermeister (Kinder- und Jugendfilmzentrum Remscheid), Susanne Heidenreich (Hochschule Nürnberg), Dagmar Hoffmann (Universität Siegen), Friedrich Krotz (Universität Bremen), Andreas Lange (Hochschule Ravensburg-Weingarten), Björn Maurer (PH Thurgau), Angelika Speck-Hamdan (Ludwig-Maximilians-Universität München) **Redaktion** Swenja Wütscher (verantwortlich), Antje Müller (Volontärin), Sophia Stemmer (Praktikantin), Melanie Theissler (Praktikantin), Günther Anfang (Medienzentrum München des JFF), Susanne Eggert (JFF – Institut für Medienpädagogik in Forschung und Praxis München), Jürgen Ertelt (IJAB Bonn), Albert Fußmann (Institut für Jugendarbeit Gauting), Karin Knop (Universität Mannheim), Klaus Lutz (Medienzentrum Parabol Nürnberg), Ulrike Wagner (JFF – Institut für Medienpädagogik in Forschung und Praxis München) **Externe Fachredaktion** Sonja Ganguin **Fachredaktion Wissenschaft** Susanne Eggert (verantwortlich), Niels Brüggen, Christa Gebel, Ulrike Wagner **Gutachterinnen und Gutachter** Judith Ackermann (Universität Siegen), Andreas Breiter (Universität Bremen), Malte Elson (Ruhr-Universität Bochum), Christine Feil (Deutsches Jugendinstitut), Ruth Festl (Deutsches Jugendinstitut), Alexander Filipović (Hochschule für Philosophie München), Jürgen Fritz (Technische Hochschule Köln), Johannes Fromme (Universität Magdeburg), Dagmar Hoffmann (Universität Siegen), Benjamin Jörissen (Universität Erlangen-Nürnberg), Rudolf Kammerl (Universität Passau), Konstantin Mitgutsch (Playful Solutions Wien), Stefan Piasecki (CVJM Hochschule Kassel), Manuela Pietraß (Universität der Bundeswehr München), Hermann Sollfrank (Katholische Stiftungsfachhochschule München), Daniel Süss (ZHAW Zürich), Angela Tillmann (Technische Hochschule Köln), Michael Wagner (Drexel University Philadelphia), Claudia Wilhelm (Universität Erfurt), Jeffrey Wimmer (Universität Augsburg) **Anschrift der Redaktion** Arnulfstraße 205, 80634 München, Fon 089.68989.120, Fax 089.68 989.111, merz@jff.de, www.merz-zeitschrift.de. Für unverlangt eingereichte Beiträge wird keine Verantwortung übernommen, sie gelten erst nach Bestätigung als angenommen. Mit Namen gekennzeichnete Beiträge geben nicht unbedingt die Meinung der Redaktion wieder. **Verlag** © kopaed verlagsgmbh, Arnulfstraße 205, 80634 München, Fon: 089.688 900 98, Fax: 089.689 19 12, info@kopaed.de, www.kopaed.de **Erscheinen + Bezugsbedingungen** merz erscheint 6x jährlich regelmäßig jeweils Mitte Februar, April, Juni, August, Oktober und Dezember eines Jahres, davon 1x als merzWissenschaft. Das Einzelheft kostet Euro 8,- (merzWissenschaft als Einzelheft Euro 10,-). Das Jahresabonnement kostet Euro 36,-, das ermäßigte Abonnement Euro 28,80 jeweils zzgl. Versandkosten (Euro 6,-, Ausland Euro 8,-). Der Bezugspreis enthält den jeweiligen MwSt.-Satz. Abonnementskündigungen müssen 3 Monate vor Jahresende erfolgen, andernfalls verlängert sich das Abonnement um ein weiteres Jahr. **Layout-Konzept** Katharina Kuhlmann/Claudia Stranghöner München **ISSN** 0176-9418

Die Konturen postmoderner Gesellschaften sind wesentlich von den demografischen Entwicklungen dieser Zeit gezeichnet. Die gesellschaftliche Alterung stellt neue Anforderungen nicht nur an das Gesundheitswesen und die gesetzliche Rentenversicherung, sondern hat auch weitreichende Konsequenzen für die Arbeitsbedingungen und Beschäftigungsstrukturen westlicher Erwerbsarbeitsgesellschaften. Die Folgen des demografischen Wandels für die wirtschaftliche und gesellschaftliche Innovationsfähigkeit werden derzeit ebenso energisch wie kontrovers diskutiert. Das kalendarische Alter, das lange Zeit als unhinterfragte Richtschnur der arbeitskraftbezogenen Leistungszuweisung galt, wird fragwürdig. Die gestiegene Lebenserwartung ist mit einer deutlichen Ausdehnung der Altersphase verbunden. Personen, die heute aus dem Erwerbsleben ausscheiden, sehen in der Regel noch einer langen Lebenszeit entgegen. Andererseits ist infolge der Individualisierungs- und Pluralisierungstendenzen der vergangenen Dekaden eine ausgesprochen große Varianz und Diversität des Alters entstanden.

Moderne Gesellschaften durchlaufen derzeit einen Transformationsprozess, der durch die Alterung der Bevölkerung und die Digitalisierung des Alltags gekennzeichnet ist – entsprechend sind auch die Lebenswelten älterer Menschen zunehmend durch neue Technologien geprägt. Ältere Menschen sind von einer „digitalen Spaltung", die eine gesellschaftliche Ausgrenzung zur Folge haben kann, besonders gefährdet. Aber warum nutzen so wenige ältere Menschen das Internet und wie lassen sich ältere Internetnutzer von älteren Nichtnutzern unterscheiden? Zur Beantwortung dieser Fragen wurden im vorliegenden Band aktuelle repräsentative Schweizer Befragungsdaten herangezogen. Es konnte gezeigt werden, dass nicht nur das Alter die Internetnutzung beeinflusst, sondern dass dafür auch andere soziodemografische Ressourcen sowie Technikeinstellungen, -bewertungen und Nutzenerwartungen an das Internet verantwortlich sind. Daneben nehmen viele ältere Personen das Internet zwar als Ressource für die Alltagsbewältigung im Alter wahr, zugleich befürchten viele Personen aber auch eine soziale Exklusion, wenn sie das Internet nicht (mehr) nutzen könnten.

Alfons Aigner
Das alternde unternehmerische Selbst
*Der Stellenwert von Medien in Prozessen der Identitätsarbeit alternder Unternehmer/innen
Gesellschaft – Altern – Medien Band 7,
München 2016, 212 Seiten
€ 18,80 ISBN 978-3-86736-177-4*

Alexander Seifert
Technikakzeptanz älterer Menschen am Beispiel der allgemeinen und mobilen Internetnutzung
*Gesellschaft – Altern – Medien Band 8,
München 2016, 180 Seiten
€ 18,80 ISBN 978-3-86736-178-1*

Altern & Medien

Altern & Medien

merz 2016 jahresregister

Heftthemen und Beiträge 2016

thema schule. smart. mobil

Stefan Welling, Marion Brüggemann, Günther Anfang: Können Tablets und Smartphones Schule verändern? Editorial	1/6
Rudolf Kammerl: Digitalisierung, Digitales Lernen, Digitale Bildung?	1/9
Stefan Welling: Besser lernen mit Tablets? Ein Blick über den Tellerrand hilft weiter	1/16
Günther Anfang: Ein Interview mit Martina Schmerr, GEW, Schule als ein Milliardenmarkt für Apple, Microsoft, Samsung & Co.	1/22
Marion Brüggemann: Aspekte medienbezogener Schulentwicklung bei der Einführung von Tablets Eine Momentaufnahme	1/26
Thomas Knaus: Potentiale des Digitalen Theoretisch-konzeptionelle Betrachtungen pädagogischer und didaktischer Potentiale des schulischen Einsatzes von Tablets	1/33
Gisela Schubert, Kerstin Heinemann: Culture-Clash: Peer-Involvement in der Schule	1/40

60 jahre merz 60 jahre medienpädagogik

Bernd Schorb, Helga Theunert: 60 Jahre merz Eine Konstante in der Medienpädagogik	2/6
Hans-Dieter Kübler: Konjunkturen medienpädagogischer Paradigmen	2/20
Roland Bader: Sorgenpüppchen. Die Sorgen der Gesellschaft und die Antworten der Medienpädagogik	2/30
Ulrike Wagner, Kathrin Demmler: Von der Irritation zum Handeln Herausforderungen der Medienpädagogik	2/41
Dagmar Hoffmann: Im Spiegel des Zeitgeistes und jenseits von Medienhypes Zielvorstellungen der Medienpädagogik im Wandel	2/50
Fred Schell: Handlungskonzepte Vermittlungswege in der Geschichte der Medienpädagogik	2/59

Empowerment und inklusive Medienpraxis

Dagmar Hoffmann, Susanne Heidenreich: Zur Bedeutung und Funktion von Empowerment im Kontext inklusiver Medienpraxis. Editorial	3/6
Ulrich Bröckling: Auch Aufrichten ist Zurichten Das Paradox des Empowerment	3/9
Alexander Röhm: Destigmatisierung und soziale Medien Selbstbestimmung, Empowerment und Inklusion?	3/17
Jan-René Schluchter: Medien, Medienbildung, Empowerment	3/24
Alexander Schmoelz, Oliver Koenig: Spuren inklusiver Medienpädagogik?	3/31
Dagmar Hoffmann: Ein Interview mit Mareice Kaiser, „Ein Bewusstsein dafür bekommen, wie politisch das Private ist"	3/35
Kira van Bebber-Beeg: Inklusives Fernsehen: Die Serie Switched at Birth Ein Exempel für ‚selbststärkendes', barrierefreies Fernsehen für Gehörlose?	3/39
Lena Hoffmann: Kino neu erfahren. Kulturelle Teilhabemöglichkeiten blinder und sehbehinderter Filminteressierter	3/46

Internet der Dinge

Roland Bader, Klaus Lutz: Viel Science, wenig Fiction – willkommen in der Zukunft. Editorial	4/6
Roland Bader: Algorithmisierte Lebenswelten	4/10
Harald Gapski: Medienkompetenz 4.0? Entgrenzungen, Verschiebungen und Überforderungen eines Schlüsselbegriffs	4/19
Klaus Lutz: Ein Interview mit Benjamin Jörissen, Universität Erlangen-Nürnberg, Der Mensch transformiert sich ohnehin	4/26
Roland Poellinger: Moralisches Entscheiden in künstlichen Systemen	4/30
Kai Hofmann, Thomas Knieper, Katrin Tonndorf, Julian Windscheid: Smart New World Über Faszination und Fluch smarter Objekte und intelligenter Umgebungen	4/37
Roland Bader: Ein Interview mit	

merz 2016 jahresregister

Daniel Seitz, Jugend hackt, Weltverbesserer an der Tastatur 4/42
Gerda Sieben, Henrike Boy: Medienkritik 4.0 Selbstbewusst und aufgeklärt mit Big Data Analytics umgehen 4/45

Medien, Flucht und Migration
Ulrike Wagner, Susanne Eggert: Es gibt viele Gründe hinzuschauen. Editorial 5/7
Friederike Herrmann: Von der Willkommenskultur zum Problemdiskurs. Wie Medien zwischen April 2015 und Juli 2016 über Flüchtlinge berichteten 5/12
Ulrike Wagner: Ein Interview mit Heribert Prantl, Den öffentlichen Raum nicht aufgeben: 5/20
Nadia Kutscher, Lisa-Marie Kreß: Medienhandeln von Geflüchteten als Praxis informeller Bildung 5/27
Medienpädagogische Projekte mit geflüchteten jungen Menschen 5/34

Digitale Spiele
Sonja Ganguin: Digitale Spiele. Editorial 6/3
Elke Hemminger: Spielraum, Lernraum, Lebensraum: Digitale Spiele zwischen Gesellschaftlichem Diskurs und individueller Spielerfahrung 6/11
Angelika Beranek und Sebastian Ring: Nicht nur Spiel – Medienhandeln in digitalen Spielwelten als Vorstufe zu Partizipation 6/22
Lilian Suter: Medienerziehung und Videogames. Welche Rolle spielen die Spielhäufigkeit der Eltern und der von den Eltern vermutete Einfluss von Videogames auf ihr Kind? 6/33
Lena Rosenkranz: Familiale Interaktionen im Kontext einer exzessiven oder suchtartigen Onlinespiele-Nutzung Fallbeispiele zum Zusammenhang zwischen einer exzessiven oder suchtartigen Onlinespiele-Nutzung, der Qualität der Familienbeziehungen und adoleszenztypischen Veränderungsprozessen 6/46

Kerstin Raudonat: Störungen haben Vorrang? Das Störungspostulat im Kontext von Interaktionsräumen digitaler Spielwelten und dem Umgang mit Konflikten in leistungsorientierten MMORPG-Gruppen. 6/61
René Barth: Gamifizierte Anwendungen zur Beeinflussung nicht freiwilliger Handlungen: Freiwilligkeit und Autonomie im Spannungsfeld institutionell sanktionierter Normen 6/73
Ute Ritterfeld, Anja Starke und Juliane Mühlhaus: Digitale Applikationen in der (Zweit)Sprachförderung von Grundschulkindern: Möglichkeiten und Grenzen 6/85
Christiane Eichenberg, Cornelia Küsel und Brigitte Sindelar: Computerspiele im Kindes- und Jugendalter: Geschlechtsspezifische Unterschiede in der Präferenz von Spielgenres, Spielanforderungen und Spielfiguren und ihre Bedeutung für die Konzeption von Serious Games 6/97
Tobias Füchslin: What are you folding for? Nutzungsmotivationen von Citizen Science Online Games und ihre Lerneffekte 6/110
André Weßel: Ethik und Games. Möglichkeiten digitaler Spiele zur Reflexion moralischen Handelns 6/123
Annalisa Castronovo and Marcello Marinisi: Video Game Education in an Informal Context. A Case Study: the Young People of Centro TAU – a Youth Club of Palermo (Sicily, Italy) 6/135

Spektrum
Olivier Steiner, Rahel Heeg: Peer-Involvement zur Förderung von Medienkompetenzen 1/47
Bernhard Debatin: Welche Werte vermitteln digitale Medien Heranwachsenden? Ethische und empirische Erkenntnisse 1/53

merz 2016 jahresregister

Elke Hemminger: Zwischen Kult und Kommerz: iPeople als technikfokussierte Szene — 1/59

Alexander Seifert: Internetkompetenzen im Alter Überlegungen zur Förderung von Medienkompetenzen im Alter — 1/66

Anselm Sellen: Überwachung am eigenen Leib erleben Lernen durch und mit dem Mini-Live-Rollenspiel ‚Register for CTRL' — 1/72

Daniel Hajok, Daniel Hildebrandt: Jugendgefährdung im Wandel der Zeit Medien und Jugendliche im Fokus der Bundesprüfstelle — 3/50

Stefan Schönwetter, Maria Schuster, Niels Brüggen: Engagement in unterschiedlichen Lebenswelten Jugendlicher unterstützen Erfahrungen der Think Big-Projekte — 3/58

Isabella Hollauf: Erfahrungsräume in digitalen Spielen — 3/64

Amina Ovcina Cajacob, Yvonne Herzig Gainsford: Politik? Ja, aber bitte multimedial! — 3/70

Wolf Borchers: Leseclubs – mit Freu(n)den lesen. Eine Zwischenbilanz nach drei Jahren — 3/76

Bernd Schorb: Jugend Konsum Kultur — 4/52

Ramona Lorenz, Manuela Endberg: Digitale Medien in der Lehrerausbildung. Die Sichtweise aus der Unterrichtspraxis — 4/60

Leonie Stümpel, Christoph Klimmt: Kindlicher Mediengebrauch vor und nach der Einschulung – ein kritischer Phasenübergang. Ergebnisse einer Elternstudie — 4/66

Anke Offerhaus: Medienkompetenzförderung auf Augenhöhe Erfahrungen in einem Peer-to-Peer-Projekt — 4/73

Herwig Winkel: Zu jung und doch dabei. Was Kinder zu Facebook treibt — 5/42

Barbara Arifi, Gerhild Bachmann: Smartphones und WhatsApp in der jugendlichen Alltagswelt — 5/49

Rebecca End: Pokémon Go. Weniger Aufregung, mehr Kompetenz — 5/54

Angelika Mayer, Senta Pfaff-Rüdiger: BR backstage. Ein Jugendmedientag zur Förderung von Medienkompetenz — 5/61

Medienreport

Jos Schnurer: Aufklären statt Ausklinken! — 1/77

Franziska Busse: Auf der Flucht vor dem roten Leuchten Ein Serious Game über Zusammenhalt und gemeinschaftliches Handeln — 1/79

Teresa Strebel: Etwas mehr Respekt, bitte! Unterrichtsmaterial für die siebte bis zehnte Jahrgangsstufe — 1/82

Franziska Busse: Einfach Anders Ein Hörbuch über Selbstfindung und das Erwachsenwerden — 1/84

Elisabeth Jäcklein-Kreis: Gemobbt im Netz? Ab in den App-Store! — 3/81

Jana Schröpfer: Flucht und Asyl filmisch inszeniert — 3/82

Franziska Schlachtbauer: Mehr als nur ein Tag — 3/85

Elisabeth Jäcklein-Kreis: Monster! Oder: Eine fantastische Geschichte über ein unglaubliches Abenteuer — 3/86

Elisabeth Jäcklein-Kreis: Buch auf, Handy an – los geht das Gewusel und Gewimmel — 4/79

Jana Schröpfer: Was bin ich, was will ich sein und welche Konsequenzen hat das? Gender und Sexismus in der jugendlichen Entwicklung — 4/81

Jana Schröpfer: Historische Filmclips online neu zum Leben erwecken — 4/84

Stefan Piasecki: Unterhaltung, Kunst und Jugendschutz. Kino und Film im Iran — 5/68

Nicolas Löffler: Spiel und Asyl. Computerspiele zu Flucht und Migration — 5/73

Jana Schröpfer: Verräter oder Held? Ein Film über Edward Snowden — 5/75

Stefanie Brosz: Heroes in New Dimensions. Computer- und Videospielmesse gamescom in Köln — 5/78

Jana Schröpfer: Wenn ich …Ein Kartenspiel zur Selbstreflexion — 5/81

merz 2016 jahresregister

Publikationen

Doelker, Christian (2015). Bild-Bildung. Grundzüge einer Semiotik des Visuellen. 1/86

Doelker, Christian (2015). Bild-Bildung. Grundzüge einer Semiotik des Visuellen. 1/87

Christoph Eisemann (2015). C Walk auf YouTube. Sozialraumkonstruktion, Aneignung und Entwicklung in einer digitalen Jugendkultur 1/89

Monaco, James (1980). Film verstehen. Kunst, Technik, Sprache, Geschichte und Theorie des Films. 2/86

Charlton, Michael/Neumann, Klaus (1986). Medienkonsum und Lebensbewältigung in der Familie. Methoden und Ergebnisse der strukturanalytischen Rezeptionsforschung – mit fünf Falldarstellungen. 2/87

Mante, Harald (1969). Bildaufbau – Gestaltung in der Fotografie. 2/87

Habermas, Jürgen [1962] (1990). Strukturwandel der Öffentlichkeit. 2/88

Postman, Neil (1983). Das Verschwinden der Kindheit. 2/89

Lovink, Geert (1992). Hör zu – oder stirb! Fragmente einer Theorie der souveränen Medien. 2/89

Schell, Fred (2003). Aktive Medienarbeit mit Jugendlichen. Theorie und Praxis. Reihe Medienpädagogik 2/90

Turkle, Sherry (2011). Alone Together: Why We Expect More from Technology and Less from Each Other. 2/91

Selman, Robert (1984). Die Entwicklung sozialen Verstehens. Entwicklungspsychologische und klinische Untersuchungen. 2/91

Turkle, Sherry (1998). Leben im Netz. Identität im Zeitalter des Internet. 2/92

Grünewald, Dietrich/Kaminski, Winfried (Hrsg.) (1984). Kinder- und Jugendmedien. Ein Handbuch für die Praxis. 2/92

Fritz, Jürgen (Hrsg.) (1988). Programmiert zum Kriegsspielen. Weltbilder und Bilderwelten im Videospiel. 2/93

Röll, Franz J. (2003). Pädagogik der Navigation. Selbstgesteuertes Lernen durch Neue Medien. 2/94

Negt, Oskar/Kluge, Alexander (1972). Öffentlichkeit und Erfahrung. Zur Organisationsanalyse von bürgerlicher und proletarischer Öffentlichkeit. 2/95

Sontag, Susan (2003). Das Leiden anderer betrachten. 2/96

Baacke, Dieter (1980). Kommunikation und Kompetenz. Grundlegung einer Didaktik der Kommunikation und ihrer Medien. 2/96

Theunert, Helga/Lenssen, Margrit/Schorb, Bernd (1995). „Wir gucken besser fern als ihr!" Fernsehen für Kinder. 2/97

Benjamin, Walter [1936] (2011). Das Kunstwerk im Zeitalter seiner technischen Reproduzierbarkeit. 2/98

McLuhan, Marshall (1968). Die magischen Kanäle. 2/99

Hurrelmann, Klaus/Bauer, Ullrich/Grundmann, Matthias/Walper, Sabine (Hrsg.) (2015). Handbuch Sozialisationsforschung. 3/88

Prinzig, Marlis/Rath, Matthias/Schicha, Christian/Stapf, Ingrid (Hrsg.). (2015). Neuvermessung der Medienethik. Bilanz, Themen und Herausforderungen seit 2000. 3/90

Alfert, Nicole (2015). Facebook in der Sozialen Arbeit. Aktuelle Herausforderungen und Unterstützungsbedarfe für eine professionelle Nutzung. 4/87

Hauschild, Günter (2016). Der Fotokurs für junge Fotografen. Ein Buch zum Lesen, Lernen, Ausprobieren. 4/89

Piasecki, Stefan (2016). Erlösung durch Vernichtung?! Religion und Weltanschauung im Videospiel. Eine explorative Studie zu religiösen und weltanschaulichen Ansichten junger Spieleentwickler. 4/90

Fleischer, Sandra/Hajok, Daniel (2016). Einführung in die medienpädagogische Praxis und Forschung. Kinder und Jugendliche im Spannungsfeld der Medien. 5/83

merz 2016 jahresregister

Mikhail, Thomas (2016). Pädagogisch handeln. Theorie für die Praxis. Paderborn: Ferdinand Schöningh. 5/84

Milzner, Georg (2016). Digitale Hysterie. Warum Computer unsere Kinder weder dumm noch krank machen. 5/86

interdisziplinärer diskurs

Andreas Breiter: Medienpädagogische Forschung und die Datifizierung 2/70
Hans-Bernd Brosius: Die pädagogische Perspektive 2/71
Ulrich Deinet: Raumaneignung, Mobilität, Medien 2/72
Stephan Dreyer: Medienpädagogik und Medienrecht 2/73
Anja Hartung-Griemberg: Medienpädagogik und Altersforschung 2/74
Heinz Hengst: Forschung heute 2/75
Friedrich Krotz: Forschung und Praxis heute 2/77
Thomas Krüger: Medienbildung und Politische Bildung 2/78
Oskar Negt: Medienpädagogik und Soziologie 2/79
Thomas Rauschenbach: Kindheits- und Jugendforschung 2/80
Jan-Uwe Rogge: „Früher war's doch anders! Oder?" 2/81
Sigmar Roll: Medienpädagogik und Kinder- und Jugendschutz 2/82
Heidi Schelhowe: Medienpädagogik und Informatik 2/83
Rudolf Tippelt: Medienpädagogik und Erziehungswissenschaft 2/84
Wolfgang Zacharias: Medienpädagogik und Kulturwissenschaft 2/85

Kurz notiert

(Neue Bücher, Zeitschriften, Medienkataloge)
1/90, 3/92, 4/92, 5/89

Service

(Termine, Aus- und Fortbildungen, Wettbewerbe)
1/94, 2/100, 3/94, 4/94, 5/94

Aktuell

1/2, 2/2, 3/2, 4/2, 5/2

Kolumne

Klaus Lutz: Zukunfträume 1/96
Philipp Walulis: Von Wirklichkeit und Wahnsinn 2/102
Jürgen Ertelt: #witzefrei 3/96
Michael Gurt: Brexit total 4/96
Niels Brüggen: Mein Smartphone stiehlt mir meine Sprache! 5/96

Autorinnen und Autoren

Günther Anfang 1/6, 1/22
Barbara Arifi 5/49
Sonja De Vetta 5/34
Gerhild Bachmann 5/49
Roland Bader 2/30, 4/6, 4/10, 4/42
René Barth 6/73
Angelika Beranek 6/22
Wolf Borchers 3/76
Henrike Boy 4/45
Andreas Breiter 2/70
Ulrich Bröckling 3/9
Hans-Bernd Brosius 2/71
Stefanie Brosz 5/78
Marion Brüggemann 1/6, 1/26
Niels Brüggen 3/58, 5/39, 5/96
Franziska Busse 1/79, 1/84
Amina Ovcina Cajacob 3/70
Annalisa Castronovo 6/135
Hans-Uwe Daumann 5/37
Bernhard Debatin 1/53
Ulrich Deinet 2/72
Kathrin Demmler 2/41
Stephan Dreyer 2/73
Susanne Eggert 5/7
Christiane Eichenberg 6/97
Rebecca End 5/54
Manuela Endberg 4/60
Jürgen Ertelt 3/96
Tobias Füchslin 6/110
Harald Gapski 4/19
Sonja Ganguin 6/3
Melitta Göres 5/40
Michael Gurt 4/96
Daniel Hajok 3/50

merz 2016 jahresregister

Anja Hartung-Griemberg	2/74	Ute Ritterfeld	6/85
Rahel Heeg	1/47	Alexander Röhm	3/17
Susanne Heidenreich	3/6	Jan-Uwe Rogge	2/81
Kerstin Heinemann	1/40	Sigmar Roll	2/82
Heinz Hengst	2/75	Lena Rosenkranz	6/46
Daniel Hildebrandt	3/50	Heidi Schelhowe	2/83
Elke Hemminger	1/59, 6/11	Fred Schell	2/59
Friederike Herrmann	5/12	Mareike Schemmerling	5/36
Yvonne Herzig Gainsford	3/70	Franziska Schlachtbauer	3/85
Dagmar Hoffmann	2/50, 3/6, 3/35	Jan-René Schluchter	3/24
Lena Hoffmann	3/46	Alexander Schmoelz	3/31
Kai Hofmann	4/37	Jos Schnurer	1/77
Isabella Hollauf	3/64	Stefan Schönwetter	3/58
Elisabeth Jäcklein-Kreis	3/81, 3/86, 4/79	Bernd Schorb	2/6, 4/52
Rudolf Kammerl	1/9	Jana Schröpfer	3/82, 4/81, 4/84, 5/75, 5/81
Christoph Klimmt	4/66	Gisela Schubert	1/40
Thomas Knaus	1/33	Maria Schuster	3/58
Thomas Knieper	4/37	Alexander Seifert	1/66
Oliver Koenig	3/31	Anselm Sellen	1/72
Friedrich Krotz	2/77	Gerda Sieben	4/45
Thomas Krüger	2/78	Brigitte Sindelar	6/97
Hans-Dieter Kübler	2/20	Anja Starke	6/85
Cornelia Küsel	6/97	Olivier Steiner	1/47
Lisa-Marie Kreß	5/27	Teresa Strebel	1/82
Nadia Kutscher	5/27	Kati Struckmeyer	5/39
Nicolas Löffler	5/73	Leonie Stümpel	4/66
Ramona Lorenz	4/60	Lilian Suter	6/33
Klaus Lutz	1/96, 4/6, 4/26	Helga Theunert	2/6
Marcello Marinisi	6/135	Rudolf Tippelt	2/84
Angelika Mayer	5/61	Katrin Tonndorf	4/37
Juliane Mühlhaus	6/85	Kira van Bebber-Beeg	3/39
Oskar Negt	2/79	Ulrike Wagner	2/41, 5/7, 5/20
Anke Offerhaus	4/73	Philipp Walulis	2/102
Senta Pfaff-Rüdiger	5/61	Stefan Welling	1/6
Stefan Piasecki	5/68	André Weßel	6/123
Roland Poellinger	4/30	Julian Windscheid	4/37
Kerstin Raudonat	6/61	Herwig Winkel	5/42
Thomas Rauschenbach	2/80	Wolfgang Zacharias	2/85
Sebastian Ring	6/22		